房地产企业财务报表审计工作底稿编制指南

主　编　崔东颖　张辅辙
副主编　刘先利　张　军　李玉奎

中国财经出版传媒集团
中国财政经济出版社

图书在版编目（CIP）数据

房地产企业财务报表审计工作底稿编制指南 / 崔东颖，张辅辙主编. -- 北京：中国财政经济出版社，2023.4

ISBN 978-7-5223-0149-5

Ⅰ.①房… Ⅱ.①崔… ②张… Ⅲ.①房地产企业－会计报表－审计－指南 Ⅳ.①F293.63-62

中国版本图书馆CIP数据核字（2020）第217187号

责任编辑：彭　波　　责任印制：史大鹏

封面设计：孙俪铭　　责任校对：徐艳丽

中国财政经济出版社 出版

URL：http：//www.cfeph.cn

E-mail：cfeph @cfemg.cn

社址：北京市海淀区阜成路甲28号　邮政编码：100142

营销中心电话：010-88191522

天猫网店：中国财政经济出版社旗舰店

网址：https：//zgczjjcbs.tmall.com

北京财经印刷厂印刷　各地新华书店经销

成品尺寸：185mm × 260mm　16开　27.25印张　663 000字

2023年4月第1版　2023年4月北京第1次印刷

定价：88.00元

ISBN 978-7-5223-0149-5

（图书出现印装问题，本社负责调换，电话：010-88190548）

本社质量投诉电话：010-88190744

打击盗版举报热线：010-88191661　QQ：2242791300

前言

多年以来，房地产行业一直是我国经济增长的支柱产业之一，而市面上的财务报表审计工作底稿编制指南大多针对制造企业。为了满足高等学校师生实践教学的需要和房地产行业审计从业者的业务需要，我们编写了本书，以帮助相关专业学生、会计师事务所审计人员迅速了解房地产行业审计实务，并高质量完成房地产企业的财务报表审计工作。

相较于现有的其他审计工作底稿编制教材，本书是一本专门针对房地产行业财务报表审计工作底稿编制的实务教材。同时，本书立足最新法规、制度，通过对一家具体的房地产企业的财务报表审计工作底稿的编制和讲解，使学生和审计实务工作者在案例中系统地训练审计业务操作技能和提高业务能力。

本书主要包含六个部分内容，第一个部分是案例公司介绍、第二个部分是初步业务活动工作底稿、第三个部分是风险评估工作底稿、第四个部分是进一步审计程序工作底稿、第五个部分是其他项目工作底稿、第六个部分是业务完成阶段工作底稿。本书全面展示房地产行业审计工作底稿的编制流程，使读者能够掌握房地产行业的审计要求，实现理论与实务的紧密结合。

西南政法大学崔东颖，大信会计师事务所张辅辙、刘先利、张军、李玉奎等参与了本书的编写工作。西南政法大学的刘伟、黄诗菡、洪苏媛参与了全书的审校工作。本书的问世得到了中国财政经济出版社和西南政法大学商学院的大力支持。在此，一并表示诚挚的谢意。

本书适用于高等学校审计学、会计学等相关专业的专科生、本科生或研究生，也适用于从事审计等相关工作的社会工作人员。

由于编者水平有限，难免有疏漏与不当之处，恳请读者批评指正。

崔东颖

2023 年 2 月 17 日

目录
Content

第一部分
案例背景

××房地产开发有限责任公司是一家以房地产开发及经营、土地开发及经营为主营业务的公司。目前开发的项目是××项目，销售收入系一、二期销售所得，年末三期项目已完工，还有四期未建。公司暂无投资性房地产。工程承包商系××建工集团××工程项目部。××项目生活和交通都较为便利，周边公园环绕，环境优美。该公司属于全国小型房地产企业，非上市公司，所有权结构单一。

××房地产开发有限责任公司现有员工××名，其中，销售人员××名，人事、财务等部门人员××名。公司员工工资按出勤日计薪。公司以经营人才为核心，优秀员工为骨干，充分发挥经营者的谋略和决策作用，调动广大员工的积极性和创造性，保证核心竞争力的可持续性发展。为促进企业可持续发展，公司组织开展了内部控制优化、全员管理技能和专业岗位技能的相关培训活动。通过对全体员工的系列培训，进一步优化公司人才，增强企业在房地产行业中的综合竞争力。

公司的存货为开发产品、低值易耗品等。其中，低值易耗品主要为办公用具、包装材料；开发产品主要为居民住宅等。公司的开发周期一般为2~3年。公司使用信息系统处理房地产开发业务，系统自动记录成本核算情况，以及开发成本和开发产品的状态；同时，系统还对开发成本、开发间接费用中各项组成部分进行归集和分摊，自动生成记账凭证并过账至开发成本、开发产品明细账和总分类账。

公司房地产开发产品在满足以下条件时确认收入：买卖双方签订销售合同并已备案；房地产开发产品已竣工并验收合格；公司收到客户的全部购房款或确信可以取得；办理了交房手续。公司采用财务系统对销售与收款交易自动生成记账凭证，待符合收入确认条件后转入主营业务收入。

公司业务和会计核算体系较为简单，内部控制较为完善。应收账款、其他应收款、存货不存在计提坏账准备和跌价准备的情形，长期资产不存在减值的迹象。无长期股权投资、衍生金融工具、应收票据、应付票据、营业外收入、营业外支出、资产减值损失、信用减值损失等科目。

本年度××会计师事务所继续接受公司委托，对其按照企业会计准则编制的202×年12月31日的资产负债表，202×年度的利润表、所有者权益变动表和现金流量表以及财务报表附注进行审计。

第二部分
初步业务活动工作底稿

一、初步业务活动程序表

初步业务活动程序表—连续审计

被审计单位：××房地产开发有限责任公司　　索引号：A1

项目：初步业务活动　　财务报表截止日／期间：202×年度

编制人：××　　编制日期：202×年×月×日

复核人：××　　复核日期：202×年×月×日

一、初步业务活动目标

确定是否接受业务委托；如接受业务委托，确保在计划审计工作时达到下列要求：
（1）注册会计师已具备执行业务所需要的独立性和专业胜任能力；
（2）不存在因管理层诚信问题而影响注册会计师承接或保持该项业务意愿的情况；
（3）与被审计单位不存在对业务约定条款的误解。

二、初步业务活动程序

序号	初步业务活动程序	是否执行	索引号
1	（1）调查了解业务环境，评价是否具有保持业务的条件； （2）调查了解以评价被审计单位是否存在因诚信问题而影响保持该业务的意愿的情况； （3）了解被审计单位的财务状况； （4）评价事务所及项目组成员独立性和专业胜任能力等职业道德规范事项； （5）完成业务保持评价表。	已执行	A1
2	签订审计业务约定书。	已执行	A2

二、业务保持评价表

业务保持评价表

被审计单位：××房地产开发有限责任公司　　索引号：A2

项目：业务保持　　财务报表截止日/期间：202×年度

编制人：××　　编制日期：202×年×月×日

复核人：××　　复核日期：202×年×月×日

一、被审计单位基本信息

被审计单位法定名称	××房地产开发有限责任公司
被审计单位地址	××省××市××区××街××号
电话	
传真	
电子信箱	
网址	
联系人	
被审计单位性质	有限责任公司

二、被审计单位所属行业、业务性质与主要业务

所属行业	房地产行业
业务性质与主要业务	房地产开发及经营、土地开发及经营等

三、被审计单位所有权结构、所处行业及主要业务较上期相比的变化情况

被审计单位所有权结构、所处行业及主要业务较上期相比无变化。

四、子公司、合营企业、联营企业、分公司较上期相比的变化情况

无分公司、子公司，无合营企业、联营企业，本公司较上期相比无变化。

五、提供审计服务的目的以及出具审计报告的日期

审计目的	年报审计
审计报告的预期使用者	银行及主管机关等
提交审计报告的日期	202×年×月×日

六、被审计单位业务调查情况

调查结论	风险评价
根据被审计单位适用评价标准及业务约定出具的报告能够满足预期使用者的要求，被审计单位管理层不存在诚信方面的瑕疵。	低风险

七、确定审计的前提条件是否存在

调查内容	是 / 否
管理层在编制财务报表时采用的财务报告编制基础是否是可以接受的。	是

八、本所职业道德情况的调查

序号	调查内容	调查结果
1	项目组资源和专业胜任能力的调查记录	根据本所目前的人力资源情况，拥有足够的具备必要素质和专业胜任能力的人员组建项目组，能够在提交报告的最后期限内完成业务。
2	独立性声明与保密承诺	参见底稿 A4

九、预计收取的费用

预计审计收费	×× 万元
预计成本	×× 万元

十、其他方面的意见

客户保持评价结论：基于上述方面，我们________（接受或不接受）此项业务。 签名：　　　　　　日期：

三、被审计单位业务情况调查记录

被审计单位业务情况调查记录

被审计单位：×× 房地产开发有限责任公司　　索引号：A3

项目：业务情况调查　　财务报表截止日 / 期间：202× 年度

编制人：××　　编制日期：202× 年 × 月 × 日

复核人：××　　复核日期：202× 年 × 月 × 日

一	业务环境	调查记录
1	业务约定事项	
2	鉴证对象特征	
3	使用的标准	
4	预期使用者的需求	
5	责任方及其环境的相关特征	
6	可能对鉴证业务产生重大影响的事项、交易、条件和惯例等其他事项	
二	经营风险	
1	客户是否处于本所准备退出服务的行业	
2	客户的业务性质是否发生重大变化	
3	客户是否难以持续经营	
4	客户的法律诉讼形势是否发生重大变化	
三	财务状况	
1	客户经营状况是否发生重大变动以致对其财务状况产生不利影响	
2	客户是否存在未披露的重大关联方交易	
3	客户的内部控制是否存在重大缺陷	
4	是否对客户会计记录的可靠性产生疑问	
5	客户是否采用过于激进的会计和纳税政策	
6	是否就重大会计问题与客户存在未解决的分歧	
四	被审计单位的诚信情况	
1	是否有迹象表明管理层不够诚信	
2	客户是否存在舞弊或违法行为，或已受到舞弊方面的指控	
3	客户是否曾就审计范围向项目组成员施加限制	

调查结论

编制说明

1.“业务约定事项”主要指审计项目审计目标、范围、审计意见报告形式等。

2. 根据准则规定鉴证对象具有不同特征，可能表现为定性或定量。如鉴证对象可以是财务报表、反映效率或效果的关键指标、物理特征的说明文件、关于有效性的认定、对法律法规遵守情况或执行效果的声明等。

3.“使用的标准”主要指用于评价或计量鉴证对象的基准，包括列报基准。标准可以是正式的，如使用企业会计准则，也可以是非正式的，如内部制定的行为准则或确定的绩效水平。

4. 预期使用者主要指预期使用鉴证报告的组织或人员，需要根据不同的利益需求考虑。

5. 审计属于基于责任方认定的业务。“责任方及其环境的相关特征”中的责任方属于对鉴证对象负责的组织和人员，一般是被审计单位管理层。这里环境和相关特征主要是治理结构及构成特点等。

6.“可能对鉴证业务产生重大影响的事项、交易、条件和惯例等其他事项”主要是指对鉴证业务有重大影响的法律法规、外部环境因素、重大交易等事项。

7.“调查结论”一栏可根据被审计单位具体情况填写“根据被审计单位适用评价标准及业务约定出具的报告能够满足预期使用者的要求，被审计单位管理层不存在诚信方面的瑕疵”等描述。

四、独立性及保密声明

索引号：A4

独立性及保密声明

根据《中国注册会计师职业道德守则》以及《××会计师事务所（特殊普通合伙）业务质量控制制度》规定，本所在执行本项目审计业务时，已从实质上和形式上保持独立性。

本所及执业人员在执行本项目审计业务中，如存在直接或间接影响鉴证业务结果的情况时，将恪守独立、客观公正的原则，保持应有的独立性。如遇因自身利益、自我评价、过度推介、密切关系和外在压力的因素导致影响独立性的不利事项，本所会自觉采取必要的措施或接受为消除该不利影响而采取的防范措施。通过调查，本所及项目组与客户不存在影响独立性的下列利益关系：经济利益、贷款及担保、商业关系、家庭和私人关系、雇佣关系、曾任审计客户的董事等高管人员、兼任审计客户的董事或高级管理人员、长期存在业务关系、为客户提供非鉴证服务、薪酬和业绩评价政策、礼品和款待、诉讼或诉讼威胁等。

本所及执业人员在此声明，已经充分理解《中国注册会计师职业道德守则》中有关独立性条款的规定，并切实在审计和审阅业务以及其他鉴证业务执业过程中遵守独立性的相关规定。

本人作为项目组成员，在执业过程中能够获知审计客户的保密信息。本人已被本所告知，本人有责任对执业活动中获知的涉密信息保密。本人已阅读并充分理解《中国注册会计师职业道德守则》的相关规定。本人将遵守在执业活动中获知的涉密信息的保密条款。本人清楚地知晓，如果违反了这个协议，将承担一切相应责任。

××会计师事务所（特殊普通合伙）

（公司签章）

签字：

年　　月　　日

五、项目组资源和专业胜任能力的调查记录

项目组资源和专业胜任能力的调查记录

被审计单位：××房地产开发有限责任公司　　　　索引号：A5

项目：项目组资源和专业胜任能力调查　　　　财务报表截止日 / 期间：202×年度

编制人：××　　　　编制日期：202×年×月×日

复核人：××　　　　复核日期：202×年×月×日

序号	调查内容	调查记录
1	根据本所目前的人力资源情况，是否拥有足够的具备必要素质和专业胜任能力的人员组建项目组。	
2	是否能够在提交报告的最后期限内完成业务。	
3	初步确定的项目组关键人员是否熟悉相关行业或业务对象。	
4	初步确定的项目组关键人员是否具有执行类似业务的经验，或是否具备有效获取必要技能和知识的能力。	
5	在需要时，是否能够得到专家的帮助。	
6	如果需要项目质量控制复核，是否具备符合标准和资格要求的项目质量控制复核人员。	

调查结论

六、审计业务约定书

索引号：A6

审计业务约定书

甲 方：×× 房地产开发有限责任公司
乙 方：×× 会计师事务所

兹由甲方委托乙方对 202× 年度财务报表进行审计，经双方协商，达成以下约定：

一、业务范围及目的

乙方接受甲方委托，对甲方按照企业会计准则编制的 202× 年 12 月 31 日的资产负债表，202× 年度的利润表、所有者权益变动表和现金流量表以及财务报表附注（以下统称财务报表）进行审计。

乙方通过执行审计工作，对财务报表的下列方面发表审计意见：（1）财务报表是否在所有重大方面按照企业会计准则的规定编制；（2）财务报表是否在所有重大方面公允反映了甲方 202× 年 12 月 31 日的财务状况以及 202× 年度的经营成果和现金流量。

二、甲方的责任

甲方的责任是：建立健全的内部控制制度，保护资产的安全完整，保证会计资料的真实、合法、完整，保证会计报表充分披露有关的信息。

甲方的义务是：

1. 及时为乙方的审计工作提供所要求的全部会计资料和其他有关资料。

2. 为乙方派出的有关工作人员提供必要的工作条件及合作，具体事项将由乙方审计工作人员于工作开始前提供清单。

3. 按本约定书之规定及时足够支付审计费用。

4. 于 202× 年 × 月 × 日之前提供审计所需要的全部资料。

三、乙方的责任

乙方的责任是：按照中国注册会计师独立审计准则的要求进行审计，出具审计报告，保证审计报告的真实性、合法性。

乙方的义务是：

1. 按照约定时间完成审计业务，出具审计报告。由于注册会计师的审计采取事后重点抽查的方法，加上甲方内部控制制度固有的局限性和其他客观因素制约，难免存在会计报表在某些重要的方面反映失实，而注册会计师又可能在审计中未予发现的情况，因此，乙方的审计责任并不能替代、减轻或免除甲方的会计责任。

2. 对执行业务过程中知悉的甲方商业秘密严加保密。除非中国注册会计师协会执业准则另有规定，或经甲方同意，乙方不得将其知悉的商业秘密和甲方提供的资料对外泄露。

3. 审计工作结束后，乙方将根据情况对甲方会计处理、内部控制制度及其他事项等提出改进意见。

4. 在 202× 年 × 月 × 日前出具审计报告。

四、审计收费

乙方应收本约定审计事项的费用，按照乙方实际参加本项审计业务的各级别工作人员所花费时间及《审计收费规定》的计费标准确定，预计为人民币 ×× 万元。

如因审计工作遇到重大问题，致使乙方实际花费审计工作时间有较大幅度的增加，甲方应在了解实情后，酌情调增审计费用。

五、审计报告的使用责任

乙方向甲方出具的审计报告一式 × 份，这些报告由甲方分发、使用，使用不当的责任与乙方无关。

六、约定书的有效期间

本约定自 202× 年 × 月 × 日起生效，并在本约定事项全部完成日之前有效。

七、约定事项的变更

由于出现不可预见的情况，影响审计工作如期完成，或需提前出具审计报告，甲、乙双方可要求变更约定事项，但应及时通知对方，并由双方协商解决。

八、终止条款

1. 如果根据乙方的职业道德及其他有关专业职责，适用的法律法规或其他任何法定的要求，乙方认为已不适宜继续为甲方提供本约定的审计服务，乙方可以采取向甲方提出合理通知的方式终止履行本约定书。

2. 在本约定书终止的情况下，乙方有权就其于终止之日前对约定的审计服务项目所做的工作收取合理的费用。

九、违约责任

甲、乙双方按照《中华人民共和国民法典》的规定承担违约责任。

十、适用法律和争议解决

本约定书的所有方面均应适用中华人民共和国法律进行解释并受其约束。本约定书履行地为乙方出具审计报告所在地，因本约定书引起的或与本约定书有关的任何纠纷或争议（包括关于本约定书条款的存在、效力或终止，或无效之后果），双方协商确定采取以下第____种方式予以解决：

（1）向有管辖权的人民法院提起诉讼

（2）提交 ×× 仲裁委员会仲裁

十一、甲乙双方对其他有关事项的约定

本约定书一式两份，甲、乙方各执一份，并具有同等法律效力。

甲方：×× 房地产开发有限责任公司	乙方：×× 会计师事务所
（签章）	（签章）
代表：（签章）	代表：（签章）
年 月 日	年 月 日

第三部分
风险评估工作底稿

一、了解被审计单位及其环境（不包括内部控制）

序号	内容	是否适用	编制人	编制日期	复核人	复核日期	索引号
1	了解被审计单位的行业状况、法律环境和监管环境及其他外部因素	是	××	202×年×月×日	××	202×年×月×日	B1–1
2	了解被审计单位的性质	是	××	202×年×月×日	××	202×年×月×日	B1–2
3	了解被审计单位对会计政策的选择和运用	是	××	202×年×月×日	××	202×年×月×日	B1–3
4	了解被审计单位的目标、战略以及相关经营风险	是	××	202×年×月×日	××	202×年×月×日	B1–4
5	了解被审计单位对财务业绩的衡量和评价	是	××	202×年×月×日	××	202×年×月×日	B1–5

（一）了解被审计单位的行业状况、法律环境和监管环境及其他外部因素

被审计单位：××房地产开发有限责任公司　　索引号：B1–1

项目：了解被审计单位的行业状况、法律环境和监管环境及其他外部因素　　财务报表截止日/期间：202×年度

编制人：××　　编制日期：202×年×月×日

复核人：××　　复核日期：202×年×月×日

一、实施的风险评估程序			
1. 向被审计单位销售总监询问主要产品、行业发展状况等信息； 2. 查阅关于被审计单位及其所处行业的研究报告； 3. 在公开网站查阅我国宏观经济指标； 4. 在权威财经网站查阅国际宏观经济情况的分析报告。			
二、了解的内容			
（一）行业状况			
了解事项	内容记录	信息来源	索引号
1. 所在行业市场供求与竞争	公司所处房地产行业，是一家以房地产开发及经营、土地开发及经营为主营业务的公司。目前开发的项目是××项目，销售收入系一、二期销售所得，年末三期项目已完工，还有四期未建。公司××项目生活和交通都较为便利，周边公园环绕，环境优美。本公司属于全国小型房地产企业，非上市公司。公司主要竞争对手：××公司。	网络查询信息	

续表

了解事项	内容记录	信息来源	索引号
2. 生产经营的季节性和周期性	房地产行业与国民经济总体运行情况高度相关，并且作为典型的资源依赖型行业，受政府宏观政策与行业政策的影响较大。202×年，政府密集出台的宏观调控措施，将会很大程度上限制和制约房地产企业的过快发展，对公司项目建设、项目销售、资金回笼、盈利能力等各环节造成一定影响。房地产政策的频繁变化还将不断强化市场参与者（房地产开发企业、银行、消费者等）的观望气氛，政策趋向的判定与把握无疑成为了房地产企业无法回避的问题。公司扩大销售，加紧开发项目。受春节假期影响，一般1季度为淡季，其他季度需求较为均衡。	网络查询信息	
3. 承包商与工程价款	公司工程承包商系××建工集团××工程项目部，工程系费率招标。公司成本控制部每月根据最新的××市工程造价信息调整材料价差、依据每月形象进度来审核工程量，以确定工程价款。	企业未审财务报表等相关资料	
4. 行业的关键指标和统计数据	房地产行业关于销售房产的平均销售毛利率大致为××%，而公司的销售毛利率为××%，与同行业平均水平相差较小。公司本年开发××平方米，与全国同行业企业相比，开发量较低。	企业未审财务报表等相关资料	
（二）法律环境和监管环境			
1. 适用的会计准则、会计制度和行业特定惯例			
公司属于何种性质的企业	有限责任公司	公司资料	
适用的会计报告编制基础	企业会计准则	企业未审财务报表	
2. 对经营活动产生重大影响的法律法规及监管活动			
国家对行业是否有特殊监管要求	无		
3. 对开展业务产生重大影响的政府政策，包括货币、财政、税收和贸易政策			
货币政策	无		
财政政策	无		
税收政策	无		
其他政策	无		
4. 与公司所处行业和所从事经营活动相关的其他要求			
产品责任方面	《城市房地产管理法》《城市房地产开发经营管理条例》	网络查询信息	
劳动安全方面	《劳动法》	网络查询信息	
环境保护方面	无		
5. 其他外部因素			
当前的宏观经济状况以及未来的发展趋势	我国房地产行业政策的调整趋势仍具有一定的不确定性，不同地区的行业政策将趋于差别化，这将对公司取得预期经营成果产生较大影响。	网络查询信息	
利率和资金供求状况对公司经营活动的影响	企业主要融资方式为向银行贷款，年末银行借款余额较上年有所下降。我国202×年度实行适当宽松的货币政策，央行进行了降息，一定程度降低企业融资成本。	网络查询信息	
国内的通胀水平对公司的影响	近年来房地产开发成本和销售价格受国内通胀因素的影响波动较大。	网络查询信息	

续表

了解事项	内容记录	信息来源	索引号
国际经济环境对公司的影响	国内外宏观经济增长速度放缓，房地产行业景气度与宏观经济增长速度基本吻合。	网络查询信息	
汇率变动对公司的影响	公司无进出口业务，无汇率影响。	网络查询信息	
三、评估风险结论			
1. 毛利率的波动较大； 2. 收入、利润增长较大，予以重点关注。			

编制说明

1. 在填写“所在行业市场供求与竞争”时，可以从以下方面予以描述：
（1）被审计单位所处什么行业；
（2）行业的总体发展趋势是什么；
（3）行业处于哪一个总体发展阶段（如起步、成长、成熟或衰退阶段）；
（4）市场需求、市场容量和价格竞争如何；
（5）行业上下游关系如何；
（6）谁是被审计单位最重要的竞争者，他们所占的市场份额是多少；
（7）被审计单位及其竞争者主要的竞争优势是什么。
2. 在填写“生产经营的季节性和周期性”时，可以从以下方面予以描述：
（1）行业是否受经济周期波动影响，以及采取了什么措施使波动的影响最小化；
（2）行业生产经营和销售是否受季节影响。
3. 在填写“行业的关键指标和统计数据”时，可以从以下方面予以描述：
（1）行业销售房产的平均价格、毛利率是多少；
（2）被审计单位业务的增长率和财务业绩与行业的平均水平及主要竞争者相比如何，存在重大差异的原因是什么。
4. 在填写“公司属于何种性质的企业”时，需要说明被审计单位属于有限责任公司还是股份公司，属于中外合资企业还是中外合作企业等。
5. 在填写“适用的会计报告编制基础”时，需要说明被审计单位执行企业会计准则还是其他制度。
6. 在填写“国家对行业是否有特殊监管要求”时，需填写如对上市公司、银行、保险等行业的特殊监管要求等。
7. 在填写“货币政策”时，需填写如当年度利率政策的调整，汇率政策的调整，以及对被审计单位经营活动产生的影响。
8. 在填写“财政政策”时，需填写如财政投资、财政补贴，以及对被审计单位经营活动产生的影响。
9. 在填写“税收政策”时，需填写当年度出台的，对企业有重大影响的税收政策以及对被审计单位经营活动产生的影响。
10. 在填写“其他政策”时，需填写如贸易政策以及对被审计单位经营活动产生的影响。
11. 在填写“当前的宏观经济状况以及未来的发展趋势”时，需列明主要宏观经济指标，如 GDP、经济预警指数等，及与上年度的比较（增长或降低），以及发展走势。
12. 在填写“利率和资金供求状况对公司经营活动的影响”时，需填写本年度央行对货币政策的调整，以及分析利率和资金供求状况对公司经营活动的影响。
13. 在填写“国内的通胀水平对公司的影响”时，需对通胀水平做简要说明，如 PPI 上涨情况，原材料、燃料、动力购进价格上涨情况，分析对企业的影响，说明国家或公司对消除影响所采取的行动。
14. 在填写“国际经济环境对公司的影响”时，需分析国际经济是否景气，可结合经济景气度对下游行业需求的影响来分析对企业自身的影响。
15. 在填写“汇率变动对公司的影响”时，当汇率波动较大时需要说明汇率波动对财务报表的影响。
16. 在填写“评估风险结论”时，需将上述调查事项中不利影响事项进行汇总，确定评估的风险结论。
17. 在了解被审计单位行业状况、法律环境与监管环境及其他外部因素时，注册会计师可实施的风险评估程序包括：查阅以前年度的审计工作底稿，询问被审计单位管理层和员工，查阅内部与外部的信息资料，与项目组成员或熟悉被审计单位所处行业的其他人员讨论，分析程序等。

（二）了解被审计单位的性质

被审计单位：×× 房地产开发有限责任公司　　索引号：B1-2

项目：了解被审计单位的性质　　财务报表截止日 / 期间：202× 年度

编制人：××　　编制日期：202× 年 × 月 × 日

复核人：××　　复核日期：202× 年 × 月 × 日

一、实施的风险评估程序			
1. 向公司高管人员询问被审计单位所有权结构、治理结构、组织结构、近期主要投资、筹资情况； 2. 向销售人员询问相关市场信息，如主要客户和合同、付款条件、主要竞争者、定价政策、营销策略等； 3. 查阅组织结构图、治理结构图、公司章程，主要销售、采购、投资、债务合同等； 4. 实地查看被审计单位主要经营场所。			
二、了解的内容			
（一）所有权结构			
所有权结构		可能导致的重大错报风险	索引号
公司系民营非上市公司，所有权结构单一，无分公司、子公司。所有者为 ×× 等。		低风险	
（二）组织结构			
组织结构		可能导致的重大错报风险	索引号
公司组织结构规范。		低风险	
（三）经营活动			
了解事项	内容记录	信息来源	索引号
1. 收入来源、所占比例如何	公司收入来源于销售房地产。	企业未审财务报表等	
2. 主要项目或服务及描述	公司目前开发的项目是 ×× 项目，销售收入系一、二期销售所得，年末三期项目已完工，还有四期未建。公司主要是向个人销售房地产。	企业未审财务报表等	
3. 重要承包商	工程承包商系 ×× 建工集团有限责任公司 ×× 工程项目部。	企业未审财务报表等	
4. 从事电子商务的情况	无		
5. 地区与行业分布	公司项目目前只在 ×× 地区，行业为房地产行业。	企业未审财务报表等	
6. 办公室的地理位置	×× 省 ×× 市 ×× 区 ×× 街 ×× 号	公司网站	
7. 关键客户	没有高度依赖的特定客户。	企业未审财务报表等	
8. 劳动用工情况	公司员工主要来源于 xx 地区。公司工资水平、退休金和其他福利与行业平均水平持平。	公司人力资源部提供	
9. 关联方交易	关联方主要有 ×× 有限责任公司。	企业未审财务报表等	

续表

（四）投资活动与筹资活动			
了解事项	内容记录	信息来源	索引号
1. 主要子公司	无	企业未审财务报表等	
2. 主要联营企业及合营企业	无	企业未审财务报表等	
3. 计划实施或近期已实施的并购或资产处置	无	企业未审财务报表等	
4. 证券与贷款的投资和处置	无	企业未审财务报表等	
5. 固定资产及无形资产等投资	本期购入少量办公设备	企业未审财务报表等	
6. 本公司拥有其半数或半数以下表决权的纳入合并范围内的子公司	无	企业未审财务报表等	
7. 本公司拥有半数以上表决权但未纳入合并范围的被投资单位	无	企业未审财务报表等	
8. 是否存在共同经营	无	企业未审财务报表等	
9. 重要非全资子公司的重要少数股东	无	企业未审财务报表等	
10. 债务期限结构、是否存在资产负债表外融资和租赁安排	短期借款占负债总额的 ××%，长期借款占负债总额的 ××%。不存在资产负债表外融资和租赁安排。	企业未审财务报表等	
11. 固定资产的租赁	无	企业未审财务报表等	
12. 关联方融资	关联方 ×× 有限责任公司借款占负债总额的 ××%。	企业未审财务报表等	
13. 实际控制人与最终控制方	××	企业未审财务报表等	
14. 衍生金融工具的使用	无	企业未审财务报表等	
三、评估风险结论			
可能存在错报风险的领域为收入确认、关联方交易的披露等。			

编制说明

1. 在填写“所有权结构”时，需描述所有权性质（属于国有企业、外商投资企业、民营企业还是其他类型）、所有者及最终控制人等。

2. 在填写“收入来源、所占比例如何”时，可描述收入的主要来源包括哪些方面，所占比例如何等。

3. 在填写“主要项目或服务及描述”时，可描述主要项目及合同、利润率、市场份额、定价政策、营销策略等。

4. 在填写“地区与行业分布”时，可以描述公司是否涉及跨地区经营和多种经营，各个地区和各行业分布的相对规模以及相互之间是否存在依赖关系等。

5. 在填写“关键客户”时，可以描述销售对象是少量大客户还是众多小客户，是否有高度依赖的特定客户。列举前5名客户。

6. 在填写“劳动用工情况”时，可描述：（1）分地区用工情况；（2）劳动力供应情况；（3）工资水平、退休金和其他福利、股权激励或奖金安排；（4）适用的相关法规等。

7. 在填写“关联方交易”时，可描述已识别的关联方名称，关联方交易大致占比。

8. 在填写“债务期限结构、是否存在资产负债表外融资和租赁安排”时，可描述长短期负债占比、是否存在表外融资和租赁安排等。

9. 在填写“实际控制人与最终控制方”时，可描述被审计单位实际控制人的名称、国籍、商业声誉和经验，以及可能对被审计单位产生的影响。

10. 在了解被审计单位的性质时，注册会计师可实施的风险评估程序包括：查阅以前年度的审计工作底稿，与项目组成员或其他有经验的人员和行业专家讨论，利用业务承接和续约过程中获取的信息，询问被审计单位管理层和内部其他相关人员，查阅被审计单位的文件和报告，实地查看被审计单位的主要经营场所，分析程序等。

（三）了解被审计单位对会计政策的选择和运用

被审计单位：××房地产开发有限责任公司　　　　索引号：B1–3

项目：了解被审计单位对会计政策的选择和运用　　　　财务报表截止日 / 期间：202×年度

编制人：××　　　　编制日期：202×年×月×日

复核人：××　　　　复核日期：202×年×月×日

<table>
<tr><td colspan="5">一、实施的风险评估程序</td></tr>
<tr><td colspan="5">1. 向财务总监询问被审计单位采用的主要会计政策、会计政策变更情况、财务人员配备和构成情况等；
2. 查阅被审计单位会计工作手册、指引等财务资料和内部报告；
3. 查阅新颁布的会计准则、法律法规，以及被审计单位何时采用、如何采用这些规定。</td></tr>
<tr><td colspan="5">二、了解的内容</td></tr>
<tr><td colspan="5">（一）被审计单位选择和运用的会计政策</td></tr>
<tr><td>重要的会计政策</td><td colspan="3">公司选择和运用的会计政策</td><td>评价</td></tr>
<tr><td>固定资产折旧方法</td><td colspan="3">年限平均法</td><td>恰当</td></tr>
<tr><td>收入的确认</td><td colspan="3">销售商品
本公司房地产开发产品在满足以下条件时确认收入：
买卖双方签订销售合同并已备案；房地产开发产品已竣工并验收合格；公司收到客户的全部购房款或确信可以取得；办理了交房手续。</td><td>恰当</td></tr>
<tr><td colspan="5">（二）会计政策变更的情况</td></tr>
<tr><td>原会计政策</td><td>变更后会计政策相关内容</td><td>变更日期</td><td>变更原因</td><td>评价</td></tr>
<tr><td colspan="5">不适用</td></tr>
<tr><td colspan="5">（三）重大和异常交易的会计处理方法</td></tr>
<tr><td>了解事项</td><td colspan="3">内容记录</td><td>评价</td></tr>
<tr><td>无</td><td colspan="3">不适用</td><td>不适用</td></tr>
<tr><td colspan="5">三、评估风险结论</td></tr>
<tr><td colspan="5">企业对会计政策的选择和运用对财务报表层次产生重大错报风险较小。</td></tr>
</table>

编制说明

1. 在了解被审计单位对会计政策的选择和运用时，注册会计师可实施的风险评估程序包括：查阅以前年度的审计工作底稿，询问被审计单位管理层和员工，查阅被审计单位的财务资料和内部报告（如会计工作手册和操作指引）等。注册会计师还可结合对被审计单位及其环境等其他方面的了解，考虑被审计单位选用的会计政策是否符合其具体情况。

2. 在填写“收入确认的会计政策”时，企业应当结合业务特征，详细披露销售商品、提供劳务或建造合同等各类收入的具体确认原则和方法。对于收入确认的会计政策应当披露具体的收入确认时点。同类业务采用不同经营模式在不同时点确认收入的，应当分别披露；同类业务采用的会计政策与同行业其他公司存在显著差别的，应当披露具体原因。

3. 在填写“重大和异常交易的会计处理方法”时，应根据公司当年的具体业务情况填写。如本期发生了重大投资（包括分步合并）、重大处置资产（包括分步处置子公司）、债务重组、非货币性交换、投资性主体与非投资性主体之间转换、权益法与公允价值法之间转换、权益法与成本法之间转换、成本法与公允价值法之间转换、债务工具与权益工具之间转换、特殊原因导致的合并范围发生重大变化、重大关联交易的会计处理等。

（四）了解被审计单位的目标、战略以及相关经营风险

被审计单位：×× 房地产开发有限责任公司　　索引号：B1–4

项目：了解被审计单位的目标、战略以及相关经营风险　　财务报表截止日 / 期间：202× 年度

编制人：××　　编制日期：202× 年 × 月 × 日

复核人：××　　复核日期：202× 年 × 月 × 日

一、实施的风险评估程序		
1. 向公司高管人员询问被审计单位实施的或准备实施的目标和战略； 2. 查阅被审计单位规划和其他文件。		
二、了解的内容		
（一）目标和战略		
了解事项	内容记录	索引号
1. 目标	公司坚持以“×××”的企业文化为指导，以“×××”为经营方针，以“×××”的开发销售模式，切实提高项目运营和成本的管控能力，增强持续盈利能力和商业运作能力，扩大“×××”品牌的市场影响力，全面提升公司的市场竞争能力和核心竞争力。	
2. 战略		

（二）相关经营风险			
了解事项	是 / 否存在风险	内容记录	索引号
1. 行业发展及可能导致不具备足以应对行业变化的人力资源	否	公司以经营人才为核心，优秀员工为骨干的人力资源机制，充分发挥经营者的谋略和决策作用，调动广大员工的积极性和创造性，保证核心竞争力的可持续性发展。为促进企业可持续发展，公司组织开展了内部控制优化、全员管理技能和专业岗位技能的相关培训活动。通过对全体员工的系列培训，进一步优化公司人才，增强企业在房地产行业中的综合竞争力。	
2. 开发新项目或提供新服务，及其可能导致责任增加等风险	否	无	
3. 业务扩张及其可能导致对市场需求的估计不准确等风险	否	无	
4. 新的会计要求，及其可能导致的执行不当或不完整，或会计处理成本增加等风险	否	无	

续表

5. 监管要求，及其可能导致法律责任增加等风险	否	无	
6. 本期及未来的融资条件，及其可能导致的由于无法满足融资条件而失去融资机会等风险	否	无	
7. 信息技术的运用，及其可能导致信息系统与业务流程难以融合等风险	否	无	
8. 实施战略的影响，特别是由此产生的需要运用新的会计要求的影响	否	无	
9. 供应链发生变化	否	无	
10. 持续经营和资产流动性出现问题，包括重要客户流失	否	无	
三、评估风险结论			
未识别出可能导致发生财务报表重大错报的经营风险。			

编制说明

1. 注册会计师可通过与管理层沟通，查阅经营规划和其他文件，获取对被审计单位目标和战略的了解。还可以通过询问不同的管理层成员，进一步了解被审计单位的目标和战略、政策和程序，以及管理层期望和关注的事项。

2. 在填写“战略、目标”时，目标是指企业的经营活动的方向，是近期内实现的目标。管理层或治理层会根据企业经营面临的外部环境和内部各种因素，制定合理可行的经营方针。战略指管理层为实现经营目标采取的总体层面策略和方法。

3. 在填写“相关经营风险”时，该部分内容是根据被审计单位目标、战略实现中产生不利影响的重大事项、环境和行为等形成的经营风险的调查。应根据上面的经营目标、战略的影响与评价设定调查内容。

4. 在填写“业务扩张及其可能导致对市场需求的估计不准确等风险”时，可填写进入新的业务领域、开辟新的经营场所等相关内容。

5. 在填写“评估风险结论”时，可将上述调查事项中不利影响事项进行汇总，确定评估的风险结论。

（五）了解被审计单位对财务业绩的衡量和评价

被审计单位：× × 房地产开发有限责任公司　　　　索引号：B1–5

项目：了解被审计单位对财务业绩的衡量和评价　　　　财务报表截止日 / 期间：202× 年度

编制人：× ×　　　　编制日期：202× 年 × 月 × 日

复核人：× ×　　　　复核日期：202× 年 × 月 × 日

一、实施的风险评估程序		
查阅被审计单位管理层和员工业绩考核与激励性报酬政策、分部信息与不同层次部门的业绩报告等。		
二、了解的内容		
（一）行业的关键指标和统计资料		
了解事项	内容记录	索引号
1. 开发项目的行业售价及产量等指标情况	房地产行业关于销售房产的平均销售毛利率大致为 × ×%，而公司的销售毛利率为 × ×%，与同行业平均水平相差较小。公司本年开发 × × 平方米，与全国同行业企业相比，开发量较低，竞争力不强。	
2. 主要指标与行业对比情况	通过与竞争对手的业绩比较，公司毛利率略低于同行业。	
（二）关键业绩指标		
内容记录		索引号
营业收入：× × 元		
利润总额：× × 元		
……		
（三）预算达标情况分析		
内容记录		索引号
通过查看公司预算与决算等资料，未发现重大偏差。		
（四）管理层和员工业绩考核与激励报酬政策		
内容记录		索引号
通过查看公司管理层和员工业绩考核与激励报酬政策，未发现重大异常。		
（五）分部信息与分部、部门的业绩报告		
内容记录		索引号
无		
三、评估风险结论		
通过与竞争对手的业绩比较，公司毛利率略低于同行业，未发现重大异常。		

编制说明

1. 注册会计师可以通过询问被审计单位管理层，查阅被审计单位的内部报告和外部报告，以及实施分析程序，获得对被审计单位财务业绩的衡量和评价的了解。

2. 在填写“开发项目的行业售价及产量等指标情况”时，可就主要开发项目的销售均价、毛利率等指标分析与行业之间的差异。

3. 在填写“主要指标与行业对比情况”时，考虑将售价及毛利率与行业指标对比，填写高或低，及具体数值或者比率。

4. 在填写“关键业绩指标”时，需调查公司业绩考核指标及相关政策、行业要求的业绩指标及调查员工业绩考核指标及激励政策等。

二、了解被审计单位内部控制

（一）在被审计单位整体层面了解和评价内部控制

序号	底稿名称	是否适用	编制人	编制日期	复核人	复核日期	索引号
1	控制环境	是	××	202×年×月×日	××	202×年×月×日	QY-1
2	被审计单位风险评估过程	是	××	202×年×月×日	××	202×年×月×日	QY-2
3	与财务报告相关的信息系统与沟通	是	××	202×年×月×日	××	202×年×月×日	QY-3
4	被审计单位对控制的监督	是	××	202×年×月×日	××	202×年×月×日	QY-4

1. 控制环境

了解和评价控制环境

被审计单位：× × 房地产开发有限责任公司　　编制人：× ×　　编制日期：202× 年 × 月 × 日　　索引号：QY-1-1

项目：了解和评价控制环境　　复核人：× ×　　复核日期：202× 年 × 月 × 日　　财务报表截止日 / 期间：202× 年度

控制序号	控制目标	被审计单位的控制活动	是否应对特别风险（是 / 否）	控制的性质	控制频率	与控制相关的风险（高 / 低）	控制对实现控制目标是否有效（是 / 否）	是否存在设计缺陷（是/否）	控制活动是否得到执行（是 / 否）	是否测试控制运行的有效性
QY-1-1	行为守则得以有效传达和执行	公司制定了员工需遵行的行为守则并公布在公司网页上。员工入职培训中包括职业操守相关内容，员工需参加培训后签署行为守则并提交人力资源部保存。								
QY-1-2	公司岗位任职条件清晰	1. 企业制定了职位说明书，经总经理批准后发放给员工。职位说明书规定了各岗位履行职责所需的知识与技能等任职条件，并描述了各岗位的工作权限与义务。 2. 各部门负责人每年度对本部门相关的职位说明进行复核并进行必要的更新，更新后的职位说明书经总经理审批后公布实施。 3. 企业对执行特定任务的岗位制定专门的职责说明。								
QY-1-3	适当的职责分离	公司建立了适当的职责分离制度，将业务授权、业务记录、资产保管和维护以及业务执行等关键责任进行适当的人员分配和职责分离。								

续表

控制序号	控制目标	被审计单位的控制活动	是否应对特别风险（是/否）	控制的性质	控制频率	与控制相关的风险（高/低）	控制对实现控制目标是否有效（是/否）	是否存在设计缺陷（是/否）	控制活动是否得到执行（是/否）	是否测试控制运行的有效性
QY-1-4	提供持续培训以保证员工的胜任能力	对员工进行持续性的专业培训，更新员工的知识，以提供足够的培训并确保员工的实际完成率。								
QY-1-5	及时透明地编制财务报告信息的要求	公司制订了定期编制财务报表及年度财务报告的计划，经相关部门负责人审批后发送至相关部门。								
QY-1-6	对信息技术给予适当关注	每年召开信息技术工作会议，研究制订发展规划，安排足够的资金和人员。								
QY-1-7	管理层与注册会计师持续沟通	管理层和注册会计师经常就重要的会计和审计问题进行沟通，并就相关问题达成一致意见。								
QY-1-8	保持组织结构的恰当性	公司每年定期召开会议，讨论组织机构设置的效率和效果，并根据业务的发展变化考虑是否需要更新。								
QY-1-9	对候选员工的背景调查和聘用审批	1. 当需要招聘人员时，由拟聘用该员工的部门拟定招聘计划，经部门负责人、人力资源负责人审批后，由人力资源部负责招聘。 2. 应聘人员的资料由人力资源部经理进行背景调查后，由人力资源部负责人和相关部门负责人面试。聘用由人力资源部负责人和相关部门负责人共同批准（重要岗位人员需由总经理批准）。 3. 被聘用人员需签订标准的劳动合同，劳动合同符合相关法律法规的规定，并包含工资、雇佣期限、试用期、保密要求等关键劳动合同条款。								

续表

控制序号	控制目标	被审计单位的控制活动	是否应对特别风险（是/否）	控制的性质	控制频率	与控制相关的风险（高/低）	控制对实现控制目标是否有效（是/否）	是否存在设计缺陷（是/否）	控制活动是否得到执行（是/否）	是否测试控制运行的有效性
QY-1-10	保持足够的人力资源和合理的工作时间	根据需要及时招聘人员，以确保拥有足够数量的具备必要技能的员工。制定了员工加班的审批制度，部门负责人定期复核加班记录。								
QY-1-11	员工业绩评价标准的审批	企业制定了对员工进行评价时适用的业绩评价标准并经董事会审核批准。该标准对短期和长期目标进行了适当的平衡。公司已将评价标准告知所有的员工，以确保其了解晋升所需要的条件和设定期望值。								
QY-1-12	对员工进行的定期考核和评价	每年度按照业绩评价标准对员工进行业绩评价，督导人员就员工的业绩评价与员工进行会谈并提出改进建议，评价结果经员工确认，薪酬和晋升与年度评价挂钩。								
QY-1-13	人力资源政策定期发布和更新	公司制定了包括招聘、培训、晋升、薪酬等在内的人力资源政策。董事会每年检查人力资源政策与程序，根据实际情况和需要进行调整，对更新的文件及时传达。								

编制说明

1. 本审计底稿所列示的“被审计单位的控制活动”为 ×× 房地产开发有限责任公司的控制活动，注册会计师应当运用职业判断，结合被审计单位实际情况填列。
2. 内部控制的频率可填写每年一次、每季度一次、每月一次、每周一次、每天一次、每天多次等。
3. 由注册会计师在了解了该控制点的具体情况后根据经验判断相关控制风险的高低，并在“与控制相关的风险”一栏填写高、低等。
4. 结合被审计单位的内部控制制度的设计是否合理和全面，注册会计师运用其相关行业经验和职业判断逐项分析各个控制点是否存在设计缺陷，如果有设计缺陷则在“是否存在设计缺陷”一栏填写是，反之则填写否。
5. 对“是否测试控制运行的有效性”一栏，应根据具体审计计划予以填写，并非所有识别出的与审计相关的控制活动均需执行控制活动运行有效性测试。如果某项控制设计不合理或虽设计合理，但未得到执行，注册会计师不拟测试该控制活动运行的有效性，则应在“是否测试控制运行的有效性”一栏填写“否”，并注明理由。

控制环境穿行测试程序记录

被审计单位：× × 房地产开发有限责任公司　　编制人：× ×　　编制日期：202× 年 × 月 × 日　　索引号：QY-1-2

项目：控制环境穿行测试　　复核人：× ×　　复核日期：202× 年 × 月 × 日　　财务报表截止日 / 期间：202× 年度

控制序号	控制目标	被审计单位的控制活动	实施的审计程序	检查的证据	测试结果	控制活动是否得到执行（是 / 否）	关键文档编号
QY-1-1	行为守则得以有效传达和执行	公司制定了员工需遵行的行为守则并公布在公司网页上。员工入职培训中包括职业操守相关内容，员工需参加培训后签署行为守则并提交人力资源部保存。	1. 询问 × × 经理企业员工遵守行为守则的情况； 2. 查看公布在公司网页的行为守则； 3. 检查员工培训后是否签署行为守则。	员工行为守则			
QY-1-2	公司岗位任职条件清晰	1. 企业制定了职位说明书，经总经理批准后发放给员工。职位说明书规定了各岗位履行职责所需的知识与技能等任职条件，并描述了各岗位的工作权限与义务。 2. 各部门负责人每年度对本部门相关的职位说明进行复核并进行必要的更新，更新后的职位说明书经总经理审批后公布实施。 3. 企业对执行特定任务的岗位制定专门的职责说明。	检查公司的岗位说明书是否经相关负责人复核审批。	公司的岗位说明书			
QY-1-3	适当的职责分离	公司建立了适当的职责分离制度，将业务授权、业务记录、资产保管和维护以及业务执行等关键责任进行适当的人员分配和职责分离。	1. 查看企业工作组织结构和相关岗位制度； 2. 观察相关职责的人员分配和职责分离的执行情况。	岗位责任书			

续表

控制序号	控制目标	被审计单位的控制活动	实施的审计程序	检查的证据	测试结果	控制活动是否得到执行（是/否）	关键文档编号
QY-1-4	提供持续培训以保证员工的胜任能力	对员工进行持续性的专业培训，更新员工的知识，以提供足够的培训并确保员工的实际完成率。	1. 询问人力资源部××经理企业员工培训的情况； 2. 查看公司下发的员工培训管理办法； 3. 观察员工培训的实际完成率。	公司制定的培训管理规定			
QY-1-5	及时透明地编制财务报告信息的要求	公司制订了定期编制财务报表及年度财务报告的计划，经相关部门负责人审批后发送至相关部门。	检查财务报表及年度财务报告的编制计划是否经相关部门负责人审批。	财务报表及年度财务报告的编制计划			
QY-1-6	对信息技术给予适当关注	每年召开信息技术工作会议，研究制订发展规划，安排足够的资金和人员。	检查信息技术会议记录，确认企业是否每年召开信息技术工作会议等情况。	信息技术会议记录			
QY-1-7	管理层与注册会计师持续沟通	管理层和注册会计师经常就重要的会计和审计问题进行沟通，并就相关问题达成一致意见。	检查相关部门管理层与注册会计师的沟通记录，确认公司是否会就会计和审计问题与外部审计人员定期沟通。	公司相关部门管理层与注册会计师的沟通记录			
QY-1-8	保持组织结构的恰当性	公司每年定期召开会议，讨论组织机构设置的效率和效果，并根据业务的发展变化考虑是否需要更新。	检查公司组织机构设置和更新是否经相关会议讨论。	公司组织结构图、会议记录			
QY-1-9	对候选员工的背景调查和聘用审批	1. 当需要招聘人员时，由拟聘用该员工的部门拟定招聘计划，经部门负责人、人力资源负责人审批后，由人力资源部负责招聘。 2. 应聘人员的资料由人力资源部经理进行背景调查后，由人力资源部负责人和相关部门负责人面试。聘用由人力资源部负责人和相关部门负责人共同批准（重要岗位人员需由总经理批准）。 3. 被聘用人员需签订标准的劳动合同，劳动合同符合相关法律法规的规定，并包含工资、雇佣期限、试用期、保密要求等关键劳动合同条款。	1. 检查招聘计划是否经相关部门负责人审批； 2. 检查拟聘用的人员是否经相关部门负责人共同批准； 3. 检查员工劳动合同是否符合相关法律法规的规定。	招聘计划、劳动合同			

续表

控制序号	控制目标	被审计单位的控制活动	实施的审计程序	检查的证据	测试结果	控制活动是否得到执行（是／否）	关键文档编号
QY-1-10	保持足够的人力资源和合理的工作时间	根据需要及时招聘人员，以确保拥有足够数量的具备必要技能的员工。制定了员工加班的审批制度，部门负责人定期复核加班记录。	1. 检查加班记录是否经部门负责人复核； 2. 观察公司是否按需及时招聘具备必要技能的员工。	公司员工加班和延长工作时间管理规定、加班记录			
QY-1-11	员工业绩评价标准的审批	企业制定了对员工进行评价时适用的业绩评价标准并经董事会审核批准。该标准对短期和长期目标进行了适当的平衡。公司已将评价标准告知所有的员工，以确保其了解晋升所需要的条件和设定期望值。	检查员工业绩评价标准是否经董事会批准。	员工业绩评价标准			
QY-1-12	对员工进行的定期考核和评价	每年度按照业绩评价标准对员工进行业绩评价，督导人员就员工的业绩评价与员工进行会谈并提出改进建议，评价结果经员工确认，薪酬和晋升与年度评价挂钩。	检查员工业绩评价结果是否经员工确认。	员工业绩评价结果			
QY-1-13	人力资源政策定期发布和更新	公司制定了包括招聘、培训、晋升、薪酬等在内的人力资源政策。董事会每年检查人力资源政策与程序，根据实际情况和需要进行调整，对更新的文件及时传达。	检查公司人力资源政策是否每年经董事会审核与更新。	公司人力资源政策文件			

编制说明

1. 本审计底稿所列示的“被审计单位的控制活动”为 × × 房地产开发有限责任公司的控制活动，注册会计师应当运用职业判断，结合被审计单位实际情况填列。

2. “实施的审计程序”一栏需填列审计人员所实施的询问、检查等相关程序及内容。

3. 根据穿行测试所获得的审计证据判断被审计单位的相关控制是否得到执行。如果得到执行，在“控制活动是否得到执行”一栏填写是。如果没有得到执行则在“控制活动是否得到执行”一栏填写否。

2. 被审计单位风险评估过程

了解和评价被审计单位风险评估过程

被审计单位：×× 房地产开发有限责任公司　　编制人：××　　编制日期：202× 年 × 月 × 日　　索引号：QY-2-1

项目：了解和评价被审计单位风险评估过程　　复核人：××　　复核日期：202× 年 × 月 × 日　　财务报表截止日 / 期间：202× 年度

控制序号	控制目标	被审计单位的控制活动	是否应对特别风险（是 / 否）	控制的性质	控制频率	与控制相关的风险（高/低）	控制对实现控制目标是否有效（是 / 否）	是否存在设计缺陷（是 / 否）	控制活动是否得到执行（是 / 否）	是否测试控制运行的有效性
QY-2-1	建立公司整体发展战略和风险管理策略并传达到相关层次	相关部门每年度评估公司整体发展战略和风险管理策略的有效性和合理性，并结合实际情况进行修订和完善。整体发展战略和风险管理策略经董事会批准后，传达到全体员工。								
QY-2-2	持续的风险评估和监控	1. 风险管理部考虑经营环境的变化、新员工、新的或升级的信息系统、新的会计政策等因素，以识别与财务报告相关的风险。 2. 风险管理部考虑舞弊的动机和压力，根据对风险重要性和发生可能性的考虑进行风险评估，并基于风险管理策略提出解决方案，提交总经理批复后组织实施。								
QY-2-3	突发事件应急处理，确保突发事件得到妥善处理	公司建立重大预警机制及应急处理机制，确保重大风险事项一旦出现，启动应急处理机制。								

编制说明

1. 本审计底稿所列示的“被审计单位的控制活动”为 ×× 房地产开发有限责任公司的控制活动，注册会计师应当运用职业判断，结合被审计单位实际情况填列。
2. 内部控制的频率可填写每年一次、每季度一次、每月一次、每周一次、每天一次、每天多次等。
3. 由注册会计师在了解了该控制点的具体情况后根据经验判断相关控制风险的高低，并在“与控制相关的风险”一栏填写高、低等。
4. 对“是否测试控制运行的有效性”一栏，应根据具体审计计划予以填写，并非所有识别出的与审计相关的控制活动均需执行控制活动运行有效性测试。如果某项控制设计不合理或虽设计合理，但未得到执行，注册会计师不拟测试该控制活动运行的有效性，则应在“是否测试控制运行的有效性”一栏填写“否”，并注明理由。

被审计单位风险评估过程穿行测试程序记录

被审计单位：×× 房地产开发有限责任公司	编制人：××	编制日期：202× 年 × 月 × 日	索引号：QY-2-2
项目：被审计单位风险评估过程穿行测试	复核人：××	复核日期：202× 年 × 月 × 日	财务报表截止日 / 期间：202× 年度

控制序号	控制目标	被审计单位的控制活动	实施的审计程序	检查的证据	测试结果	控制活动是否得到执行（是 / 否）	关键文档编号
QY-2-1	建立公司整体发展战略和风险管理策略并传达到相关层次	相关部门每年度评估公司整体发展战略和风险管理策略的有效性和合理性，并结合实际情况进行修订和完善。整体发展战略和风险管理策略经董事会批准后，传达到全体员工。	检查公司整体发展战略和风险管理策略是否经董事会批准。	整体发展战略和风险管理策略文件、董事会会议记录			
QY-2-2	持续的风险评估和监控	1. 风险管理部考虑经营环境的变化、新员工、新的或升级的信息系统、新的会计政策等因素，以识别与财务报告相关的风险。 2. 风险管理部考虑舞弊的动机和压力，根据对风险重要性和发生可能性的考虑进行风险评估，并基于风险管理策略提出解决方案，提交总经理批复后组织实施。	检查财务报告相关风险的解决方案是否经总经理批复。	财务报告相关风险的解决方案			
QY-2-3	突发事件应急处理，确保突发事件得到妥善处理	公司建立重大预警机制及应急处理机制，确保重大风险事项一旦出现，启动应急处理机制。	检查应急处理制度文件，确认公司是否建立应急处理制度。	公司应急处理制度文件			

编制说明

1. 本审计底稿所列示的“被审计单位的控制活动”为 ×× 房地产开发有限责任公司的控制活动，注册会计师应当运用职业判断，结合被审计单位实际情况填列。
2. “实施的审计程序”一栏需填列审计人员所实施的询问、检查等相关程序及内容。
3. 根据穿行测试所获得的审计证据判断被审计单位的相关控制是否得到执行。如果得到执行，在“控制活动是否得到执行”一栏填写是。如果没有得到执行则在“控制活动是否得到执行”一栏填写否。

3. 与财务报告相关的信息系统与沟通

了解和评价与财务报告相关的信息系统与沟通

被审计单位：×× 房地产开发有限责任公司　　编制人：××　　编制日期：202× 年 × 月 × 日　　索引号：QY-3-1

项目：了解和评价与财务报告相关的信息系统与沟通　　复核人：××　　复核日期：202× 年 × 月 × 日　　财务报表截止日 / 期间：202× 年度

控制序号	控制目标	被审计单位的控制活动	是否应对特别风险（是 / 否）	控制的性质	控制频率	与控制相关的风险(高 / 低)	控制对实现控制目标是否有效（是 / 否）	是否存在设计缺陷（是/否）	控制活动是否得到执行（是 / 否）	是否测试控制运行的有效性
QY-3-1	财务报告事项的沟通	管理层通过行为守则和定期培训向所有员工沟通公司与财务报告相关的内部控制的重要性。所有的重大财务事项会通过财务报告和内部备忘录向董事会汇报，以使得这些事项得到及时调查和解决。								
QY-3-2	年度信息系统开发预算的沟通及编制	每年在编制年度信息系统开发预算时，由信息技术部召集各业务部门管理层参加会议。基于整体战略结合企业全面预算管理，讨论确定对信息系统的需求，所需开发人员、预算和实施计划等。								
QY-3-3	管理层认真听取和采纳员工提出的改进意见	企业对于员工提出的改进建议及时考虑和采取措施，并在员工年度考核中对积极提出改进意见的员工给予奖励。								
QY-3-4	与外部监管机构和其他公司利益相关者保持有效沟通	1. 企业与外部监管机构的往来函件需经总经理审阅，重要事项需向董事会汇报。对于监管机构提出的问题，相关的部门负责采取对应的改进措施，完成后提交并经总经理审核。 2. 每月汇总公司利益相关者对公司内部员工违规行为和影响公司形象的其他行为的举报记录及改善措施，并经由总经理复核。								
QY-3-5	会计政策的制定和变更经过适当审批	财务经理定期评估是否需要制定新的会计政策或变更会计政策。如需要，编制会计政策变更报告，经总经理审核后，提交董事会审议并作出书面批复。财务部根据批复及时制定、变更会计政策。								
QY-3-6	会计估计的变更经过适当批准	财务经理定期评估是否需要变更会计估计。如需要，编制会计估计变更报告，经总经理审核后，提交董事会审议并作出书面批复。财务部根据批复及时制定、变更会计估计。								

续表

控制序号	控制目标	被审计单位的控制活动	是否应对特别风险（是/否）	控制的性质	控制频率	与控制相关的风险(高/低）	控制对实现控制目标是否有效（是/否）	是否存在设计缺陷（是/否）	控制活动是否得到执行（是/否）	是否测试控制运行的有效性
QY-3-7	重大事项会计处理正确	董事会明确日常交易事项和对财务报表有重大影响的交易和事项的标准，明确重大事项的会计处理方法和会计估计及判断的选用。								
QY-3-8	会计科目变更经过适当审批	如需要增加或删除会计科目代码，会计主管编制会计科目变更申请表，经财务部经理审批后，由系统管理员在财务信息系统内修改。								
QY-3-9	会计凭证经过适当审核	财务部门对会计凭证的编制、审核权限进行划分，审核人员在审核记账凭证正确无误后在凭证上签章。								
QY-3-10	确保财务数据完整准确	1. 每月结账前，财务部门按照规定的结账标准程序，签署结账检查表，确认各自所负责的工作已完成。检查表所列项目全部签署确认后，会计主管启动财务系统的结账程序，系统自动核对总账和明细账，生成试算平衡表，试算平衡无误后才能关账。 2. 关账后如需调整已入账的分录，由申请人提交账套开启申请表，说明调整事由及调整分录。经财务经理审批后，会计主管在财务系统中进行账务处理，财务经理再次复核。调整完毕后，系统自动生成试算平衡表。								
QY-3-11	确保报表内容完整，数据准确	会计主管制订年度财务报告编制方案，明确年度财务报告的编制方法、年度财务报告会计政策、披露政策及报告时间要求等。年度财务报告编制方案经财务经理审核后，交总经理批准。								
QY-3-12	确保会计报表附注编写符合规定	财务部门报表编制人员根据规定，编制财务报表附注初稿，会计主管复核无误后，交财务经理审批，最终形成完整的财务报告。								
QY-3-13	确保对外披露的信息准确	董事会审议批准财务报告，并与会计师事务所进行沟通，经董事长签署后对外披露财务报告。								

编制说明

1. 本审计底稿所列示的“被审计单位的控制活动”为 ×× 房地产开发有限责任公司的控制活动，注册会计师应当运用职业判断，结合被审计单位实际情况填列。

2 内部控制的频率可填写每年一次、每季度一次、每月一次、每周一次、每天一次、每天多次等。

3. 由注册会计师在了解了该控制点的具体情况后根据经验判断相关控制风险的高低，并在“与控制相关的风险”一栏填写高、低等。

4. 对“是否测试控制运行的有效性”一栏，应根据具体审计计划予以填写，并非所有识别出的与审计相关的控制活动均需执行控制活动运行有效性测试。如果某项控制设计不合理或虽设计合理，但未得到执行，注册会计师不拟测试该控制活动运行的有效性，则应在“是否测试控制运行的有效性”一栏填写“否”，并注明理由。

与财务报告相关的信息系统与沟通穿行测试程序记录

被审计单位：××房地产开发有限责任公司　　编制人：××　　编制日期：202×年×月×日　　索引号：QY-3-2

项目：与财务报告相关的信息系统与沟通穿行测试　　复核人：××　　复核日期：202×年×月×日　　财务报表截止日/期间：202×年度

控制序号	控制目标	被审计单位的控制活动	实施的审计程序	检查的证据	测试结果	控制活动是否得到执行（是/否）	关键文档编号
QY-3-1	财务报告事项的沟通	管理层通过行为守则和定期培训向所有员工沟通公司与财务报告相关的内部控制的重要性。所有的重大财务事项会通过财务报告和内部备忘录向董事会汇报，以使得这些事项得到及时调查和解决。	检查公司所有重大财务事项是否通过财务报告和内部备忘录向董事会汇报。	财务报告、内部备忘录			
QY-3-2	年度信息系统开发预算的沟通及编制	每年在编制年度信息系统开发预算时，由信息技术部召集各业务部门管理层参加会议。基于整体战略结合企业全面预算管理，讨论确定对信息系统的需求，所需开发人员、预算和实施计划等。	检查会议记录，确认在编制年度信息系统开发预算时公司是否召开会议确定信息系统的需求等方面。	公司相关会议记录			
QY-3-3	管理层认真听取和采纳员工提出的改进意见	企业对于员工提出的改进建议及时考虑和采取措施，并在员工年度考核中对积极提出改进意见的员工给予奖励。	观察公司员工改进建议是否及时得到公司考虑和落实，年度考核中是否对提出改进意见的员工给予奖励。	年度考核评价表等			
QY-3-4	与外部监管机构和其他公司利益相关者保持有效沟通	1. 企业与外部监管机构的往来函件需经总经理审阅，重要事项需向董事会汇报。对于监管机构提出的问题，相关的部门负责采取对应的改进措施，完成后提交并经总经理审核。 2. 每月汇总公司利益相关者对公司内部员工违规行为和影响公司形象的其他行为的举报记录及改善措施，并经由总经理复核。	1. 检查企业与外部监管机构往来函和针对监管机构提出问题的改进措施是否经总经理审阅； 2. 检查举报记录及改善措施是否经总经理复核。	公司与外部监管机构往来函、举报记录			

续表

控制序号	控制目标	被审计单位的控制活动	实施的审计程序	检查的证据	测试结果	控制活动是否得到执行（是 / 否）	关键文档编号
QY-3-5	会计政策的制定和变更经过适当审批	财务经理定期评估是否需要制定新的会计政策或变更会计政策。如需要，编制会计政策变更报告，经总经理审核后，提交董事会审议并作出书面批复。财务部根据批复及时制定、变更会计政策。	1. 观察财务经理是否定期评估制定新的会计政策或变更会计政策的必要性； 2. 检查会计政策变更报告是否经总经理审核后提交董事会批复； 3. 观察财务部是否根据批复及时制定、变更会计政策。	会计政策变更报告			
QY-3-6	会计估计的变更经过适当批准	财务经理定期评估是否需要变更会计估计。如需要，编制会计估计变更报告，经总经理审核后，提交董事会审议并作出书面批复。财务部根据批复及时制定、变更会计估计。	1. 观察财务经理是否定期评估变更会计估计的必要性； 2. 检查会计估计变更报告是否经总经理审核后提交董事会批复； 3. 观察财务部是否根据批复及时制定、变更会计估计。	会计估计变更报告			
QY-3-7	重大事项会计处理正确	董事会明确日常交易事项和对财务报表有重大影响的交易和事项的标准，明确重大事项的会计处理方法和会计估计及判断的选用。	检查董事会会议纪要，确认公司是否明确重大事项的会计处理方法和会计估计及判断的选用。	董事会会议纪要、公司会计核算办法			
QY-3-8	会计科目变更经过适当审批	如需要增加或删除会计科目代码，会计主管编制会计科目变更申请表，经财务部经理审批后，由系统管理员在财务信息系统内修改。	检查会计科目变更申请表是否经财务部经理审批。	公司会计科目变更申请表			
QY-3-9	会计凭证经过适当审核	财务部门对会计凭证的编制、审核权限进行划分，审核人员在审核记账凭证正确无误后在凭证上签章。	1. 检查财务部岗位职责说明并观察财务部是否将会计凭证的编制、审核权限进行分离； 2. 检查会计凭证是否经过审核。	财务部岗位职责说明、会计凭证			

续表

控制序号	控制目标	被审计单位的控制活动	实施的审计程序	检查的证据	测试结果	控制活动是否得到执行（是/否）	关键文档编号
QY-3-10	确保财务数据完整准确	1. 每月结账前，财务部门按照规定的结账标准程序，签署结账检查表，确认各自所负责的工作已完成。检查表所列项目全部签署确认后，会计主管启动财务系统的结账程序，系统自动核对总账和明细账，生成试算平衡表，试算平衡无误后才能关账。 2. 关账后如需调整已入账的分录，由申请人提交账套开启申请表，说明调整事由及调整分录。经财务经理审批后，会计主管在财务系统中进行账务处理，财务经理再次复核。调整完毕后，系统自动生成试算平衡表。	1. 检查结账前是否签署结账检查表； 2. 检查账套开启申请表是否经财务经理审批。	结账检查表、账套开启申请表			
QY-3-11	确保报表内容完整，数据准确	会计主管制订年度财务报告编制方案，明确年度财务报告的编制方法、年度财务报告会计政策、披露政策及报告时间要求等。年度财务报告编制方案经财务经理审核后，交总经理批准。	检查年度财务报告编制方案是否经财务经理、总经理审批。	年度财务报告编制方案			
QY-3-12	确保会计报表附注编写符合规定	财务部门报表编制人员根据规定，编制财务报表附注初稿，会计主管复核无误后，交财务经理审批，最终形成完整的财务报告。	检查财务报表附注初稿是否经会计主管、财务经理审批。	财务报表附注初稿			
QY-3-13	确保对外披露的信息准确	董事会审议批准财务报告，并与会计师事务所进行沟通，经董事长签署后对外披露财务报告。	检查财务报告是否经董事会审议批准，董事长签署。	财务报告			

编制说明

1. 本审计底稿所列示的“被审计单位的控制活动”为 ×× 房地产开发有限责任公司的控制活动，注册会计师应当运用职业判断，结合被审计单位实际情况填列。

2. “实施的审计程序”一栏需填列审计人员所实施的询问、检查等相关程序及内容。

3. 根据穿行测试所获得的审计证据判断被审计单位的相关控制是否得到执行。如果得到执行，在“控制活动是否得到执行”一栏填写是。如果没有得到执行则在“控制活动是否得到执行”一栏填写否。

4. 被审计单位对控制的监督

了解和评价被审计单位对控制的监督

被审计单位：× × 房地产开发有限责任公司　　编制人：× ×　　编制日期：202 × 年 × 月 × 日　　索引号：QY-4-1

项目：了解和评价被审计单位对控制的监督　　复核人：× ×　　复核日期：202 × 年 × 月 × 日　　财务报表截止日 / 期间：202 × 年度

控制序号	控制目标	被审计单位的控制活动	是否应对特别风险（是 / 否）	控制的性质	控制频率	与控制相关的风险（高 / 低）	控制对实现控制目标是否有效（是 / 否）	是否存在设计缺陷（是 / 否）	控制活动是否得到执行（是 / 否）	是否测试控制运行的有效性
QY-4-1	对经营业绩的对比监督	每月，部门负责人、财务部负责人、总经理审核当月的关键经营指标分析报告及关键经营指标与预算的对比分析报告。审核无误后，各部门负责人根据当月的分析报告监督其部门的经营成果。								
QY-4-2	关键业绩指标的管理层复核	财务部每月编制财务快报并提交总经理复核。总经理对比审核财务快报和各部门的关键经营指标分析报告，以识别不寻常或未预期的趋势或关系。								
QY-4-3	内部审计的独立性	设有独立的内部审计部门，负责监督内部控制的执行，直接向董事会报告。								
QY-4-4	内部审计工作经过适当计划和审批	内部审计部门每年度拟定内部审计计划，包括评价范围、人员组织等内容，报经董事会审批后实施。内部审计部门按照经审批的审计计划执行工作，并在年末就实际执行效果与计划的对比情况向董事会报告。								
QY-4-5	内部控制评价工作的定期汇报与审核	内部审计部门每年度执行内部控制评价，发现的问题经相关负责人员确认后，汇总编制内部控制评价报告，并提交董事会审核。审核通过后，内部审计部门将审计最终意见反馈各部门并跟踪公司各部门的整改落实情况。								

编制说明

1. 本审计底稿所列示的“被审计单位的控制活动”为 × × 房地产开发有限责任公司的控制活动，注册会计师应当运用职业判断，结合被审计单位实际情况填列。
2. 内部控制的频率可填写每年一次、每季度一次、每月一次、每周一次、每天一次、每天多次等。
3. 由注册会计师在了解了该控制点的具体情况后根据经验判断相关控制风险的高低，并在“与控制相关的风险”一栏填写高、低等。
4. 对“是否测试控制运行的有效性”一栏，应根据具体审计计划予以填写，并非所有识别出的与审计相关的控制活动均需执行控制活动运行有效性测试。如果某项控制设计不合理或虽设计合理，但未得到执行，注册会计师不拟测试该控制活动运行的有效性，则应在“是否测试控制运行的有效性”一栏填写“否”，并注明理由。

被审计单位对控制监督的穿行测试程序记录

被审计单位：×× 房地产开发有限责任公司	编制人：××	编制日期：202× 年 × 月 × 日	索引号：QY-4-2
项目：被审计单位对控制监督的穿行测试	复核人：××	复核日期：202× 年 × 月 × 日	财务报表截止日 / 期间：202× 年度

控制序号	控制目标	被审计单位的控制活动	实施的审计程序	检查的证据	测试结果	控制活动是否得到执行（是/否）	关键文档编号
QY-4-1	对经营业绩的对比监督	每月，部门负责人、财务部负责人、总经理审核当月的关键经营指标分析报告及关键经营指标与预算的对比分析报告。审核无误后，各部门负责人根据当月的分析报告监督其部门的经营成果。	检查关键经营指标分析报告及关键经营指标与预算的对比分析报告是否经部门负责人、财务部负责人、总经理审核。	关键经营指标分析报告、关键经营指标与预算的对比分析报告			
QY-4-2	关键业绩指标的管理层复核	财务部每月编制财务快报并提交总经理复核。总经理对比审核财务快报和各部门的关键经营指标分析报告，以识别不寻常或未预期的趋势或关系。	检查月度财务快报是否经总经理审核。	月度财务快报			
QY-4-3	内部审计的独立性	设有独立的内部审计部门，负责监督内部控制的执行，直接向董事会报告。	观察公司是否设有独立的内部审计部门，是否向董事会报告其监督内部控制的执行情况。	组织结构图、内部审计工作报告			
QY-4-4	内部审计工作经过适当计划和审批	内部审计部门每年度拟定内部审计计划，包括评价范围、人员组织等内容，报经董事会审批后实施。内部审计部门按照经审批的审计计划执行工作，并在年末就实际执行效果与计划的对比情况向董事会报告。	检查年度内部审计计划是否经董事会审批。	年度内部审计计划			

续表

控制序号	控制目标	被审计单位的控制活动	实施的审计程序	检查的证据	测试结果	控制活动是否得到执行（是/否）	关键文档编号
QY-4-5	内部控制评价工作的定期汇报与审核	内部审计部门每年度执行内部控制评价，发现的问题经相关负责人员确认后，汇总编制内部控制评价报告，并提交董事会审核。审核通过后，内部审计部门将审计最终意见反馈各部门并跟踪公司各部门的整改落实情况。	检查内部控制评价报告是否提交董事会审核。	内部控制评价报告			

编制说明

1. 本审计底稿所列示的“被审计单位的控制活动”为 ×× 房地产开发有限责任公司的控制活动，注册会计师应当运用职业判断，结合被审计单位实际情况填列。

2. “实施的审计程序”一栏需填列审计人员所实施的询问、检查等相关程序及内容。

3. 根据穿行测试所获得的审计证据判断被审计单位的相关控制是否得到执行。如果得到执行，在“控制活动是否得到执行”一栏填写是。如果没有得到执行则在“控制活动是否得到执行”一栏填写否。

（二）在被审计单位业务流程层面了解和评价内部控制

序号	内容	是否适用	编制人	编制日期	复核人	复核日期	索引号
1	采购与付款循环	是	××	202×年×月×日	××	202×年×月×日	CGL
2	工薪与人事循环	是	××	202×年×月×日	××	202×年×月×日	GXL
3	房地产开发循环	是	××	202×年×月×日	××	202×年×月×日	FCL
4	房地产销售与收款循环	是	××	202×年×月×日	××	202×年×月×日	FSXL
5	筹资与投资循环	是	××	202×年×月×日	××	202×年×月×日	CZL
6	固定资产和其他长期资产循环	是	××	202×年×月×日	××	202×年×月×日	GZ1L
7	货币资金循环	是	××	202×年×月×日	××	202×年×月×日	ZJL

1. 采购与付款循环

了解和评价采购与付款循环

被审计单位：× × 房地产开发有限责任公司　　编制人：× ×　　编制日期：202× 年 × 月 × 日　　索引号：CGL-1

项目：了解和评价采购与付款循环　　复核人：× ×　　复核日期：202× 年 × 月 × 日　　财务报表截止日 / 期间：202× 年度

控制序号	子流程	控制目标	受影响的相关交易、账户余额和披露及其认定	被审计单位的控制活动	是否应对特别风险(是/否)	控制的性质	控制频率	与控制相关的风险(高/低)	控制对实现控制目标是否有效(是/否)	是否存在设计缺陷(是/否)	控制活动是否得到执行(是/否)	是否测试控制运行的有效性
1	采购审批与处理	采购经过适当审批		1.采购主管部门应根据公司的项目总体节点计划、采购权责划分等编制项目总体采购计划表，并按规定报公司审批后执行。 2. 采用招标方式进行采购的项目，公司采购主管部门应委托招标代理公司按法定招投标程序实施，评标结果经公司总经理审批执行。 3. 采用询价方式进行采购，由公司采购主管部门组织实施，向潜在供方发出报价邀请，报送分管领导、总经理审核。								

续表

控制序号	子流程	控制目标	受影响的相关交易、账户余额和披露及其认定	被审计单位的控制活动	是否应对特别风险(是/否)	控制的性质	控制频率	与控制相关的风险(高/低)	控制对实现控制目标是否有效(是/否)	是否存在设计缺陷(是/否)	控制活动是否得到执行(是/否)	是否测试控制运行的有效性
2	采购审批与处理	采购合同经过适当审批和签署		采购主管部门将草拟好的合同文件组织公司相关部门及合作方评审。经评审完的合同由采购主管部门送至律师审核。分管领导负责对合同的签署代表公司管理层提出全面专业的审核意见。财务部负责人从防范付款风险角度提出合同审核意见后报送总经理审批。对超过 ×× 万元的合同，根据公司的要求，公司法务总监与公司董事长联审联签。								
3		采购合同台账及时编制并定期核对		成本合约部门应及时编制合同台账，并定期同财务部门核对。								
4	记录应付账款	材料验收入库，且记录准确、完整		材料进场后由施工单位、监理单位及相关专业工程师进行抽检验收，对照合同及设计要求进行检查，核对完毕符合要求后应在第一时间对进场材料录入材料进场台账。								
5		已确认的应付账款真实存在且记录准确		当货物与发票账单同时到达，应付账款在货物验收后，按发票账单登记入账。公司财务部定期根据成本控制部提供的工程进度进行核对，并暂估应付账款。								

续表

控制序号	子流程	控制目标	受影响的相关交易、账户余额和披露及其认定	被审计单位的控制活动	是否应对特别风险(是/否)	控制的性质	控制频率	与控制相关的风险(高/低)	控制对实现控制目标是否有效(是/否)	是否存在设计缺陷(是/否)	控制活动是否得到执行(是/否)	是否测试控制运行的有效性
6	付款	付款经过恰当审批		由经办部门填制“合同付款申请表”及“成本支出审批表”，经部门经理、分管总监、财务经理、总经理审批。××万元以下最终批准人为总经理。××万元以上最终批准人为董事长。								
7		付款凭证经过恰当审批		应付账款会计将“合同付款申请表”及“成本支出审批表”与合同台账相核对，在财务系统中编制付款凭证并提交会计主管复核。								
8	对账与调节	定期与供应商对账以及时发现错误		财务部门应定期与供应商对账，并就差异及时查找原因、进行调节。								

编制说明

1. 控制频率包括：每年一次、每季度一次、每月一次、每周一次、每天一次、每天多次等。
2. 采购与付款循环影响的重要交易、账户余额和披露包括但不限于应付账款、预付款项、存货等。
3. 采购与付款业务涉及的主要人员包括但不限于采购部经理、财务部经理等。
4. 采购与付款循环中采购与验收、付款申请与审批等不相容职务应分离。

采购与付款循环穿行测试程序记录

被审计单位：××房地产开发有限责任公司　　编制人：××　　编制日期：202×年×月×日　　索引号：CGL-2

项目：采购与付款循环穿行测试　　复核人：××　　复核日期：202×年×月×日　　财务报表截止日/期间：202×年度

控制序号	子流程	控制目标	被审计单位的控制活动	检查的证据	实施的审计程序	测试结果	控制活动是否得到执行（是/否）	关键文档编号
1	采购审批与处理	采购经过适当审批	1. 采购主管部门应根据公司的项目总体节点计划、采购权责划分等编制项目总体采购计划表，并按规定报公司审批后执行。 2. 采用招标方式进行采购的项目，公司采购主管部门应委托招标代理公司按法定招投标程序实施，评标结果经公司总经理审批执行。 3. 采用询价方式进行采购，由公司采购主管部门组织实施，向潜在供方发出报价邀请，报送分管领导、总经理审核。	项目总体采购计划表、采购项目评标结果、报价邀请	检查项目总体采购计划表、采购项目评标结果、报价邀请是否经相关负责人审批。			
2		采购合同经过适当审批和签署	采购主管部门将草拟好的合同文件组织公司相关部门及合作方评审。经评审完的合同由采购主管部门送至律师审核。分管领导负责对合同的签署代表公司管理层提出全面专业的审核意见。财务部负责人从防范付款风险角度提出合同审核意见后报送总经理审批。对超过××万元的合同，根据公司的要求，公司法务总监与公司董事长联审联签。	采购合同	1. 检查金额低于××万元的采购合同是否经相关负责人审批； 2. 检查金额超过××万元的采购合同，是否经法务总监与公司董事长联审联签。			

续表

控制序号	子流程	控制目标	被审计单位的控制活动	检查的证据	实施的审计程序	测试结果	控制活动是否得到执行（是/否）	关键文档编号
3	采购审批与处理	采购合同台账及时编制并定期核对	成本合约部门应及时编制合同台账，并定期同财务部门核对。	合同台账	检查成本合约部是否及时编制合同台账并与财务部门核对。			
4	记录应付账款	材料验收入库，且记录准确、完整	材料进场后由施工单位、监理单位及相关专业工程师进行抽检验收，对照合同及设计要求进行检查，核对完毕符合要求后应在第一时间对进场材料录入材料进场台账。	材料进场台账	检查录入材料进场台账的材料是否在进场前经施工单位、监理单位及相关专业工程师抽检验收。			
5		已确认的应付账款真实存在且记录准确	当货物与发票账单同时到达，应付账款在货物验收后，按发票账单登记入账。公司财务部定期根据成本控制部提供的工程进度进行核对，并暂估应付账款。	应付账款入账凭证、应付账款暂估入账凭证	1. 检查应付账款入账凭证是否与后附验收单、发票等核对一致； 2. 检查应付账款暂估入账凭证是否与后附单据核对一致。			
6	付款	付款经过恰当审批	由经办部门填制“合同付款申请表”及“成本支出审批表”，经部门经理、分管总监、财务经理、总经理审批。××万元以下最终批准人为总经理。××万元以上最终批准人为董事长。	合同付款申请表、成本支出审批表	检查合同付款申请表、成本支出审批表是否经相关负责人签字审批。			
7		付款凭证经过恰当审批	应付账款会计将“合同付款申请表”及“成本支出审批表”与合同台账相核对，在财务系统中编制付款凭证并提交会计主管复核。	202×年××月××号付款凭证	检查会计主管是否复核付款凭证。			

续表

控制序号	子流程	控制目标	被审计单位的控制活动	检查的证据	实施的审计程序	测试结果	控制活动是否得到执行（是/否）	关键文档编号
8	对账与调节	定期与供应商对账以及时发现错误	财务部门应定期与供应商对账，并就差异及时查找原因、进行调节。	与供应商对账函等	检查与供应商的对账函，如有差异检查是否进行差异解释并进行调节。			

编制说明

1. 注册会计师执行穿行测试时，每个业务循环一般选择一笔当年发生的有代表性的业务，追踪其内部控制是否得到执行的全过程。如对于一笔审计当年发生的采购交易，注册会计师可追踪其从采购计划、采购合同的审批、应付账款真实准确记录和付款审批等全流程的内部控制。

2. “关键文档编号”一栏用于填写在执行穿行测试时取得的用于存档的审计证据的编号。

2. 工薪与人事循环

了解和评价工薪与人事循环

被审计单位：×× 房地产开发有限责任公司　　编制人：××　　编制日期：202× 年 × 月 × 日　　索引号：GXL-1

项目：了解和评价工薪与人事循环　　复核人：××　　复核日期：202× 年 × 月 × 日　　财务报表截止日 / 期间：202× 年度

控制序号	子流程	控制目标	受影响的相关交易、账户余额和披露及其认定	被审计单位的控制活动	是否应对特别风险(是/否)	控制的性质	控制频率	与控制相关的风险(高/低)	控制对实现控制目标是否有效(是/否)	是否存在设计缺陷(是/否)	控制活动是否得到执行(是/否)	是否测试控制运行的有效性
1	员工聘用与离职	准确记录员工信息		1. 聘用：部门提交招聘申请，交分管领导、总经理审批。审批通过后，人力资源部发布招聘信息，通过网络收集筛选招聘简历，进行初试、复试等考核，确定招聘人员，发录用通知书。受聘人员带资料到公司报到并填写入职申请表，总经理审批确认后签订劳动合同入职。人力资源部把员工信息录入系统备案。首次签订劳动合同期限为 ×× 年 ×× 个月，试用期 ×× 个月，首次续签合同期限为 ×× 年。 2. 离职：员工递交辞职申请，员工离职申请表经所在部门负责人、人力资源部经理、分管领导批准后辞职。离职前员工办理工作移交手续，并到财务部结算工资，到人力资源部调转人事关系档案。未到合同期限解除劳动合同的，企业根据劳动法支付相应的辞退福利。								
2	员工培训	培训申请得到恰当审批		员工培训需由员工所在部门填写培训申请表，经部门负责人、人力资源部经理审批。								

续表

控制序号	子流程	控制目标	受影响的相关交易、账户余额和披露及其认定	被审计单位的控制活动	是否应对特别风险(是/否)	控制的性质	控制频率	与控制相关的风险(高/低)	控制对实现控制目标是否有效(是/否)	是否存在设计缺陷(是/否)	控制活动是否得到执行(是/否)	是否测试控制运行的有效性
3	工作时间记录	记录工作时间真实发生且记录准确		1. 员工每天实行上下班打卡制度，个人上下班时间以系统记录为准。人力资源部于每月××号前向各部门公布上月考勤机记录的缺勤情况。各部门和各位员工应认真核对各自的考勤情况，并在规定的时间内对缺勤情况做出书面说明，交部门经理及分管领导签字，由人力资源部备案，作为发放工资的考勤依据。 2. 根据公司职工休假管理办法的相关规定，拟休假员工由其本人提出书面申请，说明请假原因、时间，有加班情况的员工，可以申请调休。员工休假申请提交所属部门负责人出具审批意见，再经人力资源部审核后签署准假单，作为当月考勤记录的依据。								
4	工资计算和记录	准确计算和记录工资费用		1. 人力资源部根据已核对无误的工时表和出勤记录，以及公司规定的员工工资标准及绩效考核制度，计算所有员工的当月工资金额（包括工资、奖金、各项补贴、社会保险费扣除金额、个人所得税扣除金额等），并汇总部门员工的各项工资费用总额编制工资明细表和工资汇总表。工资明细表和汇总表经人力资源部经理、财务经理、总经理审批后交财务会计核对。 2. 应付职工薪酬记账员根据员工工资汇总表编制工资费用分录，经会计主管复核后，将工资费用分别记入相应的费用科目。								
5	工资支付	已支付的工资记录准确		1. 员工工资明细表和工资支付单经人力资源部经理、财务经理、总经理签字批准后交财务部发放。 2. 出纳员根据经复核无误的付款凭证办理付款，由银行转入员工个人账户，并及时登记银行存款日记账。								

续表

控制序号	子流程	控制目标	受影响的相关交易、账户余额和披露及其认定	被审计单位的控制活动	是否应对特别风险(是/否)	控制的性质	控制频率	与控制相关的风险(高/低)	控制对实现控制目标是否有效(是/否)	是否存在设计缺陷(是/否)	控制活动是否得到执行(是/否)	是否测试控制运行的有效性
6	员工考核	员工考核的准确性		公司每年进行年终考核。人力资源部根据公司情况编制考核方案(包括考核标准、考核办法、考核流程等)，由人力资源部经理、总经理审批后实施考核。员工填写员工考核评价表，交给所属部门负责人评价审批后，由人力资源部编制考评结果统计表，交给人力资源部经理、总经理审批，作为工资发放的依据。								
7	员工调岗与调薪	员工调岗与调薪得到恰当审批		1. 人力资源部根据社保局公布的文件及标准、本公司上年度职工平均工资水平编制社保调整请示报告，经人力资源部经理、分管领导及总经理签字审核后，由人力资源部执行并在公告栏公示。 2. 如调薪，需收集年度考核信息，编制调薪汇总表，经部门经理、分管领导、人力资源部经理、总经理批准。 3. 因岗位调整等信息的变更，各部门需给员工开具内部调动单，经部门经理、人力资源部经理、分管领导审批，并办妥工作交接，岗位调整后报公司综合部备案，由人力资源部负责调整变更到位。信息管理员及时将人员变动信息输入系统，同时人事信息管理员也将更新员工花名册及员工档案。								

编制说明

1. 控制频率包括：每年一次、每季度一次、每月一次、每周一次、每天一次、每天多次等。
2. 受本循环影响的重要交易、账户余额和披露包括但不限于应付职工薪酬、管理费用、销售费用等。
3. 工薪与人事循环涉及的主要人员包括但不限于总经理、人力资源部经理、费用会计、出纳员等。
4. 工薪与人事循环中薪酬计算、支付与审批等不相容职务应分离。

工薪与人事循环穿行测试程序记录

被审计单位：× × 房地产开发有限责任公司　　编制日期：202× 年 × 月 × 日　　编制日期：202× 年 × 月 × 日　　索引号：GXL–2

项目：工薪与人事循环穿行测试　　复核日期：202× 年 × 月 × 日　　复核日期：202× 年 × 月 × 日　　财务报表截止日 / 期间：202× 年度

控制序号	子流程	控制目标	被审计单位的控制活动	检查的证据	实施的审计程序	测试结果	控制活动是否得到执行（是 / 否）	关键文档编号
1	员工聘用与离职	准确记录员工信息	1. 聘用：部门提交招聘申请，交分管领导、总经理审批。审批通过后，人力资源部发布招聘信息，通过网络收集筛选招聘简历，进行初试、复试等考核，确定招聘人员，发录用通知书。受聘人员带资料到公司报到并填写入职申请表，总经理审批确认后签订劳动合同入职。人力资源部把员工信息录入系统备案。首次签订劳动合同期限为 × × 年 × × 个月，试用期 × × 个月，首次续签合同期限为 × × 年。 2. 离职：员工递交辞职申请，员工离职申请表经所在部门负责人、人力资源部经理、分管领导批准后辞职。离职前员工办理工作移交手续，并到财务部结算工资，到人力资源部调转人事关系档案。未到合同期限解除劳动合同的，企业根据劳动法支付相应的辞退福利。	入职申请表、招聘申请、离职员工申请表	检查入职申请表、招聘申请、离职员工申请表是否经过相关领导审批签字。			
2	员工培训	培训申请得到恰当审批	员工培训需由员工所在部门填写培训申请表，经部门负责人、人力资源部经理审批。	员工培训申请表	检查员工培训申请表是否已经过相关领导审批。			

续表

控制序号	子流程	控制目标	被审计单位的控制活动	检查的证据	实施的审计程序	测试结果	控制活动是否得到执行（是/否）	关键文档编号
3	工作时间记录	记录工作时间真实发生且记录准确	1. 员工每天实行上下班打卡制度，个人上下班时间以系统记录为准。人力资源部于每月 ×× 号前向各部门公布上月考勤机记录的缺勤情况。各部门和各位员工应认真核对各自的考勤情况，并在规定的时间内对缺勤情况做出书面说明，交部门经理及分管领导签字，由人力资源部备案，作为发放工资的考勤依据。 2. 根据公司职工休假管理办法的相关规定，拟休假员工由其本人提出书面申请，说明请假原因、时间，有加班情况的员工，可以申请调休。员工休假申请提交所属部门负责人出具审批意见，再经人力资源部审核后签署准假单，作为当月考勤记录的依据。	考勤明细表、休假申请	检查考勤明细表、休假申请是否经过相关负责人审批签字。			
4	工资计算和记录	准确计算和记录工资费用	1. 人力资源部根据已核对无误的工时表和出勤记录，以及公司规定的员工工资标准及绩效考核制度，计算所有员工的当月工资金额（包括工资、奖金、各项补贴、社会保险费扣除金额、个人所得税扣除金额等），并汇总部门员工的各项工资费用总额编制工资明细表和工资汇总表。工资明细表和汇总表经人力资源部经理、财务经理、总经理审批后交财务会计核对。 2. 应付职工薪酬记账员根据员工工资汇总表编制工资费用分录，经会计主管复核后，将工资费用分别记入相应的费用科目。	工资明细表、工资汇总表、工资费用凭证	1. 检查工资明细表、工资汇总表是否经过相关负责人审批； 2. 检查工资费用凭证是否经过会计主管复核。			
5	工资支付	已支付的工资记录准确	1. 员工工资明细表和工资支付单经人力资源部经理、财务经理、总经理签字批准后交财务部发放。 2. 出纳员根据经复核无误的付款凭证办理付款，由银行转入员工个人账户，并及时登记银行存款日记账。	工资明细表、工资支付单	检查工资明细表、工资支付单是否经过相关负责人审批。			

续表

控制序号	子流程	控制目标	被审计单位的控制活动	检查的证据	实施的审计程序	测试结果	控制活动是否得到执行（是/否）	关键文档编号
6	员工考核	员工考核的准确性	公司每年进行年终考核。人力资源部根据公司情况编制考核方案（包括考核标准、考核办法、考核流程等），由人力资源部经理、总经理审批后实施考核。员工填写员工考核评价表，交给所属部门负责人评价审批后，由人力资源部编制考评结果统计表，交给人力资源部经理、总经理审批，作为工资发放的依据。	员工年终考核方案、员工考核评价表、考评结果统计表	检查员工年终考核方案、员工考核评价表、考评结果统计表是否已经过相关负责人审批。			
7	员工调岗与调薪	员工调岗与调薪得到恰当审批	1. 人力资源部根据社保局公布的文件及标准、本公司上年度职工平均工资水平编制社保调整请示报告，经人力资源部经理、分管领导及总经理签字审核后，由人力资源部执行并在公告栏公示。 2. 如调薪，需收集年度考核信息，编制调薪汇总表，经部门经理、分管领导、人力资源部经理、总经理批准。 3. 因岗位调整等信息的变更，各部门需给员工开具内部调动单，经部门经理、人力资源部经理、分管领导审批，并办妥工作交接，岗位调整后报公司综合部备案，由人力资源部负责调整变更到位。信息管理员及时将人员变动信息输入系统，同时人事信息管理员也将更新员工花名册及员工档案。	社保调整请示报告、调薪汇总表、岗位调动单	检查社保调整请示报告、调薪汇总表、岗位调动单是否经过相关负责人审批。			

编制说明

1. 注册会计师执行穿行测试时，每个业务循环一般选择一笔当年发生的有代表性的业务，追踪其内部控制是否得到执行的全过程。如可选择审计当年招聘的员工，注册会计师可追踪其从招聘、培训、工作时间和工资计算、员工考核、工资记录和支付等全流程的内部控制。

2. “关键文档编号”一栏用于填写在执行穿行测试时取得的用于存档的审计证据的编号。

3. 房地产开发循环

了解和评价房地产开发循环

被审计单位：×× 房地产开发有限责任公司　　编制人：××　　编制日期：202× 年 × 月 × 日　　索引号：FCL-1

项目：了解和评价房地产开发循环　　复核人：××　　复核日期：202× 年 × 月 × 日　　财务报表截止日 / 期间：202× 年度

控制序号	子流程	控制目标	受影响的相关交易、账户余额和披露及其认定	被审计单位的控制活动	是否应对特别风险(是/否)	控制的性质	控制频率	与控制相关的风险(高/低)	控制对实现控制目标是否有效(是/否)	是否存在设计缺陷(是/否)	控制活动是否得到执行(是/否)	是否测试控制运行的有效性
1	项目立项与规划、建筑与施工	取得的土地合法、真实，记录准确、完整		1. 公司发展部对目标地块信息进行收集和初步分析，提交总经理核准后组建临时工作小组或委托专业机构，对目标地块进行可行性研究分析，形成可行性研究报告，用于项目立项审批、备案、核准、规划等。 2. 发展部获得公司授权后，通过土地市场招标、拍卖、挂牌等方式获取土地，办理国有土地使用权证等相关手续。公司行政管理部负责土地出让协议签订，法务部负责合同审核，财务部办理土地款项结算。								

续表

控制序号	子流程	控制目标	受影响的相关交易、账户余额和披露及其认定	被审计单位的控制活动	是否应对特别风险（是/否）	控制的性质	控制频率	与控制相关的风险（高/低）	控制对实现控制目标是否有效（是/否）	是否存在设计缺陷（是/否）	控制活动是否得到执行（是/否）	是否测试控制运行的有效性
2	项目立项与规划、建筑与施工	项目经过立项与规划		1. 公司房地产开发项目的土地应当符合土地利用总体规划、年度建设用地计划和城市规划、房地产开发年度计划的要求，按照国家有关规定报计划主管部门批准。 2. 公司取得开发项目土地通过政府有关部门总体规划论证，委托有规划设计资格的单位提出初步规划及建筑设计方案，办理建设用地规划许可证。								
3		建筑施工等采购合同经过适当审批		1. 公司按照公平、合理的方式选择招标代理机构，工程总承包单位的选择由招标代理机构按照建设工程招投标的法律规定公开招投标进行遴选，公司派人监督招投标的过程。 2. 承包单位将部分工程或隐蔽工程分包给相关单位，公司工程管理部、技术管理部进行审核，报总工程师审批，重要工程项目需征求第三方专业机构的意见。 3. 工程物料、低值易耗品的采购由综合管理部采用公开询价的方式确定备选供货方名单，总经理办公会审议确定具体供货商，财务部负责款项结算。								
4	开发成本计算	开发成本计算准确		1. 公司工程管理部负责工程施工管理、现场工程变更签证；技术管理部负责规划设计方案，工程变更签证审批；成本部负责工程成本结算审核；财务部负责对工程成本支出的稽核、核算以及成本动态分析；监理机构负责工程现场监管、工程形象进度管理；工程造价咨询机构负责各期工程量及结算款项审核。 2. 公司的土地成本（包括土地出让金、拆迁补偿费、契税、土地使用税等）经成本部审核后，有关数据信息及时传递到财务部，财务部按照开发单一地产项目或综合地产项目核算出土地开发成本。								

续表

控制序号	子流程	控制目标	受影响的相关交易、账户余额和披露及其认定	被审计单位的控制活动	是否应对特别风险(是/否)	控制的性质	控制频率	与控制相关的风险(高/低)	控制对实现控制目标是否有效(是/否)	是否存在设计缺陷(是/否)	控制活动是否得到执行(是/否)	是否测试控制运行的有效性
4	开发成本计算	开发成本计算准确		3. 施工单位每月填报完工工程量及应结算工程款项；监理机构出具工程形象进度报告；公司工程管理部结合现场情况进行工程量审核；成本部根据报送资料进行结算金额审核。审核通过后，财务部进行数据、业务信息稽核，据此办理款项结算，并核算建筑安装工程成本。 4. 基础设施费、公共配套设施费，由工程管理部、技术管理部、成本部分别按照工程量、设计规范、结算金额进行审核。审核通过后，财务部按照可售面积、工程造价比、土地面积等方法进行分配。								
5		记录的开发产品是真实的且记录准确、完整		1. 工程完工后，施工单位提交工程竣工资料，监理机构出具监理报告，工程管理部、技术管理部结合现场勘察情况进行资料审核，审核通过后办理工程项目竣工决算审计。公司工程管理部、技术管理部组织专业人员进行工程质量验收。经有关部门验收，决算资料报送财务部，财务部据以核算本项目开发产品成本。 2. 每月，财务部在财务系统中对开发成本中各项组成部分进行归集，按照预设的分摊公式和方法，自动将发生的开发成本在开发完工产品（即：开发产品）和未完工部分（即：在产品）中按比例分配；同时，将开发间接费用在各不同开发产品类别中分配，由此生成开发产品成本计算分配表，自动生成记账凭证，并经相关负责人审核。								

续表

控制序号	子流程	控制目标	受影响的相关交易、账户余额和披露及其认定	被审计单位的控制活动	是否应对特别风险(是/否)	控制的性质	控制频率	与控制相关的风险(高/低)	控制对实现控制目标是否有效(是/否)	是否存在设计缺陷(是/否)	控制活动是否得到执行(是/否)	是否测试控制运行的有效性
6	开发成本计算	已交付房产是真实移交给客户的且记录准确、完整		1. 楼盘开发完成后，公司组织规划、国土、测绘等相关部门进行验收，办理完验收手续后，销售部向购房人发出交房通知，在规定的时间内完成交房。 2. 每周，销售部及时将房屋交付情况报送财务部更新。财务部更新已经实现销售的数据，复核完工、在开发产品的成本。 3. 每月末，系统根据交房数量、成本数据自动计算当月营业成本，生成记账凭证并过至产成品明细账和总账、营业成本明细账和总账。								
7	存货管理	存货账实相符		1. 公司工程物资、低值易耗品仓库均设有门禁系统，进出有权限的设定，只有经核准者才可进出仓库。 2. 仓库和工程管理部门于每月、每季和年度终了，进行存货盘点，财务部门派人对盘点结果进行复盘。仓库管理员编制盘点差异汇总表，经仓库主管、工程管理部负责人签字确认，形成存货盘点报告，如存在差异应查明原因，经财务经理和总经理批准后交由财务部门调整入账。 3. 财务部及时记录工程物资、低值易耗品收发存情况，每周成本会计与仓库管理员进行对账，保证账实相符。 4. 每月或每个资产负债表日，成本会计到工程现场，观察工程的实际进展情况，总体上判断各期工程形象进度报告的合理性，并形成记录。								

续表

控制序号	子流程	控制目标	受影响的相关交易、账户余额和披露及其认定	被审计单位的控制活动	是否应对特别风险(是/否)	控制的性质	控制频率	与控制相关的风险(高/低)	控制对实现控制目标是否有效(是/否)	是否存在设计缺陷(是/否)	控制活动是否得到执行(是/否)	是否测试控制运行的有效性
8	存货管理	存货跌价准备计提合理		1. 系统设有工程物资库龄分析功能，对库龄超过一年的工程物资进行提示。在盘点时，盘点人员也需关注是否存在需要计提跌价准备的迹象。如果出现毁损、陈旧、过时及残次工程物资，仓库管理员编制不良工程物资明细表，经仓库经理复核后，交采购经理或销售经理，分析该类工程物资的可销售性及可变现净值。 2. 月末，财务部相关人员到现场抽查工程进度情况，关注工程进度滞后、物资毁损、丢失等情况，还需关注周边地区住宅地产、商业地产市场行情，以及地产滞销现象，分析该类地产的可销售性及可变现净值。 3. 市场价格持续下跌的住宅地产或商业地产项目，一定时期内未能实现交易，考虑减值风险。如需计提存货跌价准备，由会计主管编制存货跌价准备计提表及说明，经财务经理复核后进行账务处理。								

编制说明

1. 控制频率包括：每年一次、每季度一次、每月一次、每周一次、每天一次、每天多次等。

2. 受本循环影响的重要交易、账户余额和披露包括但不限于存货、营业成本等。

3. 在判断哪些风险是特别风险时，注册会计师应当至少考虑：
（1）风险是否属于舞弊风险；
（2）风险是否与近期经济环境、会计处理方法或其他方面的重大变化相关，因而需要特别关注；
（3）交易的复杂程度；
（4）风险是否涉及重大的关联方交易；
（5）财务信息计量的主观程度，特别是计量结果是否具有高度不确定性；
（6）风险是否涉及异常或超出正常经营过程的重大交易。

4. 如果注册会计师认为存在特别风险，应当了解和评价被审计单位与该风险相关的内部控制。

5. 房地产开发循环涉及的主要人员包括但不限于总工程师、财务经理、会计主管、工程监理等。

6. 房地产开发循环中工程招投标与评审、工程结算与审核等不相容职务应分离。

房地产开发循环穿行测试程序记录

被审计单位：×× 房地产开发有限责任公司　　编制人：××　　编制日期：202×年×月×日　　索引号：FCL-2

项目：房地产开发循环穿行测试　　复核人：××　　复核日期：202×年×月×日　　财务报表截止日 / 期间：202×年度

控制序号	子流程	控制目标	被审计单位的控制活动	检查的证据	实施的审计程序	测试结果	控制活动是否得到执行（是/否）	关键文档编号
1	项目立项与规划、建筑与施工	取得的土地合法、真实，记录准确、完整	1. 公司发展部对目标地块信息进行收集和初步分析，提交总经理核准后组建临时工作小组或委托专业机构，对目标地块进行可行性研究分析，形成可行性研究报告，用于项目立项审批、备案、核准、规划等。 2. 发展部获得公司授权后，通过土地市场招标、拍卖、挂牌等方式获取土地，办理国有土地使用权证等相关手续。公司行政管理部负责土地出让协议签订，法务部负责合同审核，财务部办理土地款项结算。	×××国有土地使用权证、项目可行性研究报告、土地出让缴款单据、土地出让协议等	1. 检查公司发展部提供的对目标地块开发的可行性研究报告是否经总经理审批； 2. 检查土地出让协议是否由公司行政管理部负责签订；土地出让合同是否由法务部审核；财务部是否按合同约定办理土地款项结算。			
2		项目经过立项与规划	1. 公司房地产开发项目的土地应当符合土地利用总体规划、年度建设用地计划和城市规划、房地产开发年度计划的要求，按照国家有关规定报计划主管部门批准。 2. 公司取得开发项目土地通过政府有关部门总体规划论证，委托有规划设计资格的单位提出初步规划及建筑设计方案，办理建设用地规划许可证。	立项审批资料、规划许可证、规划及建筑设计方案	检查××地块的开发是否已经相关部门立项审批；是否委托有资格的单位编制了规划及建筑设计方案；是否办理了建设用地规划许可证。			

续表

控制序号	子流程	控制目标	被审计单位的控制活动	检查的证据	实施的审计程序	测试结果	控制活动是否得到执行（是/否）	关键文档编号
3	项目立项与规划、建筑与施工	建筑施工等采购合同经过适当审批	1. 公司按照公平、合理的方式选择招标代理机构，工程总承包单位的选择由招标代理机构按照建设工程招投标的法律规定公开招投标进行遴选，公司派人监督招投标的过程。 2. 承包单位将部分工程或隐蔽工程分包给相关单位，公司工程管理部、技术管理部进行审核，报总工程师审批，重要工程项目需征求第三方专业机构的意见。 3. 工程物料、低值易耗品的采购由综合管理部采用公开询价的方式确定备选供货方名单，总经理办公会审议确定具体供货商，财务部负责款项结算。	中标通知、评标记录、重要建设工程合同、询价记录	1. 检查 ×× 地块确定工程总承包单位的中标通知和评标记录，确定其是否经公开招投标进行遴选； 2. 检查重要建设工程合同，确定其是否与中标通知中约定的条件一致； 3. 检查总承包单位分包是否经相关部门审核； 4. 检查询价记录，确定其是否采用公开询价方式确定供货方名单； 5. 检查供货商的确定是否经总经理办公会审议。			
4	开发成本计算	开发成本计算准确	1. 公司工程管理部负责工程施工管理、现场工程变更签证；技术管理部负责规划设计方案，工程变更签证审批；成本部负责工程成本结算审核；财务部负责对工程成本支出的稽核、核算以及成本动态分析；监理机构负责工程现场监管、工程形象进度管理；工程造价咨询机构负责各期工程量及结算款项审核。 2. 公司的土地成本（包括土地出让金、拆迁补偿费、契税、土地使用税等）经成本部审核后，有关数据信息及时传递到财务部，财务部按照开发单一地产项目或综合地产项目核算出土地开发成本。 3. 施工单位每月填报完工工程量及应结算工程款项；监理机构出具工程形象进度报告；公司工程管理部结合现场情况进行工程量审核；成本部根据报送资料进行结算金额审核。审核通过后，财务部进行数据、业务信息稽核，据此办理款项结算，并核算建筑安装工程成本。 4. 基础设施费、公共配套设施费，由工程管理部、技术管理部、成本部分别按照工程量、设计规范、结算金额进行审核。审核通过后，财务部按照可售面积、工程造价比、土地面积等方法进行分配。	工程形象进度报告、× 月开发成本计算表、× 月款项结算审核表	1. 检查 ×× 地块某月的进度报告，确定其是否与施工单位编制的工程量及应结算工程款表，监理机构编制的形象进度报告一致； 2. 检查 ×× 地块开发成本计算表，确定土地成本、建筑安装工程成本、基础设施费、公共配套设施费数据是否有依据，是否经相关部门审核； 3. 检查基础设施费、公共配套设施费是否经工程管理部、技术管理部、成本部审核； 4. 检查 ×× 地块款项结算审核表，确定其是否按约定的进度支付。			

续表

控制序号	子流程	控制目标	被审计单位的控制活动	检查的证据	实施的审计程序	测试结果	控制活动是否得到执行（是/否）	关键文档编号
5	开发成本计算	记录的开发产品是真实的且记录准确、完整	1. 工程完工后，施工单位提交工程竣工资料，监理机构出具监理报告，工程管理部、技术管理部结合现场勘察情况进行资料审核，审核通过后办理工程项目竣工决算审计。公司工程管理部、技术管理部组织专业人员进行工程质量验收。经有关部门验收，决算资料报送财务部，财务部据以核算本项目开发产品成本。 2. 每月，财务部在财务系统中对开发成本中各项组成部分进行归集，按照预设的分摊公式和方法，自动将发生的开发成本在开发完工产品（即：开发产品）和未完工部分（即：在产品）中按比例分配；同时，将开发间接费用在各不同开发产品类别中分配，由此生成开发产品成本计算分配表，自动生成记账凭证，并经相关负责人审核。	竣工决算报告、开发产品成本计算分配表、记账凭证	1. 检查 ×× 项目工程竣工资料、监理报告是否经工程管理部、技术管理部审核；审核通过后是否办理工程项目竣工决算审计； 2. 检查开发产品成本计算分配表是否计算准确；是否自动生成记账凭证；开发产品成本计算分配表和记账凭证是否经相关负责人审核。			
6		已交付房产是真实移交给客户的且记录准确、完整	1. 楼盘开发完成后，公司组织规划、国土、测绘等相关部门进行验收，办理完验收手续后，销售部向购房人发出交房通知，在规定的时间内完成交房。 2. 每周，销售部及时将房屋交付情况报送财务部更新。财务部更新已经实现销售的数据，复核完工、在开发产品的成本。 3. 每月末，系统根据交房数量、成本数据自动计算当月营业成本，生成记账凭证并过至产成品明细账和总账、营业成本明细账和总账。	销售台账、营业成本计算表、验收记录	1. 检查 ×× 项目销售台账、交房记录，关注已交付房产是否真实移交给客户； 2. 检查楼盘开发完成后是否经规划、国土、测绘等相关部门验收； 3. 检查财务部是否每周复核完工、在开发产品的成本； 4. 检查财务部是否每月末计算当月营业成本，当月过账是否准确。			

续表

控制序号	子流程	控制目标	被审计单位的控制活动	检查的证据	实施的审计程序	测试结果	控制活动是否得到执行（是/否）	关键文档编号
7	存货管理	存货账实相符	1. 公司工程物资、低值易耗品仓库均设有门禁系统，进出有权限的设定，只有经核准者才可进出仓库。 2. 仓库和工程管理部门于每月、每季和年度终了，进行存货盘点，财务部门派人对盘点结果进行复盘。仓库管理员编制盘点差异汇总表，经仓库主管、工程管理部负责人签字确认，形成存货盘点报告，如存在差异应查明原因，经财务经理和总经理批准后交由财务部门调整入账。 3. 财务部及时记录工程物资、低值易耗品收发存情况，每周成本会计与仓库管理员进行对账，保证账实相符。 4. 每月或每个资产负债表日，成本会计到工程现场，观察工程的实际进展情况，总体上判断各期工程形象进度报告的合理性，并形成记录。	××盘点报告、盘点差异汇总表、工程形象进度报告、对账记录	1. 检查××项目盘点报告、盘点差异汇总表是否经相关负责人签字确认； 2. 检查盘点差异调整入账前是否经财务经理和总经理批准； 3. 检查每周成本会计是否与仓库管理员进行对账； 4. 观察每月或每个资产负债表日，成本会计是否到工程现场观察进展情况，确保各期工程形象进度报告的合理性； 5. 观察仓库是否设有门禁系统，是否只有核准者才可进出仓库。			
8		存货跌价准备计提合理	1. 系统设有工程物资库龄分析功能，对库龄超过一年的工程物资进行提示。在盘点时，盘点人员也需关注是否存在需要计提跌价准备的迹象。如果出现毁损、陈旧、过时及残次工程物资，仓库管理员编制不良工程物资明细表，经仓库经理复核后，交采购经理或销售经理，分析该类工程物资的可销售性及可变现净值。 2. 月末，财务部相关人员到现场抽查工程进度情况，关注工程进度滞后、物资毁损、丢失等情况，还需关注周边地区住宅地产、商业地产市场行情，以及地产滞销现象，分析该类地产的可销售性及可变现净值。 3. 市场价格持续下跌的住宅地产或商业地产项目，一定时期内未能实现交易，考虑减值风险。如需计提存货跌价准备，由会计主管编制存货跌价准备计提表及说明，经财务经理复核后进行账务处理。	不良工程物资明细表、存货跌价准备计提表及说明	1. 检查不良工程物资明细表是否经仓库经理复核； 2. 检查系统是否设有工程物资库龄分析功能；系统对库龄超过一年的工程物资是否进行提示； 3. 检查××项目存货跌价准备计提表及说明是否经财务经理复核。			

编制说明

1. 注册会计师执行穿行测试时，每个业务循环一般选择一笔当年发生的有代表性的业务，追踪其内部控制是否得到执行的全过程。如可选择本年度新开发的项目，注册会计师可追踪其从立项与规划、开发成本计算、存货账实相符等全流程的内部控制。

2. “关键文档编号”一栏用于填写在执行穿行测试时取得的用于存档的审计证据的编号。

4. 房地产销售与收款循环

了解和评价房地产销售与收款循环

被审计单位：×× 房地产开发有限责任公司　　编制人：××　　编制日期：202× 年 × 月 × 日　　索引号：FSXL-1

项目：了解和评价房地产销售与收款循环　　复核人：××　　复核日期：202× 年 × 月 × 日　　财务报表截止日 / 期间：202× 年度

控制序号	子流程	控制目标	受影响的相关交易、账户余额和披露及其认定	被审计单位的控制活动	是否应对特别风险（是 / 否）	控制的性质	控制频率	与控制相关的风险（高 / 低）	控制对实现控制目标是否有效（是 / 否）	是否存在设计缺陷（是 / 否）	控制活动是否得到执行（是 / 否）	是否测试控制运行的有效性
1	制订项目营销计划、营销方案和作出销售工作总结	营销方案、营销方案的变更、销售计划经过恰当的审批		1. 营销部人员制订的营销方案经营销部经理审核后，由分管副总、总经理最终审批确认。营销方案一旦确立，营销部会制作项目作业指导书，由营销部经理、分管副总审核。营销方案的变更需由营销部经理、分管副总、总经理审批同意，并抄送公司财务部备案。 2. 公司营销部年末针对销售工作作出总结并制订次年工作计划，随后依次提交分管副总、总经理审核。								

续表

控制序号	子流程	控制目标	受影响的相关交易、账户余额和披露及其认定	被审计单位的控制活动	是否应对特别风险（是/否）	控制的性质	控制频率	与控制相关的风险（高/低）	控制对实现控制目标是否有效（是/否）	是否存在设计缺陷（是/否）	控制活动是否得到执行（是/否）	是否测试控制运行的有效性
2	销售价格、折扣及优惠方案的制订与审批	企业有规范的价格形成机制和审批流程		1. 公司营销部根据价格模型估算楼盘基准价，通过销售定价明细表确定各房源与楼盘基准价的差价，在系统中制定该项目完整、详细的价格方案，明确各房源的销售底价，经营销部经理审核后，报分管副总，总经理审批。销售管理系统的楼盘价目表，经销售主管复核后，进行锁定和保密处理。 2. 项目开盘（认筹）前一个月，公司营销部将经审核的销售价格明细表和开盘方案下发销售代理公司执行。 3. 项目开盘前的开盘方案中会明确销售折扣情况，公司按照既定的销售折扣执行。对于除既定折扣外的优惠政策，公司营销部需要上报分管副总审批。营销部人员填制优惠申请单，经公司总经理签字后生效。								
3	销售合同签订与审批	销售合同签订符合国家法律法规规定		1. 公司在与客户正式签署买卖合同前，需将认购协议书和商品房买卖合同的范本通过系统上报法务部经理审核，并由分管副总审批。 2. 系统设定审批流程，认购协议书和商品房买卖合同由营销部人员提交，经营销部经理、法务部经理、分管副总审核并在商品房预售合同会签单会签，总经理最终审批后，返还项目营销部发起人处，安排与客户签约。								
4		购房客户资格符合现行条件规定并经过审核，录入网签合同		销售代理人员将客户资料提供至营销部，营销部人员核实客户个人身份信息和之前购房情况不违反国家地方相关限购政策和房屋调控后，将认购协议书、商品房买卖合同交给销售代理人员安排与客户签约。销售代理人员核对签约房源，并领取已审批的认购协议书、商品房买卖合同，提供给客户。客户对合同内容确认后，在纸质认购协议书、商品房买卖合同上签字。客户全款或银行按揭款全额到账后签订正式网签合同。								

续表

控制序号	子流程	控制目标	受影响的相关交易、账户余额和披露及其认定	被审计单位的控制活动	是否应对特别风险（是/否）	控制的性质	控制频率	与控制相关的风险（高/低）	控制对实现控制目标是否有效（是/否）	是否存在设计缺陷（是/否）	控制活动是否得到执行（是/否）	是否测试控制运行的有效性
5	销售收款	记录的房款收款，包括定金、首期款及按揭款收款，准确真实		1. 客户现场有购楼意向时，销售人员在销售台账上标注认筹意向，并要求其支付一定数额的认筹金。财务部出纳员负责清点并收取客户交纳认筹金后，开具认筹金收据给客户。财务部会计核对收到的现金、POS付款单及认筹金数据的一致性后，将认筹金入账。若客户决定购房，认筹金会转为房款。对于不准备认购的客户，销售部制作认筹金返还申请提交至财务部，经营销部经理、财务部经理、总经理审批后，会将该部分认筹金返还客户，同时回收认筹金收据直接注销。所有返还的认筹金收据收齐后会交至财务部用于账务处理。 2. 销售人员与客户签定认购协议书，交由销售代理公司经理审核，并交营销部长审核认购书、核对房源表，并对认购房源在系统中进行登记。审核无误后，由客户至财务部出纳员处交纳定金。出纳员收款前核对销控房源表，对认购房源进行登记，并开具定金收据。会计核对收到的现金到账情况、POS付款单、银行进账单及已开具定金回执的一致性，并确认回执号码是连续无遗漏之后，在财务系统中将定金入账。 3. 客户签订认购协议书后，在规定时间内缴纳首付款（按揭客户）或全款（非按揭客户）并签订销售合同。会计核对收到的现金到账情况、POS付款单、银行进账单、银行汇票、支票及已开具的税控预收款发票回执的一致性，并确认发票号码是连续无遗漏之后，在财务系统中将首付款或全额房款入账，并将认筹金和定金转为首付款或房款。如客户需办理按揭，等客户办理完抵押手续放款后，财务部出纳员凭银行放款单开具税控预收款发票，并录入销售系统。会计核对收到的银行放款单和税控预收款发票回执的一致性后，在财务系统中将按揭款入账。 4. 月末，会计主管打印出财务系统中销售收款凭证，检查其与所附银行进账单、POS收款单等相符后，在凭证上盖章确认。								

续表

控制序号	子流程	控制目标	受影响的相关交易、账户余额和披露及其认定	被审计单位的控制活动	是否应对特别风险（是/否）	控制的性质	控制频率	与控制相关的风险（高/低）	控制对实现控制目标是否有效（是/否）	是否存在设计缺陷（是/否）	控制活动是否得到执行（是/否）	是否测试控制运行的有效性
6	销售收款	及时地记录所有收到的房款，包括定金、首期款及按揭款		营销部、销售代理公司、财务部分别建立收款台账，对客户的认筹金、首付款、全额房款、银行按揭款以及欠款等进行记录，对未支付款项的客户进行标注并由销售部（销售代理公司）进行催办。营销部、销售代理公司、财务部每周会进行销售收款台账的对账，确保台账信息的准确性及一致性。如有差异则查明差异原因后解决。								
7	销售收入确认	销售收入确认符合准则要求，达到收入确认条件		1. 楼盘开发完成后，公司组织施工单位、设计、勘察等共同验收后，报有关部门进行竣工验收备案，办理综合竣工验收。 2. 项目竣工验收后且房屋具备交付条件时，由营销部向买房人发出交房通知书；财务部人员审核业主付款依据等，收回已交款收据，根据财务结算单结算各种费用后，由财务部人员在入住流转单上签章。物业公司经办人员在营销部人员、销售代理公司售楼人员配合下，根据交房通知书、购房合同原件、税控系统预收款发票、业主身份证原件、面积差确认单（面积补差款已缴纳的依据）、财务结算单（物业费用和其他费用已缴纳的依据）等审核购房人的身份，确认其已提交了所需的资料，结算了全额房款及入住费用。审核无误后，由物业公司经办人员及购房人在入住流转单上的相关栏目上签字确认，并由营销部人员加盖项目专用章确认。 3. 公司开具交房验收单、钥匙交接单给客户，并将钥匙交接给客户。财务部根据已交付房屋入住流转单、交房验收单、钥匙交接单中列示的各明细户对应的款项结转确认收入。								

续表

控制序号	子流程	控制目标	受影响的相关交易、账户余额和披露及其认定	被审计单位的控制活动	是否应对特别风险（是/否）	控制的性质	控制频率	与控制相关的风险（高/低）	控制对实现控制目标是否有效（是/否）	是否存在设计缺陷（是/否）	控制活动是否得到执行（是/否）	是否测试控制运行的有效性
8	销售收入确认	销售收入被准确、完整地记录在适当的会计期间且经过恰当审批		营销部人员根据系统当月交房信息编制月度交房记录提供给财务部，并将所有相关的交房验收单、钥匙交接单一并提交。财务部会计核对月度交房记录与交房验收单、钥匙交接单一致后，统计当月已交房房源的房款金额，在月末根据房款金额及时在财务系统中进行账务处理。财务部财务主管核对销售转账凭证与月度交房记录等一致后，在打印出的销售转账凭证上盖章审核并过账。								
9	计提坏账准备	准确计提坏账准备并经过适当审核		每季度末，财务部按照资产减值准备管理制度的相关规定组织有关部门分析判断单项应收款项存在的减值迹象并对减值进行测算后报相关负责人审核，对其他的应收款项根据会计政策计提坏账准备，报相关负责人批准后入账。								
10	销售绩效的评估与计算及结果审批	销售绩效的评估全面并经过适当审批		营销部每季度对销售代理公司从受访状况（来电/来访量）、策略创意、工作完成度、工作配合度、广告效果监控与渠道优化等方面进行考核，再由分管副总进行综合评定后，根据不同权重确定其季度绩效评分。每年末，根据当年四个季度的考核结果，确定其等级，作为未来项目合作选择时的参考依据。								
11	常备数据维护	数据的修改在输入前需经过批准		常备数据的修改必须在输入前获得批准。每一项修改均需要有相应的批准文件。管理人员将修改后生成的报告与原始凭据进行逐笔核对，以确保输入的完整性和准确性，差异得到及时的调查和解决。								
12		价格修改需经过批准		对销售价格作出修改必须取得管理层书面同意。管理人员复核所有输入系统的价格修改，以便验证其准确性，及时调查和解决差异。								

编制说明

1. 控制频率包括：每年一次、每季度一次、每月一次、每周一次、每天一次、每天多次等。
2. 受本循环影响的重要交易、账户余额和披露包括但不限于应收账款、营业收入等。
3. 销售与收款循环涉及的主要人员包括但不限于营销部经理、财务部经理等。
4. 销售与收款循环中销售合同的订立与审批、销售折扣申请与审批、销售台账的登记与会计记录、销售发票的开具和审核等不相容职务应分离。

房地产销售与收款循环穿行测试程序记录

被审计单位：××房地产开发有限责任公司　　编制人：××　　编制日期：202×年×月×日　　索引号：FSXL-2

项目：房地产销售与收款循环穿行测试　　复核人：××　　复核日期：202×年×月×日　　财务报表截止日/期间：202×年度

控制序号	子流程	控制目标	被审计单位的控制活动	检查的证据	实施的审计程序	测试结果	控制活动是否得到执行（是/否）	关键文档编号
1	制订项目营销计划、营销方案和作出销售工作总结	营销方案、营销方案的变更、销售计划经过恰当的审批	1. 营销部人员制订的营销方案经营销部经理审核后，由分管副总、总经理最终审批确认。营销方案一旦确立，营销部会制作项目作业指导书，由营销部经理、分管副总审核。营销方案的变更需由营销部经理、分管副总、总经理审批同意，并抄送公司财务部备案。 2. 公司营销部年末针对销售工作作出总结并制订次年工作计划，随后依次提交分管副总、总经理审核。	项目作业指导书、营销方案、营销计划、销售工作总结等	1. 检查营销方案是否经营销部经理、分管副总审核后，由总经理最终审批确认； 2. 检查项目作业指导书是否由营销部经理、分管副总审核； 3. 检查营销方案的变更是否由营销部经理、分管副总、总经理审批同意，并抄送公司财务部备案； 4. 检查销售工作总结和次年销售工作计划是否经分管副总、总经理审核。			
2	销售价格、折扣及优惠方案的制订与审批	企业有规范的价格形成机制和审批流程	1. 公司营销部根据价格模型估算楼盘基准价，通过销售定价明细表确定各房源与楼盘基准价的差价，在系统中制定该项目完整、详细的价格方案，明确各房源的销售底价，经营销部经理审核后，报分管副总，总经理审批。销售管理系统的楼盘价目表，经销售主管复核后，进行锁定和保密处理。 2. 项目开盘（认筹）前一个月，公司营销部将经审核的销售价格明细表和开盘方案下发销售代理公司执行。 3. 项目开盘前的开盘方案中会明确销售折扣情况，公司按照既定的销售折扣执行。对于除既定折扣外的优惠政策，公司营销部需要上报分管副总审批。营销部人员填制优惠申请单，经公司总经理签字后生效。	楼盘价目表、销售价格明细表、开盘方案、优惠申请单	1. 检查销售定价明细表、楼盘价目表、开盘方案是否经相关负责人审核； 2. 检查除既定折扣外的优惠政策是否上报分管副总审批；优惠申请单是否经公司总经理签字。			
3	销售合同签订与审批	销售合同签订符合国家法律法规规定	1. 公司在与客户正式签署买卖合同前，需将认购协议书和商品房买卖合同的范本通过系统上报法务部经理审核，并由分管副总审批。 2. 系统设定审批流程，认购协议书和商品房买卖合同由营销部人员提交，经营销部经理、法务部经理、分管副总审核并在商品房预售合同会签单会签，总经理最终审批后，返还项目营销部发起人处，安排与客户签约。	认购协议、商品房买卖合同	检查认购协议书、商品房买卖合同是否经营销部经理、法务部经理、分管副总审核并在商品房预售合同会签单会签，并由总经理最终审批。			

续表

控制序号	子流程	控制目标	被审计单位的控制活动	检查的证据	实施的审计程序	测试结果	控制活动是否得到执行（是/否）	关键文档编号
4	销售合同签订与审批	购房客户资格符合现行条件规定并经过审核，录入网签合同	销售代理人员将客户资料提供至营销部，营销部人员核实客户个人身份信息和之前购房情况不违反国家地方相关限购政策和房屋调控后，将认购协议书、商品房买卖合同交给销售代理人员安排与客户签约。销售代理人员核对签约房源，并领取已审批的认购协议书、商品房买卖合同，提供给客户。客户对合同内容确认后，在纸质认购协议书、商品房买卖合同上签字。客户全款或银行按揭款全额到账后签订正式网签合同。	客户相关购房资格的资料、网签合同	1. 检查购房人的相关信息（如身份信息、社保信息等）资料，是否符合当地购房条件； 2. 检查客户全款或银行按揭款全额到账后是否签订正式网签合同。			
5	销售收款	记录的房款收款，包括定金、首期款及按揭款收款，准确真实	1.客户现场有购楼意向时，销售人员在销售台账上标注认筹意向，并要求其支付一定数额的认筹金。财务部出纳员负责清点并收取客户交纳认筹金后，开具认筹金收据给客户。财务部会计核对收到的现金、POS 付款单及认筹金数据的一致性后，将认筹金入账。若客户决定购房，认筹金会转为房款。对于不准备认购的客户，销售部制作认筹金返还申请提交至财务部，经营销部经理、财务部经理、总经理审批后，会将该部分认筹金返还客户，同时回收认筹金收据直接注销。所有返还的认筹金收据收齐后会交至财务部用于账务处理。 2.销售人员与客户签定认购协议书,交由销售代理公司经理审核,并交营销部长审核认购书、核对房源表，并对认购房源在系统中进行登记。审核无误后，由客户至财务部出纳员处交纳定金。出纳员收款前核对销控房源表，对认购房源进行登记，并开具定金收据。会计核对收到的现金到账情况、POS 付款单、银行进账单及已开具定金回执的一致性，并确认回执号码是连续无遗漏之后，在财务系统中将定金入账。 3. 客户签订认购协议书后，在规定时间内缴纳首付款（按揭客户）或全款（非按揭客户）并签订销售合同。会计核对收到的现金到账情况、POS 付款单、银行进账单、银行汇票、支票及已开具的税控预收款发票回执的一致性，并确认发票号码是连续无遗漏之后，在财务系统中将首付款或全额房款入账，并将认筹金和定金转为首付款或房款。如客户需办理按揭，等客户办理完抵押手续放款后，财务部出纳员凭银行放款单开具税控预收款发票，并录入销售系统。会计核对收到的银行放款单和税控预收款发票回执的一致性后，在财务系统中将按揭款入账。 4. 月末，会计主管打印出财务系统中销售收款凭证，检查其与所附银行进账单、POS 收款单等相符后，在凭证上盖章确认。	认购协议书、收款凭证、发票、认筹金返还申请、定金入账凭证、首付款和全额房款入账凭证等	1. 检查会计是否核对收到的现金到账情况、POS 付款单、银行进账单及已开具定金回执的一致性，并确认回执号码是连续无遗漏之后，再在财务系统中将定金入账； 2. 检查财务部会计是否在核对收到的现金、POS 付款单及认筹金数据的一致性后，再将认筹金入账； 3. 检查认筹金返还申请是否提交至财务部，并经营销部经理、财务部经理、总经理审批； 4. 检查会计主管是否将销售收款凭证与所附银行进账单、POS 收款单等核对相符后，再在凭证上盖章确认； 5. 检查会计是否核对收到的现金到账情况、POS 付款单、银行进账单、银行汇票、支票及已开具的税控预收款发票回执的一致性，并确认发票号码是连续无遗漏之后，在财务系统中将首付款或全额房款入账，并将认筹金和定金转为首付款或房款。			

续表

控制序号	子流程	控制目标	被审计单位的控制活动	检查的证据	实施的审计程序	测试结果	控制活动是否得到执行（是/否）	关键文档编号
6	销售收款	及时地记录所有收到的房款，包括定金、首期款及按揭款	营销部、销售代理公司、财务部分别建立收款台账，对客户的认筹金、首付款、全额房款、银行按揭款以及欠款等进行记录，对未支付款项的客户进行标注并由销售部（销售代理公司）进行催办。营销部、销售代理公司、财务部每周会进行销售收款台账的对账，确保台账信息的准确性及一致性。如有差异则查明差异原因后解决。	销售收款台账	检查各部门建立销售收款台账是否一致；是否就存在的差异查明原因后解决。			
7	销售收入确认	销售收入确认符合准则要求，达到收入确认条件	1. 楼盘开发完成后，公司组织施工单位、设计、勘察等共同验收后，报有关部门进行竣工验收备案，办理综合竣工验收。 2. 项目竣工验收后且房屋具备交付条件时，由营销部向买房人发出交房通知书；财务部人员审核业主付款依据等，收回已交款收据，根据财务结算单结算各种费用后，由财务部人员在入住流转单上签章。物业公司经办人员在营销部人员、销售代理公司售楼人员配合下，根据交房通知书、购房合同原件、税控系统预收款发票、业主身份证原件、面积差确认单（面积补差款已缴纳的依据）、财务结算单（物业费用和其他费用已缴纳的依据）等审核购房人的身份，确认其已提交了所需的资料，结算了全额房款及入住费用。审核无误后，由物业公司经办人员及购房人在入住流转单上的相关栏目上签字确认，并由营销部人员加盖项目专用章确认。 3. 公司开具交房验收单、钥匙交接单给客户，并将钥匙交接给客户。财务部根据已交付房屋入住流转单、交房验收单、钥匙交接单中列示的各明细户对应的款项结转确认收入。	竣工验收资料、交房通知单、交房验收单、钥匙交接单、入住流转单等	1. 检查楼盘开发完成后是否经施工单位、设计、勘察等共同验收后报有关部门进行竣工验收备案，办理综合竣工验收； 2. 检查财务部人员是否审核各种单据后再在入住流转单上签章； 3. 检查物业公司经办人员是否在审核购房人身份后与购房人在入住流转单上签字，并由营销部人员加盖项目专用章确认； 4. 检查收入的确认是否在项目完工、已交房、款项已收或完全能确定收到条件下确认。			
8		销售收入被准确、完整地记录在适当的会计期间且经过恰当审批	营销部人员根据系统当月交房信息编制月度交房记录提供给财务部，并将所有相关的交房验收单、钥匙交接单一并提交。财务部会计核对月度交房记录与交房验收单、钥匙交接单一致后，统计当月已交房房源的房款金额，在月末根据房款金额及时在财务系统中进行账务处理。财务部财务主管核对销售转账凭证与月度交房记录等一致后，在打印出的销售转账凭证上盖章审核并过账。	月度交房记录、交房验收单、钥匙交接单、销售转账凭证	1. 检查财务部会计是否核对月度交房记录与交房验收单、钥匙交接单一致后，在月末根据房款金额及时在财务系统中进行账务处理。 2. 检查财务部财务主管是否核对销售转账凭证与月度交房记录一致后，在打印出的销售转账凭证上盖章审核并过账。			

续表

控制序号	子流程	控制目标	被审计单位的控制活动	检查的证据	实施的审计程序	测试结果	控制活动是否得到执行（是／否）	关键文档编号
9	计提坏账准备	准确计提坏账准备并经过适当审核	每季度末，财务部按照资产减值准备管理制度的相关规定组织有关部门分析判断单项应收款项存在的减值迹象并对减值进行测算后报相关负责人审核，对其他的应收款项根据会计政策计提坏账准备，报相关负责人批准后入账。	坏账准备计提资料	检查应收款项坏账准备计提是否经相关负责人审批。			
10	销售绩效的评估与计算及结果审批	销售绩效的评估全面并经过适当审批	营销部每季度对销售代理公司从受访状况（来电／来访量）、策略创意、工作完成度、工作配合度、广告效果监控与渠道优化等方面进行考核，再由分管副总进行综合评定后，根据不同权重确定其季度绩效评分。每年末，根据当年四个季度的考核结果，确定其等级，作为未来项目合作选择时的参考依据。	季度、年度绩效评定资料	1. 检查项目公司营销部是否每季度对销售代理公司进行考核并由分管副总进行综合评定； 2. 检查每年末公司是否根据当年四个季度的考核结果确定其等级，作为未来项目合作选择时的参考依据。			
11	常备数据维护	数据的修改在输入前需经过批准	常备数据的修改必须在输入前获得批准。每一项修改均需要有相应的批准文件。管理人员将修改后生成的报告与原始凭据进行逐笔核对，以确保输入的完整性和准确性，差异得到及时的调查和解决。	常备数据修改审批记录	检查常备数据的修改是否经审批。			
12		价格修改需经过批准	对销售价格作出修改必须取得管理层书面同意。管理人员复核所有输入系统的价格修改，以便验证其准确性，及时调查和解决差异。	销售价格调整审批资料	检查价格调整是否经相关负责人审批；是否由管理人员复核所有输入系统的价格修改。			

编制说明

1. 注册会计师执行穿行测试时，每个业务循环一般选择一笔当年发生的有代表性的业务，追踪其内部控制是否得到执行的全过程。如可选择当年新增销售的一套住宅，注册会计师可追踪其从营销策划方案、销售合同的签订与审批、销售收入确认经过恰当审批等全流程的内部控制。

2. “关键文档编号”一栏用于填写在执行穿行测试时取得的用于存档的审计证据的编号。

5. 筹资与投资循环

了解和评价筹资与投资循环

被审计单位：× × 房地产开发有限责任公司　　编制人：× ×　　编制日期：202× 年 × 月 × 日　　索引号：CZL–1

项目：了解和评价筹资与投资循环　　复核人：× ×　　复核日期：202× 年 × 月 × 日　　财务报表截止日 / 期间：202× 年度

控制序号	子流程	控制目标	受影响的相关交易、账户余额和披露及其认定	被审计单位的控制活动	是否应对特别风险（是/否）	控制的性质	控制频率	与控制相关的风险（高/低）	控制对实现控制目标是否有效（是/否）	是否存在设计缺陷（是/否）	控制活动是否得到执行（是/否）	是否测试控制运行的有效性
1	借款的审批与处理	借款经过适当审批		1. 每年年初，财务部门根据企业经营战略、预算情况与资金现状等因素，提出初始筹资方案，包括筹资额度、筹资形式、利率、筹资期限、资金用途等内容，经财务经理复核后，提交总经理审批。对于超过公司资产总额 × ×%（以公司最近一次经审计的数额计算），单笔担保额超过公司净资产总额的 × ×% 的借款还需由董事会审议批准。 2. 财务部信贷记账员根据实际资金情况，编制借款申请报告，经过财务部相关领导审核后上报总经理，借款金额超过规定的还需董事会审批。审核通过后，委托公司财务经理全权负责签署公司日常与银行等金融机构发生的借款、对外担保、票据贴现、票据质押等业务的相关文件。 3. 公司财务部会计根据公司签订的借款合同以及银行的结算回单在财务系统中编制记账凭证，并经财务部相关负责人审核。信贷记账员登记银行借款明细表，出纳员登记银行日记账。								

续表

控制序号	子流程	控制目标	受影响的相关交易、账户余额和披露及其认定	被审计单位的控制活动	是否应对特别风险（是/否）	控制的性质	控制频率	与控制相关的风险（高/低）	控制对实现控制目标是否有效（是/否）	是否存在设计缺陷（是/否）	控制活动是否得到执行（是/否）	是否测试控制运行的有效性
2	管理借款	借入与归还的款项均已记录且记录准确		1. 公司财务部信贷记账员统一保管借款合同，及时登记书面借款台账，内容包括借款银行名称、借款合同编号、合同金额、借款日期、还款日期、借款用途、借款条件、合同利率、结息日等。借款台账经财务部负责人每月复核签字。信贷记账员每月将台账中的借款信息与财务系统中的借款入账比对复核后签字。 2. 每月末，信贷管理员与信贷记账员核对借款备查账与借款明细账，编制核对表报财务部相关负责人复核。如有任何差异，立即进行调查。 3. 公司财务部会计根据公司签订的借款合同以及银行的结算回单在财务系统中编制记账凭证，并经财务部相关负责人审核。出纳员在每月底或者每季度收到银行利息单后，登记日记账。 4. 借款到期时，信贷管理员填写付款申请表，注明资金用途为归还借款，经财务经理批准后，出纳员办理还款事宜。借款到期还款前，公司财务部融资专员填写银行借款还款审批表，经相关负责人审批同意后，财务部会计根据借款合同和借款还款审批表在财务系统中编制记账凭证，并经相关负责人审核。 5. 信贷记账员在财务系统内编制付款凭证，将银行回单等单证交财务部相关负责人审核。财务部相关负责人审核无误后，在系统中批准，并在付款凭证后附的单证上加盖印戳。系统自动过账至借款明细账和总账。								
3	利息记录与支付	借款费用均已准确计算并记录于适当期间		1. 每月末，信贷记账员在系统内编制记账凭证，将银行利息回单交财务部相关负责人审核。财务部相关负责人审核无误后，在系统中批准，系统自动过账至借款明细账和总账。 2. 公司财务部信贷记账员每月将借款台账中的借款利息信息与财务系统中的利息入账记录比对后报财务部相关负责人签字确认。								

编制说明

1. 控制频率包括：每年一次、每季度一次、每月一次、每周一次、每天一次、每天多次等。
2. 了解和评价筹资与投资循环、筹资与投资循环穿行测试程序记录底稿均以筹资循环为例。
3. 受本循环影响的重要交易、账户余额和披露包括但不限于短期借款、财务费用、长期借款等。
4. 筹资与投资循环涉及的主要人员包括但不限于财务部经理、法务部经理、出纳员等。
5. 借款的申请与审批、借款的会计记录与审核等不相容职务应分离。

筹资与投资循环穿行测试程序记录

被审计单位：× × 房地产开发有限责任公司　　编制人：× ×　　编制日期：202× 年 × 月 × 日　　索引号：CZL-2

项目：筹资与投资循环穿行测试　　复核人：× ×　　复核日期：202× 年 × 月 × 日　　财务报表截止日 / 期间：202× 年度

控制序号	子流程	控制目标	被审计单位的控制活动	检查的证据	实施的审计程序	测试结果	控制活动是否得到执行（是/否）	关键文档编号
1	借款的审批与处理	借款经过适当审批	1. 每年年初，财务部门根据企业经营战略、预算情况与资金现状等因素，提出初始筹资方案，包括筹资额度、筹资形式、利率、筹资期限、资金用途等内容，经财务经理复核后，提交总经理审批。对于超过公司资产总额 × ×%（以公司最近一次经审计的数额计算），单笔担保额超过公司净资产总额的 × ×% 的借款还需由董事会审议批准。 2. 财务部信贷记账员根据实际资金情况，编制借款申请报告，经过财务部相关领导审核后上报总经理，借款金额超过规定的还需董事会审批。审核通过后，委托公司财务经理全权负责签署公司日常与银行等金融机构发生的借款、对外担保、票据贴现、票据质押等业务的相关文件。 3. 公司财务部会计根据公司签订的借款合同以及银行的结算回单在财务系统中编制记账凭证，并经财务部相关负责人审核。信贷记账员登记银行借款明细表，出纳员登记银行日记账。	筹资方案、借款申请报告、借款合同、借款记账凭证	1. 检查筹资方案是否经财务经理复核后，提交总经理和董事会审批； 2. 检查借款申请报告是否经财务部相关领导、总经理、董事会审批； 3. 检查借款记账凭证是否经财务部相关负责人审核。			

续表

控制序号	子流程	控制目标	被审计单位的控制活动	检查的证据	实施的审计程序	测试结果	控制活动是否得到执行（是/否）	关键文档编号
2	管理借款	借入与归还的款项均已记录且记录准确	1. 公司财务部信贷记账员统一保管借款合同，及时登记书面借款台账，内容包括借款银行名称、借款合同编号、合同金额、借款日期、还款日期、借款用途、借款条件、合同利率、结息日等。借款台账经财务部负责人每月复核签字。信贷记账员每月将台账中的借款信息与财务系统中的借款入账比对复核后签字。 2. 每月末，信贷管理员与信贷记账员核对借款备查账与借款明细账，编制核对表报财务部相关负责人复核。如有任何差异，立即进行调查。 3. 公司财务部会计根据公司签订的借款合同以及银行的结算回单在财务系统中编制记账凭证，并经财务部相关负责人审核。出纳员在每月底或者每季度收到银行利息单后，登记日记账。 4. 借款到期时，信贷管理员填写付款申请表，注明资金用途为归还借款，经财务经理批准后，出纳员办理还款事宜。借款到期还款前，公司财务部融资专员填写银行借款还款审批表，经相关负责人审批同意后，财务部会计根据借款合同和借款还款审批表在财务系统中编制记账凭证，并经相关负责人审核。 5. 信贷记账员在财务系统内编制付款凭证，将银行回单等单证交财务部相关负责人审核。财务部相关负责人审核无误后，在系统中批准，并在付款凭证后附的单证上加盖印戳。系统自动过账至借款明细账和总账。	记账凭证、借款备查账与借款明细账核对表、借款台账、借款还款审批表、还款记账凭证、付款申请表	1. 检查借款会计凭证是否经财务部相关负责人复核； 2. 检查借款台账是否经财务部负责人每月复核签字； 3. 检查财务部相关负责人是否每月复核借款备查账与借款明细账核对表； 4. 检查银行借款还款审批表是否经相关负责人审批； 5. 检查付款申请表是否经财务经理审批。			
3	利息记录与支付	借款费用均已准确计算并记录于适当期间	1. 每月末，信贷记账员在系统内编制记账凭证，将银行利息回单交财务部相关负责人审核。财务部相关负责人审核无误后，在系统中批准，系统自动过账至借款明细账和总账。 2. 公司财务部信贷记账员每月将借款台账中的借款利息信息与财务系统中的利息入账记录比对后报财务部相关负责人签字确认。	利息支付记账凭证、借款台账等	1. 检查利息支付记账凭证是否经财务部相关负责人审核； 2. 检查财务部信贷记账员是否每月将借款台账中的借款利息信息与财务系统中的利息入账记录比对后报财务部相关负责人签字确认。			

编制说明

1. 注册会计师执行穿行测试时，每个业务循环一般选择一笔当年发生的有代表性的业务，追踪其内部控制是否得到执行的全过程。如可选择一笔本年度新增的借款，注册会计师可追踪其从借款的申请与审批、借款的会计记录与审核等全流程的内部控制。

2. “关键文档编号”一栏用于填写在执行穿行测试时取得的用于存档的审计证据的编号。

6. 固定资产和其他长期资产循环

了解和评价固定资产和其他长期资产循环

被审计单位：× × 房地产开发有限责任公司　　编制人：× ×　　编制日期：202 × 年 × 月 × 日　　索引号：GZ1L-1

项目：了解和评价固定资产和其他长期资产循环　　复核人：× ×　　复核日期：202 × 年 × 月 × 日　　财务报表截止日 / 期间：202 × 年度

控制序号	子流程	控制目标	受影响的相关交易、账户余额和披露及其认定	被审计单位的控制活动	是否应对特别风险（是 / 否）	控制的性质	控制频率	与控制相关的风险（高 / 低）	控制对实现控制目标是否有效（是 / 否）	是否存在设计缺陷（是 / 否）	控制活动是否得到执行（是 / 否）	是否测试控制运行的有效性
1	采购审批	采购申请经过恰当审批		1. 固定资产的购置公司实行预算审批制，公司资产使用部门根据需求向主管部门负责人提出采购计划并编制固定资产需求申请表。 2. 固定资产需求申请表经主管部门负责人审核通过后报综合部审批，综合部根据汇总后的固定资产需求计划，结合公司固定资产的使用、闲置情况，编制月度采购计划单上报。 3. 金额在人民币 × × 万元以下的月度采购计划单由总经理负责审批；金额在人民币 × × 万元以上的月度采购计划单需经董事会审批。审核批准后再由固定资产主管部门采购人员办理购置相关事宜。								
2		供应商选择经过适当审批		采购部门收到经审批的采购计划单后，根据采购数量、规格等安排招标或询价以确定供应商。采购经理、质检经理和总经理对选择的供应商进行审批。								

续表

控制序号	子流程	控制目标	受影响的相关交易、账户余额和披露及其认定	被审计单位的控制活动	是否应对特别风险（是 / 否）	控制的性质	控制频率	与控制相关的风险（高 / 低）	控制对实现控制目标是否有效（是 / 否）	是否存在设计缺陷（是 / 否）	控制活动是否得到执行（是 / 否）	是否测试控制运行的有效性
3	采购审批	采购合同经过恰当审批		采购员根据公司固定的采购合同模板草拟采购合同，提交采购经理、总经理审核。审核内容包括供应商是否经审批、合同是否采用公司模板签订、合同信息与采购计划单是否一致等。如果供应商要求对公司固定的采购合同模板做出修改，应经法律部负责人同意。								
4	验收确认	固定资产经过验收且真实准确		1. 对于不需要安装的购进固定资产，综合部会同财务部和使用部门联合进行验收，实行会签制，填写固定资产验收单。该验收单上应有采购人员、综合部负责人、财务部负责人、使用部门负责人及使用人的签字。 2. 对于购进需要安装的固定资产，必须首先由供货单位、安装单位和公司采购人员、综合部负责人、财务部负责人、使用部门负责人、使用人及相关技术人员根据合同、供应商发货单等对所购固定资产的品种、规格、数量、质量、技术要求及其他内容进行验收，然后才能进行安装。固定资产安装调试运转正常达到规定标准后，由上述验收人员在固定资产验收单上签字确认。同时资产使用部门编制固定资产交付领用表，由资产使用人及其相关负责人签字确认。 3. 采购部按资产编号规则编制固定资产编号，制作固定资产编号标纸，粘贴于固定资产上。同时登记固定资产管理台账，并将资产相关资料附于固定资产管理台账上，综合部将购置的固定资产交给请购单位使用。								

续表

控制序号	子流程	控制目标	受影响的相关交易、账户余额和披露及其认定	被审计单位的控制活动	是否应对特别风险（是/否）	控制的性质	控制频率	与控制相关的风险（高/低）	控制对实现控制目标是否有效（是/否）	是否存在设计缺陷（是/否）	控制活动是否得到执行（是/否）	是否测试控制运行的有效性
5	验收确认	固定资产被准确、完整地记录在适当的会计期间且经过恰当审批		1. 采购部将固定资产需求申请表、月度采购计划单、验收单、固定资产交付领用表、发票一同送交财务部作为付款入账的依据。财务部固定资产记账员在收到固定资产需求申请表、月度采购计划单、验收单、固定资产交付领用表、发票等单据，审核无误后进行账务处理，编制固定资产记账凭证，并由财务部负责人审核。 2. 固定资产的入账应及时。固定资产的验收、登记和入账，应在同一个会计期间进行，不得跨期。								
6	运行管理	固定资产账实相符		1. 年末固定资产盘点清查工作由总经理领导，综合部、财务部会同相关责任部门共同完成。综合部编制年度固定资产清查盘点工作方案，经公司总经理审批签字后执行。 2. 资产使用部门负责固定资产实物清点，财务部与综合部监督资产使用部门实物清点。资产使用部门将实地盘点结果记录在固定资产清查盘点表上，资产使用部门、综合部、财务部相关负责人审核固定资产清查盘点表并签字确认后，报公司总经理审核签字。 3. 清查盘点中发现的盘盈、盘亏情况，综合部会同财务部及专业技术人员对盘盈、盘亏情况进行分析并作出技术鉴定，编制固定资产盘盈、盘亏处置报告，按照职责审批权限报公司财务部相关负责人、总经理审核确认。财务部会计核算人员根据审批结果，对盘盈、盘亏固定资产进行账务处理，综合部负责资产台账管理人员根据审批结果调整、更新固定资产实物台账。								

续表

控制序号	子流程	控制目标	受影响的相关交易、账户余额和披露及其认定	被审计单位的控制活动	是否应对特别风险（是/否）	控制的性质	控制频率	与控制相关的风险（高/低）	控制对实现控制目标是否有效（是/否）	是否存在设计缺陷（是/否）	控制活动是否得到执行（是/否）	是否测试控制运行的有效性
7	运行管理	固定资产日常维修经过恰当审批		资产使用部门根据固定资产状况填写固定资产维修申请表，由该部门负责人签字上报财务部负责人、综合部负责人、总经理审核确认。								
8	折旧和减值	计提的折旧金额准确		公司财务部固定资产核算岗位按照公司会计政策，将固定资产原值、折旧方法、预计使用年限、残值率等相关资料输入至财务系统中按月计提固定资产折旧。财务系统自动生成月度固定资产折旧计提表，经财务部相关负责人审核签字后进行账务处理，并由其审核记账凭证后签章确认。								
9		计提的资产减值损失金额准确		每年末，会计主管与固定资产使用部门对固定资产的使用寿命、预计净残值、折旧方法进行复核，共同编写固定资产价值分析报告。固定资产如果出现减值迹象，会计主管对该类固定资产进行减值测试，计算其可回收额，编制固定资产价值调整建议。经财务部经理复核后，报总经理审批，并在审批后入账。								
10	资产处置	固定资产处置均已得到准确及时记录		1. 固定资产由于长期使用、磨损、不能修复或由于意外的灾害等原因造成固定资产丧失生产能力和使用功能的，需由资产使用部门向固定资产管理小组提交固定资产的报废申请报告。管理小组根据有关规定，经过相应鉴定确认报废的，填写固定资产报废审批表，履行审批程序后进行报废处理。固定资产报废审批表交综合部、财务部各一份，使用单位留存一份。 2. 综合部负责固定资产台账管理人员根据报废审批结果及时调整、更新固定资产实物台账；财务部会计核算人员根据报废审批结果，及时对报废固定资产进行账务处理。								

编制说明

1. 控制频率包括：每年一次、每季度一次、每月一次、每周一次、每天一次、每天多次等。
2. 固定资产和其他长期资产循环涉及的主要人员包括但不限于财务经理、固定资产记账员、采购经理等。
3. 固定资产和其他长期资产循环中资产采购合同的订立与审批、资产验收与款项支付、资产使用与清查、资产处置与审批等不相容职务应分离。

固定资产和其他长期资产循环穿行测试程序记录

被审计单位：××房地产开发有限责任公司　　编制人：××　　编制日期：202×年×月×日　　索引号：GZ1L-2

项目：固定资产和其他长期资产循环穿行测试　　复核人：××　　复核日期：202×年×月×日　　财务报表截止日/期间：202×年度

控制序号	子流程	控制目标	被审计单位的控制活动	检查的证据	实施的审计程序	测试结果	控制活动是否得到执行（是/否）	关键文档编号
1	采购审批	采购申请经过恰当审批	1. 固定资产的购置公司实行预算审批制，公司资产使用部门根据需求向主管部门负责人提出采购计划并编制固定资产需求申请表。 2. 固定资产需求申请表经主管部门负责人审核通过后报综合部审批，综合部根据汇总后的固定资产需求计划，结合公司固定资产的使用、闲置情况，编制月度采购计划单上报。 3. 金额在人民币××万元以下的月度采购计划单由总经理负责审批；金额在人民币××万元以上的月度采购计划单需经董事会审批。审核批准后再由固定资产主管部门采购人员办理购置相关事宜。	固定资产需求申请表、月度采购计划单	1. 检查固定资产需求申请表是否由主管部门负责人、综合部审批； 2. 检查月度采购计划单是否由相关负责人、总经理、董事会审批。			
2		供应商选择经过适当审批	采购部门收到经审批的采购计划单后，根据采购数量、规格等安排招标或询价以确定供应商。采购经理、质检经理和总经理对选择的供应商进行审批。	供应商审批资料	检查供应商选择是否经采购经理、质检经理和总经理审批。			
3		采购合同经过恰当审批	采购员根据公司固定的采购合同模板草拟采购合同，提交采购经理、总经理审核。审核内容包括供应商是否经审批、合同是否采用公司模板签订、合同信息与采购计划单是否一致等。如果供应商要求对公司固定的采购合同模板做出修改，应经法律部负责人同意。	××采购合同	1. 检查采购合同是否经恰当人员审核； 2. 检查对公司固定的采购合同模板做出修改时是否经法律部负责人同意。			

续表

控制序号	子流程	控制目标	被审计单位的控制活动	检查的证据	实施的审计程序	测试结果	控制活动是否得到执行（是/否）	关键文档编号
4	验收确认	固定资产经过验收且真实准确	1. 对于不需要安装的购进固定资产，综合部会同财务部和使用部门联合进行验收，实行会签制，填写固定资产验收单。该验收单上应有采购人员、综合部负责人、财务部负责人、使用部门负责人及使用人的签字。 2. 对于购进需要安装的固定资产，必须首先由供货单位、安装单位和公司采购人员、综合部负责人、财务部负责人、使用部门负责人、使用人及相关技术人员根据合同、供应商发货单等对所购固定资产的品种、规格、数量、质量、技术要求及其他内容进行验收，然后才能进行安装。固定资产安装调试运转正常达到规定标准后，由上述验收人员在固定资产验收单上签字确认。同时资产使用部门编制固定资产交付领用表，由资产使用人及其相关负责人签字确认。 3. 采购部按资产编号规则编制固定资产编号，制作固定资产编号标纸，粘贴于固定资产上。同时登记固定资产管理台账，并将资产相关资料附于固定资产管理台账上，综合部将购置的固定资产交给请购单位使用。	固定资产验收单、固定资产交付领用表、固定资产管理台账	1. 检查不需要安装的购进固定资产的验收单是否经相关负责人的签字确认； 2. 检查购进需要安装的固定资产是否经相关部门负责人进行验收并在固定资产验收单上签字确认； 3. 检查资产使用部门是否编制固定资产交付领用表，并由资产使用人及其相关负责人签字确认； 4. 检查是否编制固定资产编号和固定资产管理台账。			
5		固定资产被准确、完整地记录在适当的会计期间且经过恰当审批	1. 采购部将固定资产需求申请表、月度采购计划单、验收单、固定资产交付领用表、发票一同送交财务部作为付款入账的依据。财务部固定资产记账员在收到固定资产需求申请表、月度采购计划单、验收单、固定资产交付领用表、发票等单据，审核无误后进行账务处理，编制固定资产记账凭证，并由财务部负责人审核。 2. 固定资产的入账应及时。固定资产的验收、登记和入账，应在同一个会计期间进行，不得跨期。	固定资产入账凭证及后附验收单、发票、固定资产需求申请表、月度采购计划单、固定资产交付领用表	检查固定资产记账凭证是否经财务部负责人审核。			

续表

控制序号	子流程	控制目标	被审计单位的控制活动	检查的证据	实施的审计程序	测试结果	控制活动是否得到执行（是/否）	关键文档编号
6	运行管理	固定资产账实相符	1. 年末固定资产盘点清查工作由总经理领导，综合部、财务部会同相关责任部门共同完成。综合部编制年度固定资产清查盘点工作方案，经公司总经理审批签字后执行。 2. 资产使用部门负责固定资产实物清点，财务部与综合部监督资产使用部门实物清点。资产使用部门将实地盘点结果记录在固定资产清查盘点表上，资产使用部门、综合部、财务部相关负责人审核固定资产清查盘点表并签字确认后，报公司总经理审核签字。 3. 清查盘点中发现的盘盈、盘亏情况，综合部会同财务部及专业技术人员对盘盈、盘亏情况进行分析并作出技术鉴定，编制固定资产盘盈、盘亏处置报告，按照职责审批权限报公司财务部相关负责人、总经理审核确认。财务部会计核算人员根据审批结果，对盘盈、盘亏固定资产进行账务处理，综合部负责资产台账管理人员根据审批结果调整、更新固定资产实物台账。	202×年固定资产清查盘点表、年度固定资产清查盘点工作方案、固定资产盘盈、盘亏处置报告等	1. 检查固定资产清查盘点表是否经相关部门负责人和总经理审核签字； 2. 检查年度固定资产清查盘点工作方案是否经公司总经理审批签字； 3. 检查固定资产盘盈、盘亏处置报告是否经财务部相关负责人和总经理审核确认。			
7		固定资产日常维修经过恰当审批	资产使用部门根据固定资产状况填写固定资产维修申请表，由该部门负责人签字上报财务部负责人、综合部负责人、总经理审核确认。	固定资产维修申请表	检查固定资产维修申请表是否经相关部门负责人签字确认。			
8	折旧和减值	计提的折旧金额准确	公司财务部固定资产核算岗位按照公司会计政策，将固定资产原值、折旧方法、预计使用年限、残值率等相关资料输入至财务系统中按月计提固定资产折旧。财务系统自动生成月度固定资产折旧计提表，经财务部相关负责人审核签字后进行账务处理，并由其审核记账凭证后签章确认。	月度固定资产折旧计提表、固定资产折旧计提记账凭证	1. 检查月度固定资产折旧计提表是否经财务部相关负责人审核签字； 2. 检查固定资产折旧计提的记账凭证是否经财务部相关负责人审核。			

续表

控制序号	子流程	控制目标	被审计单位的控制活动	检查的证据	实施的审计程序	测试结果	控制活动是否得到执行（是/否）	关键文档编号
9	折旧和减值	计提的资产减值损失金额准确	每年末，会计主管与固定资产使用部门对固定资产的使用寿命、预计净残值、折旧方法进行复核，共同编写固定资产价值分析报告。固定资产如果出现减值迹象，会计主管对该类固定资产进行减值测试，计算其可回收额，编制固定资产价值调整建议。经财务部经理复核后，报总经理审批，并在审批后入账。	固定资产价值分析报告、固定资产价值调整建议	检查固定资产价值分析报告、固定资产价值调整建议是否经过相关负责人审批。			
10	资产处置	固定资产处置均已得到准确及时记录	1. 固定资产由于长期使用、磨损、不能修复或由于意外的灾害等原因造成固定资产丧失生产能力和使用功能的，需由资产使用部门向固定资产管理小组提交固定资产的报废申请报告。管理小组根据有关规定，经过相应鉴定确认报废的，填写固定资产报废审批表，履行审批程序后进行报废处理。固定资产报废审批表交综合部、财务部各一份，使用单位留存一份。 2. 综合部负责固定资产台账管理人员根据报废审批结果及时调整、更新固定资产实物台账；财务部会计核算人员根据报废审批结果，及时对报废固定资产进行账务处理。	固定资产处置会计凭证、固定资产报废审批表、固定资产报废申请报告、固定资产实物台账	1. 检查固定资产报废审批表、固定资产报废申请报告是否经过相关负责人审批； 2. 检查固定资产台账管理人员是否根据报废审批结果及时调整、更新固定资产实物台账，并由财务部及时就报废固定资产进行账务处理。			

编制说明

1. 注册会计师执行穿行测试时，每个业务循环一般选择一笔当年发生的有代表性的业务，追踪其内部控制是否得到执行的全过程。如可选择一笔本年度新增的固定资产，注册会计师可追踪其从采购申请和采购合同的审批、固定资产的验收、固定资产的确认、固定资产账实相符等全流程的内部控制。

2. “关键文档编号”一栏用于填写在执行穿行测试时取得的用于存档的审计证据的编号。

7. 货币资金循环

了解和评价货币资金循环

被审计单位：× × 房地产开发有限责任公司　　编制人：× ×　　编制日期：202 × 年 × 月 × 日　　索引号：ZJL–1

项目：了解和评价货币资金循环　　复核人：× ×　　复核日期：202 × 年 × 月 × 日　　财务报表截止日 / 期间：202 × 年度

控制序号	子流程	控制目标	受影响的相关交易、账户余额和披露及其认定	被审计单位的控制活动	是否应对特别风险（是 / 否）	控制的性质	控制频率	与控制相关的风险(高 / 低）	控制对实现控制目标是否有效（是 / 否）	是否存在设计缺陷（是 / 否）	控制活动是否得到执行（是 / 否）	是否测试控制运行的有效性
1	现金盘点	现金安全		1. 每月末，会计主管指定出纳员以外的人员对现金进行盘点，编制库存现金盘点表，将盘点金额与现金日记账余额进行核对。会计主管复核库存现金盘点表，如果盘点金额与现金日记账余额存在差异，需查明原因并报经财务经理批准后进行账务处理。 2. 公司财务部出纳员负责现金的实物保管。出纳员将现金存放在保险柜中，保险柜需同时通过密码和钥匙才能打开。保险柜钥匙、密码丢失或发生故障，应立即报请领导处理，不得随意找人修理或修配钥匙。超过库存限额的现金应由出纳员在下班前送存银行。公司现金不得以个人名义存入银行。								

续表

控制序号	子流程	控制目标	受影响的相关交易、账户余额和披露及其认定	被审计单位的控制活动	是否应对特别风险（是/否）	控制的性质	控制频率	与控制相关的风险（高/低）	控制对实现控制目标是否有效（是/否）	是否存在设计缺陷（是/否）	控制活动是否得到执行（是/否）	是否测试控制运行的有效性
2	银行存款管理	银行存款账实相符		每月末，会计主管指定出纳员以外的人员核对银行存款日记账和银行对账单，编制银行余额调节表，使银行存款账面余额与银行对账单调节相符。如调节不符，查明原因，会计主管复核银行余额调节表，对需要进行账务调整的调节项目及时进行处理。								
		开销户管理、银行存款安全		1. 公司财务部根据经营管理实际需要开设/注销银行账户时，出纳员填写新增/注销银行账户书面申请报告，根据公司审批权限规定经有权限的审批人在书面申请报告上签字同意后办理开户/注销手续。对于临时性、长期不用的账户应及时清理、撤销。撤销账户由财务部相关负责人批准。 2. 不准出租、出借公司账户；不准以任何名义为他人套取现金。银行账号等信息应保密，非因业务需要不准外泄。								
3	收付款管理	收付款经过适当审批、所有银行交易事项均被识别且在适当的会计期间予以准确记录		1. 编制的付款通知书经部门经理、财务经理、总经理等相关负责人审核签字后，出纳员根据经审批的付款申请单付款。 2. 出纳员将付款单据交财务会计编制付款凭证，会计主管在对付款凭证及相关单据复核后，在付款凭证后附的单证上加盖印戳。 3. 出纳员收到款项后，公司财务部会计依据经审批后的银行收款原始单据，在财务系统中编制收款凭证，经会计主管审核后，交出纳员执行。								
4	票据印章管理	财产安全		1. 每月末，会计主管指定出纳员以外人员对空白票据、未办理收款和承兑的票据进行盘点，编制银行票据盘点表，并与银行票据登记簿进行核对。会计主管复核银行票据盘点表，如果存在差异，需查明原因。 2. 财务专用章由财务经理保管，个人名章由出纳员保管。								

续表

控制序号	子流程	控制目标	受影响的相关交易、账户余额和披露及其认定	被审计单位的控制活动	是否应对特别风险（是/否）	控制的性质	控制频率	与控制相关的风险（高/低）	控制对实现控制目标是否有效（是/否）	是否存在设计缺陷（是/否）	控制活动是否得到执行（是/否）	是否测试控制运行的有效性
5	资金预算管理	资金预算合理、科学，执行与监督有效		1. 公司财务部制定了资金管理制度，按公司统一的发文程序审批后由总经理办公室下发，并根据国家法律法规要求以及公司业务变化及时更新。 2. 每年 10 月，根据公司的战略规划，经董事会讨论通过，总经理批准，颁布公司的年度经营目标，并布置编制年度财务预算的工作。 3. 每年 11 月，各部门经理参会，布置各部门编制本部门财务预算。各部门编制的各项财务预算需在 11 月 30 日之前报财务部，经汇总后提交总经理、董事会审批。于 12 月上旬上报公司董事会讨论审核。 4. 资金使用部门、财务部等提出重大资本投资计划，经总经理、董事会审批后，编制重大资本支出预算，报财务部汇总。								
6	费用管理	费用的合理运用		1. 各部门应根据颁布下达的年度财务预算有关数据遵照执行。财务部把预算汇总录入系统，制作预算情况使用表并由相关负责人签字审核。 2. 费用报销时由经办人员填写费用报销单，列明具体的费用经手人、所在部门、费用名称、费用摘要、金额等内容，经所在部门负责人、财务部负责人、分管领导审批。公司各部门对超过报销标准及超过预算限额的费用，报公司总经理审批。								

编制说明

1. 控制频率包括：每年一次、每季度一次、每月一次、每周一次、每天一次、每天多次等。
2. 受本循环影响的重要交易、账户余额和披露包括但不限于现金、银行存款、其他货币资金等。
3. 特别风险通常与重大的非常规交易和判断事项有关。在判断哪些风险是特别风险时，注册会计师应当至少考虑：

（1）风险是否属于舞弊风险；

（2）风险是否与近期经济环境、会计处理方法或其他方面的重大变化相关，因而需要特别关注；

（3）交易的复杂程度；

（4）风险是否涉及重大的关联方交易；

（5）财务信息计量的主观程度，特别是计量结果是否具有高度不确定性。

4. 如果注册会计师认为存在特别风险，应当了解和评价被审计单位与该风险相关的内部控制。
5. 货币资金循环涉及的主要人员包括但不限于财务经理、出纳员等。
6. 货币资金循环中现金收付与审批、银行存款收付与审批等不相容职务应分离。

货币资金循环穿行测试程序记录

被审计单位：×× 房地产开发有限责任公司　　编制人：××　　编制日期：202× 年 × 月 × 日　　索引号：ZJL-2

项目：货币资金循环穿行测试　　复核人：××　　复核日期：202× 年 × 月 × 日　　财务报表截止日 / 期间：202× 年度

控制序号	子流程	控制目标	被审计单位的控制活动	检查的证据	实施的审计程序	测试结果	控制活动是否得到执行（是 / 否）	关键文档编号
1	现金盘点	现金安全	1. 每月末，会计主管指定出纳员以外的人员对现金进行盘点，编制库存现金盘点表，将盘点金额与现金日记账余额进行核对。会计主管复核库存现金盘点表，如果盘点金额与现金日记账余额存在差异，需查明原因并报经财务经理批准后进行账务处理。 2. 公司财务部出纳员负责现金的实物保管。出纳员将现金存放在保险柜中，保险柜需同时通过密码和钥匙才能打开。保险柜钥匙、密码丢失或发生故障，应立即报请领导处理，不得随意找人修理或修配钥匙。超过库存限额的现金应由出纳员在下班前送存银行。公司现金不得以个人名义存入银行。	库存现金盘点表	1. 检查公司库存现金盘点表是否由出纳员以外人员编制并经会计主管复核签字； 2. 检查当现金盘点金额与现金日记账余额有差异时是否查明原因并报经财务经理批准后进行账务处理； 3. 观察保险柜是否需同时通过密码和钥匙才能打开； 4. 观察超过库存限额的现金是否由出纳员在下班前送存银行。			
2	银行存款管理	银行存款账实相符	每月末，会计主管指定出纳员以外的人员核对银行存款日记账和银行对账单，编制银行余额调节表，使银行存款账面余额与银行对账单调节相符。如调节不符，查明原因，会计主管复核银行余额调节表，对需要进行账务调整的调节项目及时进行处理。	银行对账单、银行余额调节表、银行存款日记账	检查银行余额调节表是否由出纳员以外人员编制并由会计主管复核。			

续表

控制序号	子流程	控制目标	被审计单位的控制活动	检查的证据	实施的审计程序	测试结果	控制活动是否得到执行（是/否）	关键文档编号
2	银行存款管理	开销户管理、银行存款安全	1. 公司财务部根据经营管理实际需要开设/注销银行账户时，出纳员填写新增/注销银行账户书面申请报告，根据公司审批权限规定经有权限的审批人在书面申请报告上签字同意后办理开户/注销手续。对于临时性、长期不用的账户应及时清理、撤销。撤销账户由财务部相关负责人批准。 2. 不准出租、出借公司账户；不准以任何名义为他人套取现金。银行账号等信息应保密，非因业务需要不准外泄。	××银行开户、销户申请报告	1. 检查注销银行账户书面申请报告是否已由相关负责人审批； 2. 检查新增银行账户书面申请报告是否由相关负责人审批。			
3	收付款管理	收付款经过适当审批、所有银行交易事项均被识别且在适当的会计期间予以准确记录	1. 编制的付款通知书经部门经理、财务经理、总经理等相关负责人审核签字后，出纳员根据经审批的付款申请单付款。 2. 出纳员将付款单据交财务会计编制付款凭证，会计主管在对付款凭证及相关单据复核后，在付款凭证后附的单证上加盖印戳。 3. 出纳员收到款项后，公司财务部会计依据经审批后的银行收款原始单据，在财务系统中编制收款凭证，经会计主管审核后，交出纳员执行。	付款通知书、收付款凭证	1. 检查收付款凭证是否由会计主管复核； 2. 检查付款通知书是否由相关负责人签字审批。			
4	票据印章管理	财产安全	1. 每月末，会计主管指定出纳员以外人员对空白票据、未办理收款和承兑的票据进行盘点，编制银行票据盘点表，并与银行票据登记簿进行核对。会计主管复核银行票据盘点表，如果存在差异，需查明原因。 2. 财务专用章由财务经理保管，个人名章由出纳员保管。	银行票据盘点表	1. 检查银行票据盘点表是否经会计主管复核； 2. 观察财务专用章是否由财务经理保管，个人名章是否由出纳员保管。			

续表

控制序号	子流程	控制目标	被审计单位的控制活动	检查的证据	实施的审计程序	测试结果	控制活动是否得到执行（是/否）	关键文档编号
5	资金预算管理	资金预算合理、科学，执行与监督有效	1. 公司财务部制定了资金管理制度，按公司统一的发文程序审批后由总经理办公室下发，并根据国家法律法规要求以及公司业务变化及时更新。 2. 每年10月，根据公司的战略规划，经董事会讨论通过，总经理批准，颁布公司的年度经营目标，并布置编制年度财务预算的工作。 3. 每年11月，各部门经理参会，布置各部门编制本部门财务预算。各部门编制的各项财务预算需在11月30日之前报财务部，经汇总后提交总经理、董事会审批。 4. 资金使用部门、财务部等提出重大资本投资计划，经总经理、董事会审批后，编制重大资本支出预算，报财务部汇总。	资金管理制度、重大资本支出预算、年度经营目标、财务预算	检查资金管理制度、年度经营目标、财务预算、重大资本支出预算是否由相关部门负责人、总经理和董事会签字审批。			
6	费用管理	费用的合理运用	1. 各部门应根据颁布下达的年度财务预算有关数据遵照执行。财务部把预算汇总录入系统，制作预算情况使用表并由相关负责人签字审核。 2. 费用报销时由经办人员填写费用报销单，列明具体的费用经手人、所在部门、费用名称、费用摘要、金额等内容，经所在部门负责人、财务部负责人、分管领导审批。公司各部门对超过报销标准及超过预算限额的费用，报公司总经理审批。	费用报销单、预算情况使用表	1. 检查未超过预算限额的费用报销单是否经所在部门负责人、财务部负责人、分管领导审批； 2. 检查超过预算限额的费用报销单是否经总经理审批； 3. 检查财务部是否制作预算情况使用表并由相关负责人签字审核。			

编制说明

1. 注册会计师执行穿行测试时，每个业务循环一般选择一笔当年发生的有代表性的业务，追踪其内部控制是否得到执行的全过程。

2. “关键文档编号”一栏用于填写在执行穿行测试时取得的用于存档的审计证据的编号。

三、初步分析性程序

初步分析性程序

被审计单位：× × 房地产开发有限责任公司　编制人：× ×　编制日期：202× 年 × 月 × 日　索引号：C3

项目：初步分析性程序　复核人：× ×　复核日期：202× 年 × 月 × 日　财务报表截止日 / 期间：202× 年度

报表项目	期末数 / 本期数	年初数 / 上期数	变动额	变动率	变动原因	是否为重点报表项目
货币资金						
存货						
固定资产						
短期借款						
应付职工薪酬						
应交税费						
实收资本						
营业收入						
营业成本						
销售费用						
管理费用						
财务费用						
……						

编制说明

1. 变动原因分析：根据计算出的变动额和变动率，结合询问了解的被审计单位的情况填写各报表科目变动的原因。

2. 是否为重点报表项目需根据注册会计师职业判断，判断标准包括但不限于：

（1）结合重要性水平、重大错报风险等标准，资产负债表、利润表各项目的变动额在 × × 元，变动率在 × ×% 以上的报表项目；

（2）变动原因分析时认为有异常的项目。

四、项目组讨论纪要 – 风险评估

项目组讨论纪要 – 风险评估

被审计单位：×× 房地产开发有限责任公司　　索引号：C4

项目：项目组讨论纪要　　财务报表截止日 / 期间：202× 年度

编制人：××　　编制日期：202× 年 × 月 × 日

复核人：××　　复核日期：202× 年 × 月 × 日

会议日期：202× 年 × 月 × 日　　会议地点：×××

参加人员：全体项目组成员

讨论内容及得出的重要结论记录：

一、项目组就财务报表存在重大错报的可能性进行的讨论以及得出的重要结论

1. 被审计单位的总体情况和报告要求

（1）被审计单位总体情况：×× 房地产开发有限责任公司是一家以房地产开发及经营、土地开发及经营为主营业务的公司。目前开发的项目是 ×× 项目，销售收入系一、二期销售所得，年末三期项目已完工，还有四期未建。工程承包商系 ×× 建工集团 ×× 工程项目部。公司 ×× 项目生活和交通都较为便利，周边公园环绕，环境优美。本公司属于全国小型房地产企业，非上市公司。

（2）报告要求：在被审计单位根据企业会计准则编制财务报表的基础上，按照中国注册会计师审计准则的要求，实施必要的审计程序，对公司 202× 年 12 月 31 日的财务状况以及 202× 年度的经营成果和现金流量出具审计报告。

2. 对于连续审计业务，总结上年审计工作情况以识别重要问题

基于上年度审计的经验和本年对被审计单位的初步了解，我们将收入、成本、存货列为本年重点审计问题。

3. 被审计单位及其环境的重大变化

本年度被审计单位及其环境无重大变化。

4. 被审计单位面临的经营风险、财务报表容易发生错报的领域以及发生错报的方式，特别是由于舞弊或错误导致重大错报的可能性

本期利润增长较大，与利润相关的收入确认是否合适，成本结转是否准确，将成为本次重点审计领域。

二、项目组就由于舞弊导致财务报表发生重大错报的可能性进行的讨论

1. 公司的主营业务收入主要为售房收入，关注收入变化的因素及对公司利润增长的影响；

2. 应重点关注开发成本的变化情况及结算情况；

3. 关注公司与关联公司之间的资金占用情况。

五、风险评估结果汇总表

风险评估结果汇总表

被审计单位：×× 房地产开发有限责任公司	编制人：××	编制日期：202× 年 × 月 × 日	索引号：C5-1
项目：风险评估结果汇总表	复核人：××	复核日期：202× 年 × 月 × 日	财务报表截止日 / 期间：202× 年度

一、识别的重大错报风险汇总表

序号	识别的重大错报风险描述	索引号	报表层次 / 认定层次	是否属于特别风险	涉及到的相关账户或列报	相关认定	影响的业务流程

二、特别风险结果汇总及应对措施表

特别风险内容	是否由舞弊导致	索引号	管理层应对措施	财务报表项目及认定	审计措施	向被审计单位报告的事项

编制说明

1. 特别风险，是指注册会计师识别和评估的、根据判断认为需要特别考虑的重大错报风险。

2. 判断哪些风险属于特别风险时，注册会计师应考虑以下因素：

（1）风险是否属于舞弊风险；

（2）风险是否与近期经济环境、会计处理方法或其他方面的重大变化相关，因而需要特别关注；

（3）交易的复杂程度；

（4）风险是否涉及重大的关联方交易；

（5）财务信息计量的主观程度，特别是计量结果是否具有高度不确定性；

（6）风险是否涉及异常或超出正常经营过程的重大交易。

三、财务报表层次重大错报风险总体应对方案表

财务报表层次重大错报风险	索引号	总体应对措施

编制说明

1. 财务报表层次重大错报风险，是指与财务报表整体广泛相关，并潜在地影响多项认定的风险。

2. 审计人员应当针对评估的财务报表层次重大错报风险确定下列总体应对措施：（1）向项目组强调保持职业怀疑的必要性；（2）指派更有经验或具有特殊技能的审计人员，或利用专家的工作；（3）提供更多的督导；（4）在选择拟实施的进一步审计程序时融入更多的不可预见的因素；（5）对拟实施审计程序的性质、时间安排或范围作出总体修改。

四、对认定层次重大错报风险采取的进一步审计程序的总体审计方案

重要的交易、账户余额和披露	识别的重大错报风险							相关控制预期是否有效	了解控制索引号	总体审计方案				
	相关认定									总体方案	控制测试	控制测试索引号	实质性程序	实质性程序索引号
	存在/发生	完整性	准确性、计价和分摊/准确性	截止	权利和义务	分类	列报							

六、总体审计策略

总体审计策略

被审计单位：×× 房地产开发有限责任公司	编制人：××	编制日期：202× 年 × 月 × 日	索引号：C6-1
项目：总体审计策略	复核人：××	复核日期：202× 年 × 月 × 日	财务报表截止日 / 期间：202× 年度

一、审计范围

报告要求	内容
适用的财务报告编制基础	
适用的审计准则	
与财务报告相关的行业特别规定	
……	

二、影响审计业务的重要因素

（一）重要性

重要性	索引号
1. 财务报表整体重要性	
2. 特定类别的交易、账户余额或披露的一个或多个重要性水平（如适用）	
3. 实际执行的重要性	
4. 明显微小错报的临界值	

（二）可能存在较高重大错报风险的领域

可能存在较高重大错报风险的领域	索引号

（三）识别重要的交易、账户余额和披露及相关认定

重要的交易、账户余额和披露及相关认定	索引号

三、人员安排

姓名	职级	主要职责

四、审计时间安排

（一）报告时间要求

审计工作	时间
1. 提交审计报告草稿	
2. 签署正式审计报告	
3. 公布已审计报表和审计报告	
……	

（二）执行审计工作的时间安排

审计工作	时间
1. 制定总体审计策略	
2. 制定具体审计计划	
3. 执行存货监盘	
……	

（三）沟通的时间安排

沟通	时间
1. 与管理层的沟通	
2. 与治理层的沟通	
3. 项目组会议（包括预备会和总结会）	
……	

五、对专家或其他第三方工作的利用

（一）对内部审计工作的利用

利用领域	拟利用的内部审计工作	索引号

（二）对其他注册会计师工作的利用

其他注册会计师名称	利用其工作范围及程度	索引号

（三）对专家工作的利用

利用领域	专家名称	主要职责及工作范围	利用专家工作的原因	索引号

（四）对被审计单位使用服务机构的考虑

六、其他事项

重要性

被审计单位：× × 房地产开发有限责任公司	编制人：× ×	编制日期：202× 年 × 月 × 日	索引号：C6–2
项目：重要性	复核人：× ×	复核日期：202× 年 × 月 × 日	财务报表截止日 / 期间：202× 年度

一、财务报表整体的重要性

基准	选择基准时考虑的因素	经验百分比	财务报表整体的重要性

二、实际执行的重要性

财务报表整体的重要性	实际执行的重要性	说明

三、特定类别的交易、账户余额或披露的重要性水平

交易、账户余额或披露	较低的重要性水平	较低的实际执行的重要性水平

四、明显微小错报的临界值

财务报表整体的重要性	明显微小错报的临界值	说明

五、修改重要性

	修改前	修改后	说明
财务报表整体的重要性			
实际执行的重要性			
特定类别的交易、账户余额或披露的重要性水平			
明显微小错报的临界值			

六、修改重要性对之前确定的进一步审计程序的性质、时间安排和范围的影响

编制说明

1. 财务报表整体的重要性确认基本方法

基准 × 经验百分比 = 财务报表整体的重要性

（1）选择基准

被审计单位的情况	可能选择的基准
1. 企业的盈利水平保持稳定	经常性业务的税前利润
2. 企业近年来经营状况大幅度波动，盈利和亏损交替发生，或者由正常盈利变为微利或微亏，或者本年度税前利润因情况变化而出现意外增加或减少	过去 3–5 年经常性业务的平均税前利润或亏损（取绝对值），或其他基准，例如营业收入

续表

被审计单位的情况	可能选择的基准
3. 企业为新设企业，处于开办期，尚未开始经营，目前正在建造厂房及购买机器设备	总资产
4. 企业处于新兴行业，目前侧重于抢占市场份额、扩大企业知名度和影响力	营业收入
5. 开放式基金，致力于优化投资组合、提高基金净值、为基金持有人创造投资价值	净资产
6. 国际企业集团设立的研发中心，主要为集团下属各企业提供研发服务，并以成本加成的方式向相关企业收取费用	成本与营业费用总额
7. 公益性质的基金会	捐赠收入或捐赠支出总额

（2）注册会计师在选择基准时，需要考虑的因素包括：

①财务报表要素（如资产、负债、所有者权益、收入和费用等）；

②是否存在特定会计主体的财务报表使用者特别关注的项目（如为了评价财务业绩，使用者可能更关注利润、收入或净资产）；

③被审计单位的性质、所处的生命周期阶段以及所处行业和经济环境；

④被审计单位的所有权结构和融资方式（例如，如果被审计单位仅通过债务方式而非权益方式进行融资，财务报表使用者可能更关注资产及资产的索偿权，而非被审计单位的收益）；

⑤基准的相对波动性。

（3）确定经验百分比需要运用职业判断，百分比和选定的基准之间存在一定的联系。在确定百分比时，除了考虑被审计单位是否为上市公司或公众利益实体外，其他因素也会影响注册会计师对百分比的选择，这些因素包括但不限于：

①财务报表使用者的范围；

②被审计单位是否由集团内部关联方提供融资或是否有大额对外融资（如债券或银行贷款）；

③财务报表使用者是否对基准数据特别敏感（如具有特殊目的财务报表的使用者）。

2. 确定实际执行的重要性的经验值

经验值	情形
接近财务报表整体重要性 50% 的情况	1. 首次接受委托的审计项目； 2. 连续审计项目，以前年度审计调整较多； 3. 项目总体风险较高，例如处于高风险行业、管理层能力欠缺、面临较大市场竞争压力或业绩压力等； 4. 存在或预期存在值得关注的内部控制缺陷。
接近财务报表整体重要性 75% 的情况	1. 连续审计项目，以前年度审计调整较少； 2. 项目总体风险为低到中等，例如处于非高风险行业、管理层有足够能力、面临较低的市场竞争压力和业绩压力等； 3. 以前期间的审计经验表明内部控制运行有效。

3. 确定明显微小错报

明显微小错报的临界值可能是财务报表整体重要性的 3% ~ 5%，也可能低一些或高一些，但通常不超过财务报表整体重要性的 10%，除非注册会计师认为有必要单独为重分类错报确定一个更高的临界值。

4. 特定类别的交易、账户余额披露的重要性水平

根据被审计单位的特定情况，下列因素可能表明存在一个或多个特定类别的交易、账户余额或披露，其发生的错报金额虽然低于财务报表整体的重要性，但合理预期将影响财务报表使用者依据财务报表作出的经济决策：

（1）法律法规或适用的财务报告编制基础是否影响财务报表使用者对特定项目（如关联方交易、管理层和治理层的薪酬）计量或披露的预期。

（2）与被审计单位所处行业相关的关键性披露（如制药企业的研究与开发成本）。

（3）财务报表使用者是否特别关注财务报表中单独披露的业务的特定方面（如新收购的业务）。

七、具体审计计划

具体审计计划

被审计单位：××房地产开发有限责任公司	编制人：××	编制日期：202×年×月×日	索引号：C7
项目：具体审计计划	复核人：××	复核日期：202×年×月×日	财务报表截止日/期间：202×年度

报表项目	是否存在认定层次的重大错报风险	计划实施的重要审计程序	进一步审计程序的执行时间	执行人	索引号
货币资金					
其他应收款					
存货					
短期借款					
营业收入					
营业成本					
税金及附加					
销售费用					
管理费用					
财务费用					
……					

编制说明

1. 以短期借款科目为例：

（1）在“计划实施的重要审计程序”一栏中可以填写：①检查本期短期借款增减变动情况，对新增短期借款需检查凭证及附件，包括但不限于检查借款合同并复印，若存在抵押合同应一并检查复印；对减少的短期借款需检查凭证及附件，包括但不限于短期借款归还等银行凭证；②对借款抵押情况进行更新，并与存货、固定资产、无形资产抵押情况核对，更新记录；③与银行存款一并实施函证程序，并保持函证过程的独立性等。

（2）根据职业判断逐项评估是否存在认定层次的重大错报风险，如果认为该科目存在认定层次的重大错报风险，则填写“是”，反之填写“否”。

2. 当总体审计策略和具体审计计划需要修改时，在审计工作底稿中记录修改事项、修改原因、修改时间、修改人、审批人等信息。

第四部分
进一步审计程序工作底稿

一、控制测试工作底稿

（一）被审计单位整体层面控制测试

序号	底稿名称	是否适用	编制人	编制日期	复核人	复核日期	索引号
1	控制环境	是	××	202×年×月×日	××	202×年×月×日	QY-1
2	被审计单位风险评估过程	是	××	202×年×月×日	××	202×年×月×日	QY-2
3	与财务报告相关的信息系统与沟通	是	××	202×年×月×日	××	202×年×月×日	QY-3
4	被审计单位对控制的监督	是	××	202×年×月×日	××	202×年×月×日	QY-4

1. 控制环境

控制环境控制测试汇总表

被审计单位：× × 房地产开发有限责任公司　　编制人：× ×　　编制日期：202 × 年 × 月 × 日　　索引号：QY-1-3

项目：控制环境控制测试　　复核人：× ×　　复核日期：202 × 年 × 月 × 日　　财务报表截止日 / 期间：202 × 年度

控制序号	控制目标	被审计单位的控制活动	与控制相关的风险	内部控制的性质	实施的审计程序	样本量	样本量相关说明（如适用）	工作底稿索引号	运行的有效性	控制缺陷（控制无效填写）
QY-1-1	行为守则得以有效传达和执行	公司制定了员工需遵行的行为守则并公布在公司网页上。员工入职培训中包括职业操守相关内容，员工需参加培训后签署行为守则并提交人力资源部保存。			1. 询问 × × 经理企业员工遵守行为守则的情况； 2. 查看公布在公司网页的行为守则； 3. 检查员工培训后是否签署行为守则。					
QY-1-2	公司岗位任职条件清晰	1. 企业制定了职位说明书，经总经理批准后发放给员工。职位说明书规定了各岗位履行职责所需的知识与技能等任职条件，并描述了各岗位的工作权限与义务。 2. 各部门负责人每年度对本部门相关的职位说明进行复核并进行必要的更新，更新后的职位说明书经总经理审批后公布实施。 3. 企业对执行特定任务的岗位制定专门的职责说明。			检查公司的岗位说明书是否经相关负责人复核审批。					
QY-1-3	适当的职责分离	公司建立了适当的职责分离制度，将业务授权、业务记录、资产保管和维护以及业务执行等关键责任进行适当的人员分配和职责分离。			1. 查看企业工作组织结构和相关岗位制度； 2. 观察相关职责的人员分配和职责分离的执行情况。					

续表

控制序号	控制目标	被审计单位的控制活动	与控制相关的风险	内部控制的性质	实施的审计程序	样本量	样本量相关说明（如适用）	工作底稿索引号	运行的有效性	控制缺陷（控制无效填写）
QY-1-4	提供持续培训以保证员工的胜任能力	对员工进行持续性的专业培训，更新员工的知识，以提供足够的培训并确保员工的实际完成率。			1. 询问人力资源部 ×× 经理企业员工培训的情况； 2. 查看公司下发的员工培训管理办法； 3. 观察员工培训的实际完成率。					
QY-1-5	及时透明地编制财务报告信息的要求	公司制订了定期编制财务报表及年度财务报告的计划，经相关部门负责人审批后发送至相关部门。			检查财务报表及年度财务报告的编制计划是否经相关部门负责人审批。					
QY-1-6	对信息技术给予适当关注	每年召开信息技术工作会议，研究制订发展规划，安排足够的资金和人员。			检查信息技术会议记录，确认企业是否每年召开信息技术工作会议等情况。					
QY-1-7	管理层与注册会计师持续沟通	管理层和注册会计师经常就重要的会计和审计问题进行沟通，并就相关问题达成一致意见。			检查相关部门管理层与注册会计师的沟通记录，确认公司是否会就会计和审计问题与外部审计人员定期沟通。					
QY-1-8	保持组织结构的恰当性	公司每年定期召开会议，讨论组织机构设置的效率和效果，并根据业务的发展变化考虑是否需要更新。			检查公司组织机构设置和更新是否经相关会议讨论。					

续表

控制序号	控制目标	被审计单位的控制活动	与控制相关的风险	内部控制的性质	实施的审计程序	样本量	样本量相关说明（如适用）	工作底稿索引号	运行的有效性	控制缺陷（控制无效填写）
QY-1-9	对候选员工的背景调查和聘用审批	1. 当需要招聘人员时，由拟聘用该员工的部门拟订招聘计划，经部门负责人、人力资源负责人审批后，由人力资源部负责招聘。 2. 应聘人员的资料由人力资源部经理进行背景调查后，由人力资源部负责人和相关部门负责人面试。聘用由人力资源负责人和相关部门负责人共同批准（重要岗位人员需由总经理批准）。 3. 被聘用人员需签订标准的劳动合同，劳动合同符合相关法律法规的规定，并包含工资、雇佣期限、试用期、保密要求等关键劳动合同条款。			1. 检查招聘计划是否经相关部门负责人审批； 2. 检查拟聘用的人员是否经相关部门负责人共同批准； 3. 检查员工劳动合同是否符合相关法律法规的规定。					
QY-1-10	保持足够的人力资源和合理的工作时间	根据需要及时招聘人员，以确保拥有足够数量的具备必要技能的员工。制定了员工加班的审批制度，部门负责人定期复核加班记录。			1. 检查加班记录是否经部门负责人复核； 2. 观察公司是否按需及时招聘具备必要技能的员工。					
QY-1-11	员工业绩评价标准的审批	企业制定了对员工进行评价时适用的业绩评价标准并经董事会审核批准。该标准对短期和长期目标进行了适当的平衡。公司已将评价标准告知所有的员工，以确保其了解晋升所需要的条件和设定期望值。			检查员工业绩评价标准是否经董事会批准。					
QY-1-12	对员工进行的定期考核和评价	每年度按照业绩评价标准对员工进行业绩评价，督导人员就员工的业绩评价与员工进行会谈并提出改进建议，评价结果经员工确认，薪酬和晋升与年度评价挂钩。			检查员工业绩评价结果是否经员工确认。					

续表

控制序号	控制目标	被审计单位的控制活动	与控制相关的风险	内部控制的性质	实施的审计程序	样本量	样本量相关说明（如适用）	工作底稿索引号	运行的有效性	控制缺陷（控制无效填写）
QY-1-13	人力资源政策定期发布和更新	公司制定了包括招聘、培训、晋升、薪酬等在内的人力资源政策。董事会每年检查人力资源政策与程序，根据实际情况和需要进行调整，对更新的文件及时传达。			检查公司人力资源政策是否每年经董事会审核与更新。					

编制说明

1. 根据事务所选取的抽样方法及内部控制的频率选择各控制点测试的样本量。根据最终控制运行有效性的测试结果，如果运行有效则在“运行的有效性”一栏填写有效，否则填写无效，并在“控制缺陷”一栏填写具体的控制缺陷。

2. 在整合审计中，从实质性程序中获得的审计证据也可能为控制的有效运行提供间接证据。

控制环境控制测试

被审计单位：××房地产开发有限责任公司	编制人：××	编制日期：202×年×月×日	索引号：QY-1-4
项目：控制环境控制测试程序	复核人：××	复核日期：202×年×月×日	财务报表截止日/期间：202×年度

一、控制活动

控制活动编号	控制活动说明
QY-1-13	公司制定了包括招聘、培训、晋升、薪酬等在内的人力资源政策。董事会每年检查人力资源政策与程序，根据实际情况和需要进行调整，对更新的文件及时传达。

二、测试程序

抽取人力资源政策文件，检查公司人力资源政策是否每年经董事会审核。

三、控制的类型和频率

控制类型	人工控制
控制频率	1次/年
样本量	1

四、控制测试记录

样本	样本信息	测试结果（是/否）	是否异常
		检查公司人力资源政策是否每年经董事会审核	
1	202×年度人力资源政策文件	是	否

五、测试说明

无

六、测试结论

经过以上测试，我们认为被审计单位相关控制运行是有效的。

编制说明

1.“控制类型”一栏可填写“人工控制”、“自动控制”、“包含自动化成分的人工控制”。

2.如果控制测试无缺陷，则在“测试结论”中填写相关控制运行有效。否则需填写相关控制运行无效，并指出具体无效的控制点。

3.审计员需根据控制点是否为关键控制等因素决定是否针对控制环境控制测试汇总表底稿中的每项控制点进行控制测试，并就控制测试过程和结果分别记录在相应的控制测试工作底稿中。控制环境控制测试工作底稿仅以QY-1-13的控制活动为例进行填写。

4.由于董事会每年审核人力资源政策，所以控制运行频率为1次/年，对应的全年控制发生的次数为1次，根据“控制测试样本量表”样本量选取 1。分别在“控制的类型和频率”和“控制测试记录”表中的“样本量”和“样本”一栏填写“1”。在执行其余控制点的控制测试时审计员可根据控制点控制运行的频率和全年控制发生的次数，在“控制测试样本量表”中选择对应测试的最小样本规模区间，在区间范围内选择合适的数量进行测试，并在“控制的类型和频率”和“控制测试记录”表中“样本量”和“样本”一栏根据不同控制点的样本数量分别填写。

控制测试样本量表

序号	控制运行的频率	全年控制发生的次数	测试的最小样本规模区间
1	1 次 / 年	1	1
2	1 次 / 季度	4	2
3	1 次 / 月	12	2~5
4	1 次 / 周	52	5~15
5	1 次 / 日	250	20~40
6	每日数次	>250	25~60

5. 如果一个控制点的测试程序有多个测试点，可以在测试程序表格中自行添加行，列出多项拟实施的审计程序。
6. 在控制测试记录表中的“样本信息”一栏根据 QY-1-13 所取得的样本信息填写“202× 年度人力资源政策文件”。如果是其他控制点执行控制测试时，则需根据不同样本资料名称分别填写。
7. 如果 202× 年人力资源政策文件经检查是经过董事会审核，则在控制测试记录表中的“测试结果”一栏相应位置填写“是”，“是否异常”一栏相应位置填写“否”；如果没有审核则在“测试结果”一栏相应位置填写“否”，“是否异常”一栏相应位置填写“是”。进而根据注册会计师职业判断考虑是否扩大测试范围以及测试结论的填写等。

2. 被审计单位风险评估过程

被审计单位风险评估过程控制测试汇总表

被审计单位：×× 房地产开发有限责任公司　　编制人：××　　编制日期：202× 年 × 月 × 日　　索引号：QY-2-3

项目：被审计单位风险评估过程控制测试　　复核人：××　　复核日期：202× 年 × 月 × 日　　财务报表截止日 / 期间：202× 年度

控制序号	控制目标	被审计单位的控制活动	与控制相关的风险	内部控制的性质	实施的审计程序	样本量	样本量相关说明（如适用）	工作底稿索引号	运行的有效性	控制缺陷（控制无效填写）
QY-2-1	建立公司整体发展战略和风险管理策略并传达到相关层次	相关部门每年度评估公司整体发展战略和风险管理策略的有效性和合理性，并结合实际情况进行修订和完善。整体发展战略和风险管理策略经董事会批准后，传达到全体员工。			检查公司整体发展战略和风险管理策略是否经董事会批准。					
QY-2-2	持续的风险评估和监控	1. 风险管理部考虑经营环境的变化、新员工、新的或升级的信息系统、新的会计政策等因素，以识别与财务报告相关的风险。 2. 风险管理部考虑舞弊的动机和压力，根据对风险重要性和发生可能性的考虑进行风险评估，并基于风险管理策略提出解决方案，提交总经理批复后组织实施。			检查财务报告相关风险的解决方案是否经总经理批复。					
QY-2-3	突发事件应急处理，确保突发事件得到妥善处理	公司建立重大预警机制及应急处理机制，确保重大风险事项一旦出现，启动应急处理机制。			检查应急处理制度文件，确认公司是否建立应急处理制度。					

编制说明

根据事务所选取的抽样方法及内部控制的频率选择各控制点测试的样本量。根据最终控制运行有效性的测试结果，如果运行有效则在“运行的有效性”一栏填写有效，否则填写无效，并在“控制缺陷”一栏填写具体的控制缺陷。

被审计单位风险评估过程控制测试

被审计单位：×× 房地产开发有限责任公司	编制人：××	编制日期：202× 年 × 月 × 日	索引号：QY-2-4
项目：被审计单位风险评估过程控制测试程序	复核人：××	复核日期：202× 年 × 月 × 日	财务报表截止日 / 期间：202× 年度

一、控制活动

控制活动编号	控制活动说明
QY-2-1	相关部门每年度评估公司整体发展战略和风险管理策略的有效性和合理性，并结合实际情况进行修订和完善。整体发展战略和风险管理策略经董事会批准后，传达到全体员工。

二、测试程序

抽取公司整体发展战略和风险管理策略文件，检查公司整体发展战略和风险管理策略是否经董事会批准。

三、控制的类型和频率

控制类型	人工控制
控制频率	1 次 / 年
样本量	1

四、控制测试记录

样本	样本信息	测试结果（是 / 否）	是否异常
		检查公司整体发展战略和风险管理策略是否经董事会批准	
1	202× 年度公司整体发展战略和风险管理策略文件、202× 年 × 月董事会会议记录	是	否

五、测试说明

无

六、测试结论

经过以上测试，我们认为被审计单位相关控制运行是有效的。

编制说明

1. “控制类型”一栏可填写“人工控制”、“自动控制”、“包含自动化成分的人工控制”。
2. 如果控制测试无缺陷，则在“测试结论”中填写相关控制运行有效。否则需填写相关控制运行无效，并指出具体无效的控制点。
3. 审计员需根据控制点是否为关键控制等因素决定是否针对被审计单位风险评估过程控制测试汇总表底稿中的每项控制点进行控制测试，并就控制测试过程和结果分别记录在相应的控制测试工作底稿中。被审计单位风险评估过程控制测试工作底稿仅以 QY-2-1 的控制活动为例进行填写。

4. 由于董事会每年审核公司整体发展战略和风险管理策略，所以控制运行频率为 1 次 / 年，对应的全年控制发生的次数为 1 次，根据“控制测试样本量表”样本量选取 1。分别在“控制的类型和频率”和“控制测试记录”表中的“样本量”和“样本”一栏填写“1”。在执行其余控制点的控制测试时审计员可根据控制点控制运行的频率和全年控制发生的次数，在“控制测试样本量表”中选择对应测试的最小样本规模区间，在区间范围内选择合适的数量进行测试，并在“控制的类型和频率”和“控制测试记录”表中“样本量”和“样本”一栏根据不同控制点的样本数量分别填写。

控制测试样本量表

序号	控制运行的频率	全年控制发生的次数	测试的最小样本规模区间
1	1 次 / 年	1	1
2	1 次 / 季度	4	2
3	1 次 / 月	12	2~5
4	1 次 / 周	52	5~15
5	1 次 / 日	250	20~40
6	每日数次	>250	25~60

5. 如果一个控制点的测试程序有多个测试点，可以在测试程序表格中自行添加行，列出多项拟实施的审计程序。

6. 在控制测试记录表中的“样本信息”一栏根据 QY-2-1 所取得的样本信息填写“202× 年度公司整体发展战略和风险管理策略文件、202× 年 × 月董事会会议记录”。如果是其他控制点执行控制测试时，则需根据不同样本资料名称分别填写。

7. 如果 202× 年公司整体发展战略和风险管理策略文件经检查是经过董事会审核，则在控制测试记录表中的“测试结果”一栏相应位置填写“是”，“是否异常”一栏相应位置填写“否”；如果没有审核则在“测试结果”一栏相应位置填写“否”，“是否异常”一栏相应位置填写“是”。进而根据注册会计师职业判断考虑是否扩大测试范围以及测试结论的填写等。

3. 与财务报告相关的信息系统与沟通

与财务报告相关的信息系统与沟通控制测试汇总表

被审计单位：×× 房地产开发有限责任公司　　编制人：××　　编制日期：202× 年 × 月 × 日　　索引号：QY-3-3

项目：与财务报告相关的信息系统与沟通控制测试　　复核人：××　　复核日期：202× 年 × 月 × 日　　财务报表截止日 / 期间：202× 年度

控制序号	控制目标	被审计单位的控制活动	与控制相关的风险	内部控制的性质	实施的审计程序	样本量	样本量相关说明（如适用）	工作底稿索引号	运行的有效性	控制缺陷（控制无效填写）
QY-3-1	财务报告事项的沟通	管理层通过行为守则和定期培训向所有员工沟通公司与财务报告相关的内部控制的重要性。所有的重大财务事项会通过财务报告和内部备忘录向董事会汇报，以使得这些事项得到及时调查和解决。			检查公司所有重大财务事项是否通过财务报告和内部备忘录向董事会汇报。					
QY-3-2	年度信息系统开发预算的沟通及编制	每年在编制年度信息系统开发预算时，由信息技术部召集各业务部门管理层参加会议。基于整体战略结合企业全面预算管理，讨论确定对信息系统的需求，所需开发人员、预算和实施计划等。			检查会议记录，确认在编制年度信息系统开发预算时公司是否召开会议确定信息系统的需求等方面。					
QY-3-3	管理层认真听取和采纳员工提出的改进意见	企业对于员工提出的改进建议及时考虑和采取措施，并在员工年度考核中对积极提出改进意见的员工给予奖励。			观察公司员工改进建议是否及时得到公司考虑和落实，年度考核中是否对提出改进意见的员工给予奖励。					

续表

控制序号	控制目标	被审计单位的控制活动	与控制相关的风险	内部控制的性质	实施的审计程序	样本量	样本量相关说明（如适用）	工作底稿索引号	运行的有效性	控制缺陷（控制无效填写）
QY-3-4	与外部监管机构和其他公司利益相关者保持有效沟通	1. 企业与外部监管机构的往来函件需经总经理审阅，重要事项需向董事会汇报。对于监管机构提出的问题，相关的部门负责采取对应的改进措施，完成后提交并经总经理审核。 2. 每月汇总公司利益相关者对公司内部员工违规行为和影响公司形象的其他行为的举报记录及改善措施，并经由总经理复核。			1. 检查企业与外部监管机构往来函和针对监管机构提出问题的改进措施是否经总经理审阅； 2. 检查举报记录及改善措施是否经总经理复核。					
QY-3-5	会计政策的制定和变更经过适当审批	财务经理定期评估是否需要制定新的会计政策或变更会计政策。如需要，编制会计政策变更报告，经总经理审核后，提交董事会审议并作出书面批复。财务部根据批复及时制定、变更会计政策。			1. 观察财务经理是否定期评估制定新的会计政策或变更会计政策的必要性； 2. 检查会计政策变更报告是否经总经理审核后提交董事会批复； 3. 观察财务部是否根据批复及时制定、变更会计政策。					
QY-3-6	会计估计的变更经过适当批准	财务经理定期评估是否需要变更会计估计。如需要，编制会计估计变更报告，经总经理审核后，提交董事会审议并作出书面批复。财务部根据批复及时制定、变更会计估计。			1. 观察财务经理是否定期评估变更会计估计的必要性； 2. 检查会计估计变更报告是否经总经理审核后提交董事会批复； 3. 观察财务部是否根据批复及时制定、变更会计估计。					
QY-3-7	重大事项会计处理正确	董事会明确日常交易事项和对财务报表有重大影响的交易和事项的标准，明确重大事项的会计处理方法和会计估计及判断的选用。			检查董事会会议纪要，确认公司是否明确重大事项的会计处理方法和会计估计及判断的选用。					

续表

控制序号	控制目标	被审计单位的控制活动	与控制相关的风险	内部控制的性质	实施的审计程序	样本量	样本量相关说明（如适用）	工作底稿索引号	运行的有效性	控制缺陷（控制无效填写）
QY-3-8	会计科目变更经过适当审批	如需要增加或删除会计科目代码，会计主管编制会计科目变更申请表，经财务部经理审批后，由系统管理员在财务信息系统内修改。			检查会计科目变更申请表是否经财务部经理审批。					
QY-3-9	会计凭证经过适当审核	财务部门对会计凭证的编制、审核权限进行划分，审核人员在审核记账凭证正确无误后在凭证上签章。			1. 检查财务部岗位职责说明并观察财务部是否将会计凭证的编制、审核权限进行分离； 2. 检查会计凭证是否经过审核。					
QY-3-10	确保财务数据完整准确	1. 每月结账前，财务部门按照规定的结账标准程序，签署结账检查表，确认各自所负责的工作已完成。检查表所列项目全部签署确认后，会计主管启动财务系统的结账程序，系统自动核对总账和明细账，生成试算平衡表，试算平衡无误后才能关账。 2. 关账后如需调整已入账的分录，由申请人提交账套开启申请表，说明调整事由及调整分录。经财务经理审批后，会计主管在财务系统中进行账务处理，财务经理再次复核。调整完毕后，系统自动生成试算平衡表。			1. 检查结账前是否签署结账检查表； 2. 检查账套开启申请表是否经财务经理审批。					
QY-3-11	确保报表内容完整，数据准确	会计主管制订年度财务报告编制方案，明确年度财务报告的编制方法、年度财务报告会计政策、披露政策及报告时间要求等。年度财务报告编制方案经财务经理审核后，交总经理批准。			检查年度财务报告编制方案是否经财务经理、总经理审批。					

续表

控制序号	控制目标	被审计单位的控制活动	与控制相关的风险	内部控制的性质	实施的审计程序	样本量	样本量相关说明（如适用）	工作底稿索引号	运行的有效性	控制缺陷（控制无效填写）
QY-3-12	确保会计报表附注编写符合规定	财务部门报表编制人员根据规定，编制财务报表附注初稿，会计主管复核无误后，交财务经理审批，最终形成完整的财务报告。			检查财务报表附注初稿是否经会计主管、财务经理审批。					
QY-3-13	确保对外披露的信息准确	董事会审议批准财务报告，并与会计师事务所进行沟通，经董事长签署后对外披露财务报告。			检查财务报告是否经董事会审议批准，董事长签署。					

编制说明

根据事务所选取的抽样方法及内部控制的频率选择各控制点测试的样本量。根据最终控制运行有效性的测试结果，如果运行有效则在“运行的有效性”一栏填写有效，否则填写无效，并在“控制缺陷”一栏填写具体的控制缺陷。

与财务报告相关的信息系统与沟通控制测试

被审计单位：×× 房地产开发有限责任公司	编制人：××	编制日期：202× 年 × 月 × 日	索引号：QY-3-4
项目：与财务报告相关的信息系统与沟通控制测试程序	复核人：××	复核日期：202× 年 × 月 × 日	财务报表截止日 / 期间：202× 年度

一、控制活动

控制活动编号	控制活动说明
QY-3-8	如需要增加或删除会计科目代码，会计主管编制会计科目变更申请表，经财务部经理审批后，由系统管理员在财务信息系统内修改。

二、测试程序

抽取会计科目变更申请表，检查会计科目变更申请表是否经财务部经理审批。

三、控制的类型和频率

控制类型	人工控制
控制频率	1 次 / 年
样本量	1

四、控制测试记录

样本	样本信息	测试结果（是 / 否）	是否异常
		检查会计科目变更申请表是否经财务部经理审批	
1	202× 年度会计科目变更申请表	是	否

五、测试说明

无

六、测试结论

经过以上测试，我们认为被审计单位相关控制运行是有效的。

编制说明

1.“控制类型”一栏可填写“人工控制”、“自动控制”、“包含自动化成分的人工控制”。

2. 如果控制测试无缺陷，则在“测试结论”中填写相关控制运行有效。否则需填写相关控制运行无效，并指出具体无效的控制点。

3. 审计员需根据控制点是否为关键控制等因素决定是否针对与财务报告相关的信息系统与沟通控制测试汇总表底稿中的每项控制点进行控制测试，并就控制测试过程和结果分别记录在相应的控制测试工作底稿中。与财务报告相关的信息系统与沟通控制测试工作底稿仅以 QY-3-8 的控制活动为例进行填写。

4. 经了解 202× 年度 ×× 房地产开发有限责任公司仅有 1 份会计科目变更申请表，所以控制运行频率为 1 次 / 年，对应的全年控制发生的次数为 1 次，根据“控制测试样本量表”样本量选取 1。分别在“控制的类型和频率”和“控制测试记录”表中的“样本量”和“样本”一栏填写“1”。在执行其余控制点的控制测试时审计员可根据控制点控制运行的频率和全年控制发生的次数，在“控制测试样本量表”中选择对应测试的最小样本规模区间，在区间范围内选择合适的数量进行测试，并在“控制的类型和频率”和“控制测试记录”表中“样本量”和“样本”一栏根据不同控制点的样本数量分别填写。

控制测试样本量表

序号	控制运行的频率	全年控制发生的次数	测试的最小样本规模区间
1	1 次 / 年	1	1
2	1 次 / 季度	4	2
3	1 次 / 月	12	2~5
4	1 次 / 周	52	5~15
5	1 次 / 日	250	20~40
6	每日数次	>250	25~60

5. 如果一个控制点的测试程序有多个测试点，可以在测试程序表格中自行添加行，列出多项拟实施的审计程序。

6. 在控制测试记录表中的“样本信息”一栏根据 QY-3-8 所取得的样本信息填写“202× 年度会计科目变更申请表”。如果是其他控制点执行控制测试时，则需根据不同样本资料名称分别填写。

7. 如果 202× 年会计科目变更申请表经过了财务部经理审批，则在控制测试记录表中的“测试结果”一栏相应位置填写“是”，“是否异常”一栏相应位置填写“否”；如果没有审批则在“测试结果”一栏相应位置填写“否”，“是否异常”一栏相应位置填写“是”。进而根据注册会计师职业判断考虑是否扩大测试范围以及测试结论的填写等。

4. 被审计单位对控制的监督

被审计单位对控制的监督控制测试汇总表

被审计单位：× × 房地产开发有限责任公司　　编制人：　× ×　　编制日期：202× 年 × 月 × 日　　索引号：QY-4-3

项目：被审计单位对控制的监督控制测试　　复核人：　× ×　　复核日期：202× 年 × 月 × 日　　财务报表截止日 / 期间：202× 年度

控制序号	控制目标	被审计单位的控制活动	与控制相关的风险	内部控制的性质	实施的审计程序	样本量	样本量相关说明（如适用）	工作底稿索引号	运行的有效性	控制缺陷（控制无效填写）
QY-4-1	对经营业绩的对比监督	每月，部门负责人、财务部负责人、总经理审核当月的关键经营指标分析报告及关键经营指标与预算的对比分析报告。审核无误后，各部门负责人根据当月的分析报告监督其部门的经营成果。			检查关键经营指标分析报告及关键经营指标与预算的对比分析报告是否经部门负责人、财务部负责人、总经理审核。					
QY-4-2	关键业绩指标的管理层复核	财务部每月编制财务快报并提交总经理复核。总经理对比审核财务快报和各部门的关键经营指标分析报告，以识别不寻常或未预期的趋势或关系。			检查月度财务快报是否经总经理审核。					
QY-4-3	内部审计的独立性	设有独立的内部审计部门，负责监督内部控制的执行，直接向董事会报告。			观察公司是否设有独立的内部审计部门，是否向董事会报告其监督内部控制的执行情况。					

续表

控制序号	控制目标	被审计单位的控制活动	与控制相关的风险	内部控制的性质	实施的审计程序	样本量	样本量相关说明（如适用）	工作底稿索引号	运行的有效性	控制缺陷（控制无效填写）
QY-4-4	内部审计工作经过适当计划和审批	内部审计部门每年度拟订内部审计计划，包括评价范围、人员组织等内容，报经董事会审批后实施。内部审计部门按照经审批的审计计划执行工作，并在年末就实际执行效果与计划的对比情况向董事会报告。			检查年度内部审计计划是否经董事会审批。					
QY-4-5	内部控制评价工作的定期汇报与审核	内部审计部门每年度执行内部控制评价，发现的问题经相关负责人员确认后，汇总编制内部控制评价报告，并提交董事会审核。审核通过后，内部审计部门将审计最终意见反馈各部门并跟踪公司各部门的整改落实情况。			检查内部控制评价报告是否提交董事会审核。					

编制说明

根据事务所选取的抽样方法及内部控制的频率选择各控制点测试的样本量。根据最终控制运行有效性的测试结果，如果运行有效则在“运行的有效性”一栏填写有效，否则填写无效，并在“控制缺陷”一栏填写具体的控制缺陷。

被审计单位对控制的监督控制测试

被审计单位：×× 房地产开发有限责任公司	编制人：××	编制日期：202× 年 × 月 × 日	索引号：QY-4-4
项目：被审计单位对控制的监督控制测试程序	复核人：××	复核日期：202× 年 × 月 × 日	财务报表截止日 / 期间：202× 年度

一、控制活动

控制活动编号	控制活动说明
QY-4-5	内部审计部门每年度执行内部控制评价，发现的问题经相关负责人员确认后，汇总编制内部控制评价报告，并提交董事会审核。审核通过后，内部审计部门将审计最终意见反馈各部门并跟踪公司各部门的整改落实情况。

二、测试程序

抽取内部控制评价报告，检查内部控制评价报告是否提交董事会审核。

三、控制的类型和频率

控制类型	人工控制
控制频率	1 次 / 年
样本量	1

四、控制测试记录

样本	样本信息	测试结果（是 / 否）	是否异常
		检查内部控制评价报告是否提交董事会审核	
1	202× 年度内部控制评价报告	是	否

五、测试说明

无

六、测试结论

经过以上测试，我们认为被审计单位相关控制运行是有效的。

编制说明

1. “控制类型”一栏可填写“人工控制”、“自动控制”、“包含自动化成分的人工控制”。

2. 如果控制测试无缺陷，则在“测试结论”中填写相关控制运行有效。否则需填写相关控制运行无效，并指出具体无效的控制点。

3. 审计员需根据控制点是否为关键控制等因素决定是否针对被审计单位对控制的监督控制测试汇总表底稿中的每项控制点进行控制测试，并就控制测试过程和结果分别记录在相应的控制测试工作底稿中。被审计单位对控制的监督控制测试工作底稿仅以 QY-4-5 的控制活动为例进行填写。

4. 由于董事会每年审核内部控制评价报告，所以控制运行频率为 1 次 / 年，对应的全年控制发生的次数为 1 次，根据“控制测试样本量表”样本量选取 1。分别在“控制的类型和频率”和“控制测试记录”表中的“样本量”和“样本”一栏填写“1”。在执行其余控制点的控制测试时审计员可根据控制点控制运行的频率和全年控制发生的次数，在“控制测试样本量表”中选择对应测试的最小样本规模区间，在区间范围内选择合适的数量进行测试，并在“控制的类型和频率”和“控制测试记录”表中“样本量”和“样本”一栏根据不同控制点的样本数量分别填写。

控制测试样本量表

序号	控制运行的频率	全年控制发生的次数	测试的最小样本规模区间
1	1 次 / 年	1	1
2	1 次 / 季度	4	2
3	1 次 / 月	12	2~5
4	1 次 / 周	52	5~15
5	1 次 / 日	250	20~40
6	每日数次	>250	25~60

5. 如果一个控制点的测试程序有多个测试点，可以在测试程序表格中自行添加行，列出多项拟实施的审计程序。

6. 在控制测试记录表中的“样本信息”一栏根据 QY-4-5 所取得的样本信息填写“202× 年度内部控制评价报告”。如果是其他控制点执行控制测试时，则需根据不同样本资料名称分别填写。

7. 如果 202× 年内部控制评价报告经检查是经过董事会审核，则在控制测试记录表中的“测试结果”一栏相应位置填写“是”，“是否异常”一栏相应位置填写“否”；如果没有审核则在“测试结果”一栏相应位置填写“否”，“是否异常”一栏相应位置填写“是”。进而根据注册会计师职业判断考虑是否扩大测试范围以及测试结论的填写等。

（二）被审计单位业务流程层面控制测试

序号	内容	是否适用	编制人	编制日期	复核人	复核日期	索引号
1	采购与付款循环	是	××	202×年×月×日	××	202×年×月×日	CGL
2	工薪与人事循环	是	××	202×年×月×日	××	202×年×月×日	GXL
3	房地产开发循环	是	××	202×年×月×日	××	202×年×月×日	FCL
4	房地产销售与收款循环	是	××	202×年×月×日	××	202×年×月×日	FSXL
5	筹资与投资循环	是	××	202×年×月×日	××	202×年×月×日	CZL
6	固定资产和其他长期资产循环	是	××	202×年×月×日	××	202×年×月×日	GZ1L
7	货币资金循环	是	××	202×年×月×日	××	202×年×月×日	ZJL

1. 采购与付款循环

采购与付款循环控制测试汇总表

被审计单位：×× 房地产开发有限责任公司　编制人：××　编制日期：202× 年 × 月 × 日　索引号：CGL-3

项目：采购与付款循环控制测试　复核人：××　复核日期：202× 年 × 月 × 日　财务报表截止日 / 期间：202× 年度

控制序号	子流程	控制目标	受影响的相关交易、账户余额和披露及其认定	被审计单位的控制活动	控制测试的时间安排	实施的审计程序	执行的频率	拟测试样本规模	选取样本的方式	样本测试索引号	控制活动是否得到有效运行（是 / 否）	测试结果是否支持风险评估结论	需要从实质性程序获取的保证程度
1	采购审批与处理	采购经过适当审批		1. 采购主管部门应根据公司的项目总体节点计划、采购权责划分等编制项目总体采购计划表，并按规定报公司审批后执行。 2. 采用招标方式进行采购的项目，公司采购主管部门应委托招标代理公司按法定招投标程序实施，评标结果经公司总经理审批执行。 3. 采用询价方式进行采购，由公司采购主管部门组织实施，向潜在供方发出报价邀请，报送分管领导、总经理审核。		检查项目总体采购计划表、采购项目评标结果、报价邀请是否经相关负责人审批。							

续表

控制序号	子流程	控制目标	受影响的相关交易、账户余额和披露及其认定	被审计单位的控制活动	控制测试的时间安排	实施的审计程序	执行的频率	拟测试样本规模	选取样本的方式	样本测试索引号	控制活动是否得到有效运行（是/否）	测试结果是否支持风险评估结论	需要从实质性程序获取的保证程度
2	采购审批与处理	采购合同经过适当审批和签署		采购主管部门将草拟好的合同文件组织公司相关部门及合作方评审。经评审完的合同由采购主管部门送至律师审核。分管领导负责对合同的签署代表公司管理层提出全面专业的审核意见。财务部负责人从防范付款风险角度提出合同审核意见后报送总经理审批。对超过 ×× 万元的合同，根据公司的要求，公司法务总监与公司董事长联审联签。		1. 检查金额低于 ×× 万元的采购合同是否经相关负责人审批； 2. 检查金额超过 ×× 万元的采购合同，是否经法务总监与公司董事长联审联签。							
3		采购合同台账及时编制并定期核对		成本合约部门应及时编制合同台账，并定期同财务部门核对。		检查成本合约部是否及时编制合同台账并与财务部门核对。							
4	记录应付账款	材料验收入库，且记录准确、完整		材料进场后由施工单位、监理单位及相关专业工程师进行抽检验收，对照合同及设计要求进行检查，核对完毕符合要求后应在第一时间对进场材料录入材料进场台账。		检查录入材料进场台账的材料是否在进场前经施工单位、监理单位及相关专业工程师抽检验收。							
5		已确认的应付账款真实存在且记录准确		当货物与发票账单同时到达，应付账款在货物验收后，按发票账单登记入账。公司财务部定期根据成本控制部提供的工程进度进行核对，并暂估应付账款。		1. 检查应付账款入账凭证是否与后附验收单、发票等核对一致； 2. 检查应付账款暂估入账凭证是否与后附单据核对一致。							

续表

控制序号	子流程	控制目标	受影响的相关交易、账户余额和披露及其认定	被审计单位的控制活动	控制测试的时间安排	实施的审计程序	执行的频率	拟测试样本规模	选取样本的方式	样本测试索引号	控制活动是否得到有效运行（是/否）	测试结果是否支持风险评估结论	需要从实质性程序获取的保证程度
6	付款	付款经过恰当审批		由经办部门填制“合同付款申请表”及“成本支出审批表”，经部门经理、分管总监、财务经理、总经理审批。×× 万元以下最终批准人为总经理。×× 万元以上最终批准人为董事长。		检查合同付款申请表、成本支出审批表是否经相关负责人签字审批。							
7		付款凭证经过恰当审批		应付账款会计将“合同付款申请表”及“成本支出审批表”与合同台账相核对，在财务系统中编制付款凭证并提交会计主管复核。		检查会计主管是否复核付款凭证。							
8	对账与调节	定期与供应商对账以及时发现错误		财务部门应定期与供应商对账，并就差异及时查找原因、进行调节。		检查与供应商的对账函，如有差异检查是否进行差异解释并进行调节。							

编制说明

1. “控制测试的时间安排”一栏注册会计师根据项目具体情况选择填写期中、期末、期中和期末。
2. “选取样本的方式”一栏注册会计师根据项目具体情况选择其中一种方式填写：（1）随机抽取；（2）等距选样；（3）每月抽取若干张等方式。
3. “控制活动是否有效运行”一栏和“控制测试结果是否支持风险评估结论”一栏，应根据了解和测试内部控制中获取的审计证据综合分析填写。
4. 如果注册会计师不拟对某些控制活动实施控制测试，则应直接执行实质性程序，对相关交易、账户余额和披露的认定进行测试，以获取足够的保证程度。
5. 控制测试发现，被审计单位控制活动没有有效运行，“需要从实质性程序获取的保证程度”一栏填写“高”。
6. 当存在下列情形之一时，注册会计师应当设计和实施控制测试，针对相关控制运行的有效性，获取充分、适当的审计证据：

（1）在评估认定层次重大错报风险时，预期控制的运行是有效的；

（2）仅实施实质性程序并不能够提供认定层次充分、适当的审计证据。

采购与付款循环控制测试

被审计单位：×× 房地产开发有限责任公司	编制人：××	编制日期：202×年×月×日	索引号：CGL–4
项目：采购与付款循环控制测试程序	复核人：××	复核日期：202×年×月×日	财务报表截止日/期间：202×年度

一、控制活动

控制活动编号	控制活动说明
7	应付账款会计将“合同付款申请表”及“成本支出审批表”与合同台账相核对，在财务系统中编制付款凭证并提交会计主管复核。

二、测试程序

获取应付账款付款凭证，检查会计主管是否复核付款凭证。

三、控制的类型和频率

控制类型	人工
控制频率	1次/日
样本量	40

四、控制测试记录

样本序号	记账时间	凭证编号	凭证附件	测试结果（是/否）	是否异常
				付款凭证是否经会计主管复核	
1	202×.×.×	付–10	付款申请表、银行回单等	是	否
……					

五、测试说明

无

六、测试结论

经过以上测试，我们认为被审计单位相关控制运行是有效的。

编制说明

1.“控制类型”一栏可填写“人工控制”、“自动控制”、“包含自动化成分的人工控制”。

2. 如果控制测试无缺陷，则在“测试结论”中填写相关控制运行有效。否则需填写相关控制运行无效，并指出具体无效的控制点。

3. 审计员需根据控制点是否为关键控制等因素决定是否针对采购与付款循环控制测试汇总表底稿中的每项控制点进行控制测试，并就控制测试过程和结果分别记录在相应的控制测试工作底稿中。采购与付款循环控制测试底稿的编制仅以控制序号7这项控制点的控制活动为例进行填写。

4. 针对每项控制点抽样样本量的选取，注册会计师可根据该控制点控制运行的频率和全年控制发生的次数，在如下控制测试样本量表中选择对应测试的最小样本规模区间，在区间范围内选择合适的数量进行测试。同时将测试信息、结论等记录在底稿的对应位置。以控制点 7 付款凭证经过恰当审批为例，如果经审计员了解全年付款凭证份数为 250 份，控制运行频率则为 1 次 / 日，则选取对应的最小样本规模区间 20~40 作为控制测试样本量区间。在区间内选取具体控制测试样本的数量还需结合控制风险、以前年度审计经验等因素进行判断。底稿中样本量以 40 为例进行填写。当测试的样本量多于 1 时，样本一般需覆盖全年。

控制测试样本量表

序号	控制运行的频率	全年控制发生的次数	测试的最小样本规模区间
1	1 次 / 年	1	1
2	1 次 / 季度	4	2
3	1 次 / 月	12	2~5
4	1 次 / 周	52	5~15
5	1 次 / 日	250	20~40
6	每日数次	>250	25~60

5. 如果一个控制点的测试程序有多个测试点，可以在测试程序表格中自行添加行，列出多项拟实施的审计程序。

6. 在控制测试记录表中的“记账时间、凭证编号、凭证附件”几栏根据控制点 7 所检查的付款凭证信息填写。如果是其他控制点执行控制测试时，则需根据不同样本资料分别填写。

7. 如果 202× 年付款凭证经会计主管复核，则在控制测试记录表中的“测试结果”一栏相应位置填写“是”，“是否异常”一栏相应位置填写“否”；如果没有复核则在“测试结果”一栏相应位置填写“否”，“是否异常”一栏相应位置填写“是”。进而根据注册会计师职业判断考虑是否扩大测试范围以及测试结论的填写等。

2. 工薪与人事循环

工薪与人事循环控制测试汇总表

被审计单位：×× 房地产开发有限责任公司　　编制人：××　　编制日期：202× 年 × 月 × 日　　索引号：GXL-3

项目：工薪与人事循环控制测试　　复核人：××　　复核日期：202× 年 × 月 × 日　　财务报表截止日 / 期间：202× 年度

控制序号	子流程	控制目标	受影响的相关交易、账户余额和披露及其认定	被审计单位的控制活动	控制测试的时间安排	实施的审计程序	执行的频率	拟测试样本规模	选取样本的方式	样本测试索引号	控制活动是否得到有效运行（是 / 否）	测试结果是否支持风险评估结论	需要从实质性程序获取的保证程度
1	员工聘用与离职	准确记录员工信息		1. 聘用：部门提交招聘申请，交分管领导、总经理审批。审批通过后，人力资源部发布招聘信息，通过网络收集筛选招聘简历，进行初试、复试等考核，确定招聘人员，发录用通知书。受聘人员带资料到公司报到并填写入职申请表，总经理审批确认后签订劳动合同入职。人力资源部把员工信息录入系统备案。首次签订劳动合同期限为 ×× 年 ×× 个月，试用期 ×× 个月，首次续签合同期限为 ×× 年。 2. 离职：员工递交辞职申请，员工离职申请表经所在部门负责人、人力资源部经理、分管领导批准后辞职。离职前员工办理工作移交手续，并到财务部结算工资，到人力资源部调转人事关系档案。未到合同期限解除劳动合同的，企业根据劳动法支付相应的辞退福利。		检查入职申请表、招聘申请、离职员工申请表是否经过相关领导审批签字。							

续表

控制序号	子流程	控制目标	受影响的相关交易、账户余额和披露及其认定	被审计单位的控制活动	控制测试的时间安排	实施的审计程序	执行的频率	拟测试样本规模	选取样本的方式	样本测试索引号	控制活动是否得到有效运行（是/否）	测试结果是否支持风险评估结论	需要从实质性程序获取的保证程度
2	员工培训	培训申请得到恰当审批		员工培训需由员工所在部门填写培训申请表，经部门负责人、人力资源部经理审批。		检查员工培训申请表是否已经过相关领导审批。							
3	工作时间记录	记录工作时间真实发生且记录准确		1. 员工每天实行上下班打卡制度，个人上下班时间以系统记录为准。人力资源部于每月 ×× 号前向各部门公布上月考勤机记录的缺勤情况。各部门和各位员工应认真核对各自的考勤情况，并在规定的时间内对缺勤情况做出书面说明，交部门经理及分管领导签字，由人力资源部备案，作为发放工资的考勤依据。 2. 根据公司职工休假管理办法的相关规定，拟休假员工由其本人提出书面申请，说明请假原因、时间，有加班情况的员工，可以申请调休。员工休假申请提交所属部门负责人出具审批意见，再经人力资源部审核后签署准假单，作为当月考勤记录的依据。		检查考勤明细表、休假申请是否经过相关负责人审批签字。							
4	工资计算和记录	准确计算和记录工资费用		1. 人力资源部根据已核对无误的工时表和出勤记录，以及公司规定的员工工资标准及绩效考核制度，计算所有员工的当月工资金额（包括工资、奖金、各项补贴、社会保险费扣除金额、个人所得税扣除金额等），并汇总部门员工的各项工资费用总额编制工资明细表和工资汇总表。工资明细表和汇总表经人力资源部经理、财务经理、总经理审批后交财务会计核对。 2. 应付职工薪酬记账员根据员工工资汇总表编制工资费用分录，经会计主管复核后，将工资费用分别记入相应的费用科目。		1. 检查工资明细表、工资汇总表是否经过相关负责人审批； 2. 检查工资费用凭证是否经过会计主管复核。							

续表

控制序号	子流程	控制目标	受影响的相关交易、账户余额和披露及其认定	被审计单位的控制活动	控制测试的时间安排	实施的审计程序	执行的频率	拟测试样本规模	选取样本的方式	样本测试索引号	控制活动是否得到有效运行（是/否）	测试结果是否支持风险评估结论	需要从实质性程序获取的保证程度
5	工资支付	已支付的工资记录准确		1. 员工工资明细表和工资支付单经人力资源部经理、财务经理、总经理签字批准后交财务部发放。 2. 出纳员根据经复核无误的付款凭证办理付款，由银行转入员工个人账户，并及时登记银行存款日记账。		检查工资明细表、工资支付单是否经过相关负责人审批。							
6	员工考核	员工考核的准确性		公司每年进行年终考核。人力资源部根据公司情况编制考核方案（包括考核标准、考核办法、考核流程等），由人力资源部经理、总经理审批后实施考核。员工填写员工考核评价表，交给所属部门负责人评价审批后，由人力资源部编制考评结果统计表，交给人力资源部经理、总经理审批，作为工资发放的依据。		检查员工年终考核方案、员工考核评价表、考评结果统计表是否已经过相关负责人审批。							
7	员工调岗与调薪	员工调岗与调薪得到恰当审批		1. 人力资源部根据社保局公布的文件及标准、本公司上年度职工平均工资水平编制社保调整请示报告，经人力资源部经理、分管领导及总经理签字审核后，由人力资源部执行并在公告栏公示。 2. 如调薪，需收集年度考核信息，编制调薪汇总表，经部门经理、分管领导、人力资源部经理、总经理批准。		检查社保调整请示报告、调薪汇总表、岗位调动单是否经过相关负责人审批。							

续表

控制序号	子流程	控制目标	受影响的相关交易、账户余额和披露及其认定	被审计单位的控制活动	控制测试的时间安排	实施的审计程序	执行的频率	拟测试样本规模	选取样本的方式	样本测试索引号	控制活动是否得到有效运行（是/否）	测试结果是否支持风险评估结论	需要从实质性程序获取的保证程度
7	员工调岗与调薪	员工调岗与调薪得到恰当审批		3. 因岗位调整等信息的变更，各部门需给员工开具内部调动单，经部门经理、人力资源部经理、分管领导审批，并办妥工作交接，岗位调整后报公司综合部备案，由人力资源部负责调整变更到位。信息管理员及时将人员变动信息输入系统，同时人事信息管理员也将更新员工花名册及员工档案。									

编制说明

1. “控制测试的时间安排”一栏注册会计师根据项目具体情况选择填写期中、期末、期中和期末。
2. “选取样本的方式”一栏注册会计师根据项目具体情况选择其中一种方式填写：（1）随机抽取；（2）等距选样；（3）每月抽取若干张等方式。
3. “控制活动是否有效运行”一栏和“控制测试结果是否支持风险评估结论”一栏，应根据了解和测试内部控制中获取的审计证据综合分析填写。
4. 如果注册会计师不拟对某些控制活动实施控制测试，则应直接执行实质性程序，对相关交易、账户余额和披露的认定进行测试，以获取足够的保证程度。
5. 控制测试发现，被审计单位控制活动没有有效运行，“需要从实质性程序获取的保证程度”一栏填写“高”。
6. 当存在下列情形之一时，注册会计师应当设计和实施控制测试，针对相关控制运行的有效性，获取充分、适当的审计证据：

（1）在评估认定层次重大错报风险时，预期控制的运行是有效的；

（2）仅实施实质性程序并不能够提供认定层次充分、适当的审计证据。

工薪与人事循环控制测试

被审计单位：××房地产开发有限责任公司	编制人：××	编制日期：202×年×月×日	索引号：GXL-4
项目：工薪与人事循环控制测试程序	复核人：××	复核日期：202×年×月×日	财务报表截止日/期间：202×年度

一、控制活动

控制活动编号	控制活动说明
2	员工培训需由员工所在部门填写培训申请表，经部门负责人、人力资源部经理审批。

二、测试程序

检查员工培训申请表是否已经过相关领导审批。

三、控制的类型和频率

控制类型	人工
控制频率	1次/周
样本量	15

四、控制测试记录

样本序号	参训人员姓名	工号	部门	培训内容	测试结果（是/否）	是否异常
					员工培训申请表是否已经过相关领导审批	
1	×××	123	财务部	202×年契税改革	是	否
……						

五、测试说明

无

六、测试结论

经过以上测试，我们认为被审计单位相关控制运行是有效的。

编制说明

1.“控制类型”一栏可填写“人工控制”、“自动控制”、“包含自动化成分的人工控制”。

2. 如果控制测试无缺陷，则在“测试结论”中填写相关控制运行有效。否则需填写相关控制运行无效，并指出具体无效的控制点。

3. 审计员需根据控制点是否为关键控制等因素决定是否针对工薪与人事循环控制测试汇总表底稿中的每项控制点进行控制测试，并就控制测试过程和结果分别记录在相应的控制测试工作底稿中。工薪与人事循环控制测试底稿的编制仅以控制序号2这项控制点的控制活动为例进行填写。

4. 针对每项控制点抽样样本量的选取，注册会计师可根据该控制点控制运行的频率和全年控制发生的次数，在如下控制测试样本量表中选择对应测试的最小样本规模区间，在区间范围内选择合适的数量进行测试。同时将测试信息、结论等记录在底稿的对应位置。以控制点 2 培训申请得到恰当审批为例，如果经审计员了解全年员工培训申请接近 52 次，控制运行频率 1 次 / 周，则选取对应的最小样本规模区间 5~15 作为控制测试样本量区间。在区间内选取具体控制测试样本的数量还需结合控制风险、以前年度审计经验等因素进行判断。底稿中样本量以 15 为例进行填写。当测试的样本量多于 1 时，样本一般需覆盖全年。

控制测试样本量表

序号	控制运行的频率	全年控制发生的次数	测试的最小样本规模区间
1	1 次 / 年	1	1
2	1 次 / 季度	4	2
3	1 次 / 月	12	2~5
4	1 次 / 周	52	5~15
5	1 次 / 日	250	20~40
6	每日数次	>250	25~60

5. 如果一个控制点的测试程序有多个测试点，可以在测试程序表格中自行添加行，列出多项拟实施的审计程序。

6. 在控制测试记录表中的“参训人员姓名、工号、部门、培训内容”几栏根据控制点 2 所取得的培训申请表的信息填写。如果是其他控制点执行控制测试时，则需根据不同样本资料分别填写。

7. 如果 202× 年员工培训申请表经检查是经过相关领导审批，则在控制测试记录表中的“测试结果”一栏相应位置填写“是”，“是否异常”一栏相应位置填写“否”；如果没有审批则在“测试结果”一栏相应位置填写“否”，“是否异常”一栏相应位置填写“是”。进而根据注册会计师职业判断考虑是否扩大测试范围以及测试结论的填写等。

3. 房地产开发循环

房地产开发循环控制测试汇总表

被审计单位：××房地产开发有限责任公司　　编制人：××　　编制日期：202×年×月×日　　索引号：FCL-3

项目：房地产开发循环控制测试　　复核人：××　　复核日期：202×年×月×日　　财务报表截止日/期间：202×年度

控制序号	子流程	控制目标	受影响的相关交易、账户余额和披露及其认定	被审计单位的控制活动	控制测试的时间安排	实施的审计程序	执行的频率	拟测试样本规模	选取样本的方式	样本测试索引号	控制活动是否得到有效运行（是/否）	测试结果是否支持风险评估结论	需要从实质性程序获取的保证程度
1	项目立项与规划、建筑与施工	取得的土地合法、真实，记录准确、完整		1. 公司发展部对目标地块信息进行收集和初步分析，提交总经理核准后组建临时工作小组或委托专业机构，对目标地块进行可行性研究分析，形成可行性研究报告，用于项目立项审批、备案、核准、规划等。 2. 发展部获得公司授权后，通过土地市场招标、拍卖、挂牌等方式获取土地，办理国有土地使用权证等相关手续。公司行政管理部负责土地出让协议签订，法务部负责合同审核，财务部办理土地款项结算。		1. 检查公司发展部提供的对目标地块开发的可行性研究报告是否经总经理审批； 2. 检查土地出让协议是否由公司行政管理部负责签订；土地出让合同是否由法务部审核；财务部是否按合同约定办理土地款项结算。							

续表

控制序号	子流程	控制目标	受影响的相关交易、账户余额和披露及其认定	被审计单位的控制活动	控制测试的时间安排	实施的审计程序	执行的频率	拟测试样本规模	选取样本的方式	样本测试索引号	控制活动是否得到有效运行（是/否）	测试结果是否支持风险评估结论	需要从实质性程序获取的保证程度
2	项目立项与规划、建筑与施工	项目经过立项与规划		1. 公司房地产开发项目的土地应当符合土地利用总体规划、年度建设用地计划和城市规划、房地产开发年度计划的要求，按照国家有关规定报计划主管部门批准。 2. 公司取得开发项目土地通过政府有关部门总体规划论证，委托有规划设计资格的单位提出初步规划及建筑设计方案，办理建设用地规划许可证。		检查 ×× 地块的开发是否已经相关部门立项审批；是否委托有资格的单位编制了规划及建筑设计方案；是否办理了建设用地规划许可证。							
3		建筑施工等采购合同经过适当审批		1. 公司按照公平、合理的方式选择招标代理机构，工程总承包单位的选择由招标代理机构按照建设工程招投标的法律规定公开招投标进行遴选，公司派人监督招投标的过程。 2. 承包单位将部分工程或隐蔽工程分包给相关单位，公司工程管理部、技术管理部进行审核，报总工程师审批，重要工程项目需征求第三方专业机构的意见。 3. 工程物料、低值易耗品的采购由综合管理部采用公开询价的方式确定备选供货方名单，总经理办公会审议确定具体供货商，财务部负责款项结算。		1. 检查 ×× 地块确定工程总承包单位的中标通知和评标记录，确定其是否经公开招投标进行遴选； 2. 检查重要建设工程合同，确定其是否与中标通知中约定的条件一致； 3. 检查总承包单位分包是否经相关部门审核； 4. 检查询价记录，确定其是否采用公开询价方式确定供货方名单； 5. 检查供货商的确定是否经总经理办公会审议。							

续表

控制序号	子流程	控制目标	受影响的相关交易、账户余额和披露及其认定	被审计单位的控制活动	控制测试的时间安排	实施的审计程序	执行的频率	拟测试样本规模	选取样本的方式	样本测试索引号	控制活动是否得到有效运行（是/否）	测试结果是否支持风险评估结论	需要从实质性程序获取的保证程度
4	开发成本计算	开发成本计算准确		1. 公司工程管理部负责工程施工管理、现场工程变更签证；技术管理部负责规划设计方案，工程变更签证审批；成本部负责工程成本结算审核；财务部负责对工程成本支出的稽核、核算以及成本动态分析；监理机构负责工程现场监管、工程形象进度管理；工程造价咨询机构负责各期工程量及结算款项审核。 2. 公司的土地成本（包括土地出让金、拆迁补偿费、契税、土地使用税等）经成本部审核后，有关数据信息及时传递到财务部，财务部按照开发单一地产项目或综合地产项目核算出土地开发成本。 3. 施工单位每月填报完工工程量及应结算工程款项；监理机构出具工程形象进度报告；公司工程管理部结合现场情况进行工程量审核；成本部根据报送资料进行结算金额审核。审核通过后，财务部进行数据、业务信息稽核，据此办理款项结算，并核算建筑安装工程成本。 4. 基础设施费、公共配套设施费，由工程管理部、技术管理部、成本部分别按照工程量、设计规范、结算金额进行审核。审核通过后，财务部按照可售面积、工程造价比、土地面积等方法进行分配。		1. 检查××地块某月的进度报告，确定其是否与施工单位编制的工程量及应结算工程款表，监理机构编制的形象进度报告一致； 2. 检查××地块开发成本计算表，确定土地成本、建筑安装工程成本、基础设施费、公共配套设施费数据是否有依据，是否经相关部门审核； 3. 检查基础设施费、公共配套设施费是否经工程管理部、技术管理部、成本部审核； 4. 检查××地块款项结算审核表，确定其是否按约定的进度支付。							

续表

控制序号	子流程	控制目标	受影响的相关交易、账户余额和披露及其认定	被审计单位的控制活动	控制测试的时间安排	实施的审计程序	执行的频率	拟测试样本规模	选取样本的方式	样本测试索引号	控制活动是否得到有效运行（是/否）	测试结果是否支持风险评估结论	需要从实质性程序获取的保证程度
5	开发成本计算	记录的开发产品是真实的且记录准确、完整		1. 工程完工后，施工单位提交工程竣工资料，监理机构出具监理报告，工程管理部、技术管理部结合现场勘察情况进行资料审核，审核通过后办理工程项目竣工决算审计。公司工程管理部、技术管理部组织专业人员进行工程质量验收。经有关部门验收，决算资料报送财务部，财务部据以核算本项目开发产品成本。 2. 每月，财务部在财务系统中对开发成本中各项组成部分进行归集，按照预设的分摊公式和方法，自动将发生的开发成本在开发完工产品（即：开发产品）和未完工部分（即：在产品）中按比例分配；同时，将开发间接费用在各不同开发产品类别中分配，由此生成开发产品成本计算分配表，自动生成记账凭证，并经相关负责人审核。		1. 检查××项目工程竣工资料、监理报告是否经工程管理部、技术管理部审核；审核通过后是否办理工程项目竣工决算审计； 2. 检查开发产品成本计算分配表是否计算准确；是否自动生成记账凭证；开发产品成本计算分配表和记账凭证是否经相关负责人审核。							
6		已交付房产是真实移交给客户的且记录准确、完整		1. 楼盘开发完成后，公司组织规划、国土、测绘等相关部门进行验收，办理完验收手续后，销售部向购房人发出交房通知，在规定的时间内完成交房。 2. 每周，销售部及时将房屋交付情况报送财务部更新。财务部更新已经实现销售的数据，复核完工、在开发产品的成本。 3. 每月末，系统根据交房数量、成本数据自动计算当月营业成本，生成记账凭证并过至产成品明细账和总账、营业成本明细账和总账。		1. 检查××项目销售台账、交房记录，关注已交付房产是否真实移交给客户； 2. 检查楼盘开发完成后是否经规划、国土、测绘等相关部门验收； 3. 检查财务部是否每周复核完工、在开发产品的成本； 4. 检查财务部是否每月末计算当月营业成本，当月过账是否准确。							

续表

控制序号	子流程	控制目标	受影响的相关交易、账户余额和披露及其认定	被审计单位的控制活动	控制测试的时间安排	实施的审计程序	执行的频率	拟测试样本规模	选取样本的方式	样本测试索引号	控制活动是否得到有效运行（是/否）	测试结果是否支持风险评估结论	需要从实质性程序获取的保证程度
7	存货管理	存货账实相符		1. 公司工程物资、低值易耗品仓库均设有门禁系统，进出有权限的设定，只有经核准者才可进出仓库。 2. 仓库和工程管理部门于每月、每季和年度终了，进行存货盘点，财务部门派人对盘点结果进行复盘。仓库管理员编制盘点差异汇总表，经仓库主管、工程管理部负责人签字确认，形成存货盘点报告，如存在差异应查明原因，经财务经理和总经理批准后交由财务部门调整入账。 3. 财务部及时记录工程物资、低值易耗品收发存情况，每周成本会计与仓库管理员进行对账，保证账实相符。 4. 每月或每个资产负债表日，成本会计到工程现场，观察工程的实际进展情况，总体上判断各期工程形象进度报告的合理性，并形成记录。		1. 检查××项目盘点报告、盘点差异汇总表是否经相关负责人签字确认； 2. 检查盘点差异调整入账前是否经财务经理和总经理批准； 3. 检查每周成本会计是否与仓库管理员进行对账； 4. 观察每月或每个资产负债表日，成本会计是否到工程现场观察进展情况，确保各期工程形象进度报告的合理性； 5. 观察仓库是否设有门禁系统，是否只有核准者才可进出仓库。							

续表

控制序号	子流程	控制目标	受影响的相关交易、账户余额和披露及其认定	被审计单位的控制活动	控制测试的时间安排	实施的审计程序	执行的频率	拟测试样本规模	选取样本的方式	样本测试索引号	控制活动是否得到有效运行（是/否）	测试结果是否支持风险评估结论	需要从实质性程序获取的保证程度
8	存货管理	存货跌价准备计提合理		1. 系统设有工程物资库龄分析功能，对库龄超过一年的工程物资进行提示。在盘点时，盘点人员也需关注是否存在需要计提跌价准备的迹象。如果出现毁损、陈旧、过时及残次工程物资，仓库管理员编制不良工程物资明细表，经仓库经理复核后，交采购经理或销售经理，分析该类工程物资的可销售性及可变现净值。 2. 月末，财务部相关人员到现场抽查工程进度情况，关注工程进度滞后、物资毁损、丢失等情况，还需关注周边地区住宅地产、商业地产市场行情，以及地产滞销现象，分析该类地产的可销售性及可变现净值。 3. 市场价格持续下跌的住宅地产或商业地产项目，一定时期内未能实现交易，考虑减值风险。如需计提存货跌价准备，由会计主管编制存货跌价准备计提表及说明，经财务经理复核后进行账务处理。		1. 检查不良工程物资明细表是否经仓库经理复核； 2. 检查系统是否设有工程物资库龄分析功能；系统对库龄超过一年的工程物资是否进行提示； 3. 检查 ×× 项目存货跌价准备计提表及说明是否经财务经理复核。							

编制说明

1. “控制测试的时间安排”一栏注册会计师根据项目具体情况选择填写期中、期末、期中和期末。
2. “选取样本的方式”一栏注册会计师根据项目具体情况选择其中一种方式填写：（1）随机抽取；（2）等距选样；（3）每月抽取若干张等方式。
3. “控制活动是否有效运行”一栏和“控制测试结果是否支持风险评估结论”一栏，应根据了解和测试内部控制中获取的审计证据综合分析填写。
4. 如果注册会计师不拟对某些控制活动实施控制测试，则应直接执行实质性程序，对相关交易、账户余额和披露的认定进行测试，以获取足够的保证程度。
5. 控制测试发现，被审计单位控制活动没有有效运行，“需要从实质性程序获取的保证程度”一栏填写“高”。
6. 当存在下列情形之一时，注册会计师应当设计和实施控制测试，针对相关控制运行的有效性，获取充分、适当的审计证据：

（1）在评估认定层次重大错报风险时，预期控制的运行是有效的；

（2）仅实施实质性程序并不能够提供认定层次充分、适当的审计证据。

房地产开发循环控制测试

被审计单位：××房地产开发有限责任公司	编制人：××	编制日期：202×年×月×日	索引号：FCL-4
项目：房地产开发循环控制测试程序	复核人：××	复核日期：202×年×月×日	财务报表截止日/期间：202×年度

一、控制活动

控制活动编号	控制活动说明
1	1.公司发展部对目标地块信息进行收集和初步分析，提交总经理核准后组建临时工作小组或委托专业机构，对目标地块进行可行性研究分析，形成可行性研究报告，用于项目立项审批、备案、核准、规划等。 2.发展部获得公司授权后，通过土地市场招标、拍卖、挂牌等方式获取土地，办理国有土地使用权证等相关手续。公司行政管理部负责土地出让协议签订，法务部负责合同审核，财务部办理土地款项结算。

二、测试程序

检查公司发展部提供的对目标地块开发的可行性研究报告是否经总经理审批。

三、控制的类型和频率

控制类型	人工
控制频率	1次/年
样本量	1

四、控制测试记录

样本序号	资料名称	测试结果（是/否）	是否异常
		检查公司发展部提供的对目标地块开发的可行性研究报告是否经总经理审批	
1	202×年××目标地块开发的可行性研究报告	是	否
……			

五、测试说明

无

六、测试结论

经过以上测试，我们认为被审计单位相关控制运行是有效的。

编制说明

1.“控制类型”一栏可填写“人工控制”、“自动控制”、“包含自动化成分的人工控制”。

2.如果控制测试无缺陷，则在“测试结论”中填写相关控制运行有效。否则需填写相关控制运行无效，并指出具体无效的控制点。

3. 审计员需根据控制点是否为关键控制等因素决定是否针对房地产开发循环控制测试汇总表底稿中的每项控制点进行控制测试，并就控制测试过程和结果分别记录在相应的控制测试工作底稿中。房地产开发循环控制测试底稿的编制仅以控制序号 1 这项控制点的控制活动为例进行填写。

4.（1）针对每项控制点抽样样本量的选取，注册会计师可根据该控制点控制运行的频率和全年控制发生的次数，在如下控制测试样本量表中选择对应测试的最小样本规模区间，在区间范围内选择合适的数量进行测试。同时将测试信息、结论等记录在底稿的对应位置。

（2）以控制点 1 取得的土地合法、真实，记录准确、完整为例，经审计人员了解，202×年被审计单位未新获取土地，因此不拟对相关控制点进行控制测试。

（3）以控制点 1 取得的土地合法、真实，记录准确、完整为例，经审计人员了解，被审计单位 202×年只有 1 份新增的 ××目标地块开发的可行性研究报告，因此控制运行频率 1 次 / 年，则选取 1 作为控制测试样本量。底稿中样本量以 1 为例进行填写。当测试的样本量多于 1 时，样本一般需覆盖全年。

控制测试样本量表

序号	控制运行的频率	全年控制发生次数	测试的最小样本规模区间
1	1 次 / 年	1	1
2	1 次 / 季度	4	2
3	1 次 / 月	12	2~5
4	1 次 / 周	52	5~15
5	1 次 / 日	250	20~40
6	每日数次	＞250	25~60

5. 如果一个控制点的测试程序有多个测试点，可以在测试程序表格中自行添加行，列出多项拟实施的审计程序。

6. 在控制测试记录表中的“资料名称”一栏根据控制点 1 所取得的 202×年 ××目标地块开发的可行性研究报告信息填写。如果是其他控制点执行控制测试时，则需根据不同样本资料分别填写。

7. 如果 202×年 ××目标地块开发的可行性研究报告经总经理审批，则在控制测试记录表中的“测试结果”一栏相应位置填写“是”，“是否异常”一栏相应位置填写“否”；如果没有经总经理审批，则在“测试结果”一栏相应位置填写“否”，“是否异常”一栏相应位置填写“是”。进而根据注册会计师职业判断考虑是否扩大测试范围以及测试结论的填写等。

4. 房地产销售与收款循环

房地产销售与收款循环控制测试汇总表

被审计单位：×× 房地产开发有限责任公司　　编制人：××　　编制日期：202× 年 × 月 × 日　　索引号：FSXL-3

项目：房地产销售与收款循环控制测试　　复核人：××　　复核日期：202× 年 × 月 × 日　　财务报表截止日 / 期间：202× 年度

控制序号	子流程	控制目标	受影响的相关交易、账户余额和披露及其认定	被审计单位的控制活动	控制测试的时间安排	实施的审计程序	执行的频率	拟测试样本规模	选取样本的方式	样本测试索引号	控制活动是否得到有效运行（是/否）	测试结果是否支持风险评估结论	需要从实质性程序获取的保证程度
1	制订项目营销计划、营销方案和作出销售工作总结	营销方案、营销方案的变更、销售计划经过恰当的审批		1. 营销部人员制订的营销方案经营销部经理审核后，由分管副总、总经理最终审批确认。营销方案一旦确立，营销部会制作项目作业指导书，由营销部经理、分管副总审核。营销方案的变更需由营销部经理、分管副总、总经理审批同意，并抄送公司财务部备案。 2. 公司营销部年末针对销售工作作出总结并制订次年工作计划，随后依次提交分管副总、总经理审核。		1. 检查营销方案是否经营销部经理、分管副总审核后，由总经理最终审批确认； 2. 检查项目作业指导书是否由营销部经理、分管副总审核； 3. 检查营销方案的变更是否由营销部经理、分管副总、总经理审批同意，并抄送公司财务部备案； 4. 检查销售工作总结和次年销售工作计划是否经分管副总、总经理审核。							

续表

控制序号	子流程	控制目标	受影响的相关交易、账户余额和披露及其认定	被审计单位的控制活动	控制测试的时间安排	实施的审计程序	执行的频率	拟测试样本规模	选取样本的方式	样本测试索引号	控制活动是否得到有效运行（是/否）	测试结果是否支持风险评估结论	需要从实质性程序获取的保证程度
2	销售价格、折扣及优惠方案的制订与审批	企业有规范的价格形成机制和审批流程		1. 公司营销部根据价格模型估算楼盘基准价，通过销售定价明细表确定各房源与楼盘基准价的差价，在系统中制定该项目完整、详细的价格方案，明确各房源的销售底价，经营销部经理审核后，报分管副总，总经理审批。销售管理系统的楼盘价目表，经销售主管复核后，进行锁定和保密处理。 2. 项目开盘（认筹）前一个月，公司营销部将经审核的销售价格明细表和开盘方案下发销售代理公司执行。 3. 项目开盘前的开盘方案中会明确销售折扣情况，公司按照既定的销售折扣执行。对于除既定折扣外的优惠政策，公司营销部需要上报分管副总审批。营销部人员填制优惠申请单，经公司总经理签字后生效。		1. 检查销售定价明细表、楼盘价目表、开盘方案是否经相关负责人审核； 2. 检查除既定折扣外的优惠政策是否上报分管副总审批；优惠申请单是否经公司总经理签字。							
3	销售合同签订与审批	销售合同签订符合国家法律法规规定		1. 公司在与客户正式签署买卖合同前，需将认购协议书和商品房买卖合同的范本通过系统上报法务部经理审核，并由分管副总审批。 2. 系统设定审批流程，认购协议书和商品房买卖合同由营销部人员提交，经营销部经理、法务部经理、分管副总审核并在商品房预售合同会签单会签，总经理最终审批后，返还项目营销部发起人处，安排与客户签约。		检查认购协议书、商品房买卖合同是否经营销部经理、法务部经理、分管副总审核并在商品房预售合同会签单会签，并由总经理最终审批。							

续表

控制序号	子流程	控制目标	受影响的相关交易、账户余额和披露及其认定	被审计单位的控制活动	控制测试的时间安排	实施的审计程序	执行的频率	拟测试样本规模	选取样本的方式	样本测试索引号	控制活动是否得到有效运行（是/否）	测试结果是否支持风险评估结论	需要从实质性程序获取的保证程度
4	销售合同签订与审批	购房客户资格符合现行条件规定并经过审核，录入网签合同		销售代理人员将客户资料提供至营销部，营销部人员核实客户个人身份信息和之前购房情况不违反国家地方相关限购政策和房屋调控后，将认购协议书、商品房买卖合同交给销售代理人员安排与客户签约。销售代理人员核对签约房源，并领取已审批的认购协议书、商品房买卖合同，提供给客户。客户对合同内容确认后，在纸质认购协议书、商品房买卖合同上签字。客户全款或银行按揭款全额到账后签订正式网签合同。		1. 检查购房人的相关信息（如身份信息、社保信息等）资料，是否符合当地购房条件； 2. 检查客户全款或银行按揭款全额到账后是否签订正式网签合同。							
5	销售收款	记录的房款收款，包括定金、首期款及按揭款收款，准确真实		1. 客户现场有购楼意向时，销售人员在销售台账上标注认筹意向，并要求其支付一定数额的认筹金。财务部出纳员负责清点并收取客户交纳认筹金后，开具认筹金收据给客户。财务部会计核对收到的现金、POS付款单及认筹金数据的一致性后，将认筹金入账。若客户决定购房，认筹金会转为房款。对于不准备认购的客户，销售部制作认筹金返还申请提交至财务部，经营销部经理、财务部经理、总经理审批后，会将该部分认筹金返还客户，同时回收认筹金收据直接注销。所有返还的认筹金收据收齐后会交至财务部用于账务处理。		1. 检查会计是否核对收到的现金到账情况、POS付款单、银行进账单及已开具定金回执的一致性，并确认回执号码是连续无遗漏之后，再在财务系统中将定金入账； 2. 检查财务部会计是否在核对收到的现金、POS付款单及认筹金数据的一致性后，再将认筹金入账； 3. 检查认筹金返还申请是否提交至财务部，并经营销部经理、财务部经理、总经理审批；							

续表

控制序号	子流程	控制目标	受影响的相关交易、账户余额和披露及其认定	被审计单位的控制活动	控制测试的时间安排	实施的审计程序	执行的频率	拟测试样本规模	选取样本的方式	样本测试索引号	控制活动是否得到有效运行（是/否）	测试结果是否支持风险评估结论	需要从实质性程序获取的保证程度
5	销售收款	记录的房款收款，包括定金、首期款及按揭款收款，准确真实		2. 销售人员与客户签定认购协议书，交由销售代理公司经理审核，并交营销部长审核认购书、核对房源表，并对认购房源在系统中进行登记。审核无误后，由客户至财务部出纳员处交纳定金。出纳员收款前核对销控房源表，对认购房源进行登记，并开具定金收据。会计核对收到的现金到账情况、POS 付款单、银行进账单及已开具定金回执的一致性，并确认回执号码是连续无遗漏之后，在财务系统中将定金入账。 3. 客户签订认购协议书后，在规定时间内缴纳首付款（按揭客户）或全款（非按揭客户）并签订销售合同。会计核对收到的现金到账情况、POS 付款单、银行进账单、银行汇票、支票及已开具的税控预收款发票回执的一致性，并确认发票号码是连续无遗漏之后，在财务系统中将首付款或全额房款入账，并将认筹金和定金转为首付款或房款。如客户需办理按揭，等客户办理完抵押手续放款后，财务部出纳员凭银行放款单开具税控预收款发票，并录入销售系统。会计核对收到的银行放款单和税控预收款发票回执的一致性后，在财务系统中将按揭款入账。 4. 月末，会计主管打印出财务系统中销售收款凭证，检查其与所附银行进账单、POS 收款单等相符后，在凭证上盖章确认。		4. 检查会计主管是否将销售收款凭证与所附银行进账单、POS 收款单等核对相符后，再在凭证上盖章确认。 5. 检查会计是否核对收到的现金到账情况、POS 付款单、银行进账单、银行汇票、支票及已开具的税控预收款发票回执的一致性，并确认发票号码是连续无遗漏之后，在财务系统中将首付款或全额房款入账，并将认筹金和定金转为首付款或房款。							

续表

控制序号	子流程	控制目标	受影响的相关交易、账户余额和披露及其认定	被审计单位的控制活动	控制测试的时间安排	实施的审计程序	执行的频率	拟测试样本规模	选取样本的方式	样本测试索引号	控制活动是否得到有效运行（是/否）	测试结果是否支持风险评估结论	需要从实质性程序获取的保证程度
6	销售收款	及时地记录所有收到的房款，包括定金、首期款及按揭款		营销部、销售代理公司、财务部分别建立收款台账，对客户的认筹金、首付款、全额房款、银行按揭款以及欠款等进行记录，对未支付款项的客户进行标注并由销售部（销售代理公司）进行催办。营销部、销售代理公司、财务部每周会进行销售收款台账的对账，确保台账信息的准确性及一致性。如有差异则查明差异原因后解决。		检查各部门建立销售收款台账是否一致；是否就存在的差异查明原因后解决。							
7	销售收入确认	销售收入确认符合准则要求，达到收入确认条件		1. 楼盘开发完成后，公司组织施工单位、设计、勘察等共同验收后，报有关部门进行竣工验收备案，办理综合竣工验收。 2.项目竣工验收后且房屋具备交付条件时，由营销部向买房人发出交房通知书；财务部人员审核业主付款依据等，收回已交款收据，根据财务结算单结算各种费用后，由财务部人员在入住流转单上签章。物业公司经办人员在营销部人员、销售代理公司售楼人员配合下，根据交房通知书、购房合同原件、税控系统预收款发票、业主身份证原件、面积差确认单（面积补差款已缴纳的依据）、财务结算单（物业费用和其他费用已缴纳的依据）等审核购房人的身份，确认其已提交了所需的资料，结算了全额房款及入住费用。审核无误后，由物业公司经办人员及购房人在入住流转单上的相关栏目上签字确认，并由营销部人员加盖项目专用章确认。		1. 检查楼盘开发完成后是否经施工单位、设计、勘察等共同验收后报有关部门进行竣工验收备案，办理综合竣工验收； 2. 检查财务部人员是否审核各种单据后再在入住流转单上签章； 3. 检查物业公司经办人员是否在审核购房人身份后与购房人在入住流转单上签字，并由营销部人员加盖项目专用章确认； 4. 检查收入的确认是否在项目完工、已交房、款项已收或完全能确定收到条件下确认。							

续表

控制序号	子流程	控制目标	受影响的相关交易、账户余额和披露及其认定	被审计单位的控制活动	控制测试的时间安排	实施的审计程序	执行的频率	拟测试样本规模	选取样本的方式	样本测试索引号	控制活动是否得到有效运行（是/否）	测试结果是否支持风险评估结论	需要从实质性程序获取的保证程度
7	销售收入确认	销售收入确认符合准则要求，达到收入确认条件		3. 公司开具交房验收单、钥匙交接单给客户，并将钥匙交接给客户。财务部根据已交付房屋入住流转单、交房验收单、钥匙交接单中列示的各明细户对应的款项结转确认收入。									
8		销售收入被准确、完整地记录在适当的会计期间且经过恰当审批		营销部人员根据系统当月交房信息编制月度交房记录提供给财务部，并将所有相关的交房验收单、钥匙交接单一并提交。财务部会计核对月度交房记录与交房验收单、钥匙交接单一致后，统计当月已交房房源的房款金额，在月末根据房款金额及时在财务系统中进行账务处理。财务部财务主管核对销售转账凭证与月度交房记录等一致后，在打印出的销售转账凭证上盖章审核并过账。		1. 检查财务部会计是否核对月度交房记录与交房验收单、钥匙交接单一致后，在月末根据房款金额及时在财务系统中进行账务处理。 2. 检查财务部财务主管是否核对销售转账凭证与月度交房记录一致后，在打印出的销售转账凭证上盖章审核并过账。							
9	计提坏账准备	准确计提坏账准备并经过适当审核		每季度末，财务部按照资产减值准备管理制度的相关规定组织有关部门分析判断单项应收款项存在的减值迹象并对减值进行测算后报相关负责人审核，对其他的应收款项根据会计政策计提坏账准备，报相关负责人批准后入账。		检查应收款项坏账准备计提是否经相关负责人审批。							

续表

控制序号	子流程	控制目标	受影响的相关交易、账户余额和披露及其认定	被审计单位的控制活动	控制测试的时间安排	实施的审计程序	执行的频率	拟测试样本规模	选取样本的方式	样本测试索引号	控制活动是否得到有效运行（是/否）	测试结果是否支持风险评估结论	需要从实质性程序获取的保证程度
10	销售绩效的评估与计算及结果审批	销售绩效的评估全面并经过适当审批		营销部每季度对销售代理公司从受访状况（来电／来访量）、策略创意、工作完成度、工作配合度、广告效果监控与渠道优化等方面进行考核，再由分管副总进行综合评定后，根据不同权重确定其季度绩效评分。每年末，根据当年四个季度的考核结果，确定其等级，作为未来项目合作选择时的参考依据。		1. 检查项目公司营销部是否每季度对销售代理公司进行考核并由分管副总进行综合评定； 2. 检查每年末公司是否根据当年四个季度的考核结果确定其等级，作为未来项目合作选择时的参考依据。							
11	常备数据维护	数据的修改在输入前需经过批准		常备数据的修改必须在输入前获得批准。每一项修改均需要有相应的批准文件。管理人员将修改后生成的报告与原始凭据进行逐笔核对，以确保输入的完整性和准确性，差异得到及时的调查和解决。		检查常备数据的修改是否经审批。							
12		价格修改需经过批准		对销售价格作出修改必须取得管理层书面同意。管理人员复核所有输入系统的价格修改，以便验证其准确性，及时调查和解决差异。		检查价格调整是否经相关负责人审批；是否由管理人员复核所有输入系统的价格修改。							

编制说明

1. “控制测试的时间安排”一栏注册会计师根据项目具体情况选择填写期中、期末、期中和期末。
2. “选取样本的方式”一栏注册会计师根据项目具体情况选择其中一种方式填写：（1）随机抽取；（2）等距选样；（3）每月抽取若干张等方式。
3. “控制活动是否有效运行”一栏和“控制测试结果是否支持风险评估结论”一栏，应根据了解和测试内部控制中获取的审计证据综合分析填写。
4. 如果注册会计师不拟对某些控制活动实施控制测试，则应直接执行实质性程序，对相关交易、账户余额和披露的认定进行测试，以获取足够的保证程度。
5. 控制测试发现，被审计单位控制活动没有有效运行，“需要从实质性程序获取的保证程度”一栏填写“高”。
6. 当存在下列情形之一时，注册会计师应当设计和实施控制测试，针对相关控制运行的有效性，获取充分、适当的审计证据：

（1）在评估认定层次重大错报风险时，预期控制的运行是有效的；

（2）仅实施实质性程序并不能够提供认定层次充分、适当的审计证据。

房地产销售与收款循环控制测试

被审计单位：×× 房地产开发有限责任公司	编制人：××	编制日期：202× 年 × 月 × 日	索引号：FSXL-4
项目：房地产销售与收款循环控制测试程序	复核人：××	复核日期：202× 年 × 月 × 日	财务报表截止日 / 期间：202× 年度

一、控制活动

控制活动编号	控制活动说明
12	对销售价格作出修改必须取得管理层书面同意。管理人员复核所有输入系统的价格修改，以便验证其准确性，及时调查和解决差异。

二、测试程序

检查价格调整是否经相关负责人审批；是否由管理人员复核所有输入系统的价格修改。

三、控制的类型和频率

控制类型	人工
控制频率	1 次 / 季度
样本量	2

四、控制测试记录

样本序号	资料名称	测试结果（是 / 否）		是否异常
		价格调整说明是否经相关负责人审批	是否由管理人员复核输入系统的价格修改	
1	202× 年 12 月价格调整说明	是	是	否
……				

五、测试说明

无

六、测试结论

经过以上测试，我们认为被审计单位相关控制运行是有效的。

编制说明

1.“控制类型”一栏可填写“人工控制”、“自动控制”、“包含自动化成分的人工控制”。

2. 如果控制测试无缺陷，则在“测试结论”中填写相关控制运行有效。否则需填写相关控制运行无效，并指出具体无效的控制点。

3. 审计员需根据控制点是否为关键控制等因素决定是否针对房地产销售与收款循环控制测试汇总表底稿中的每项控制点进行控制测试，并就控制测试过程和结果分别记录在相应的控制测试工作底稿中。房地产销售与收款循环控制测试底稿的编制仅以控制序号 12 这项控制点的控制活动为例进行填写。

4. 针对每项控制点抽样样本量的选取，注册会计师可根据该控制点控制运行的频率和全年控制发生的次数，在如下控制测试样本量表中选择对应测试的最小样本规模区间，在区间范围内选择合适的数量进行测试。同时将测试信息、结论等记录在底稿的对应位置。以控制点 12 价格修改需经过批准为例，如果经审计员了解全年价格修改 4 次，控制运行频率 1 次 / 季度，则选取 2 作为控制测试样本量。底稿中样本量以 2 为例进行填写。当测试的样本量多于 1 时，样本一般需覆盖全年。

控制测试样本量表

序号	控制运行的频率	全年控制发生的次数	测试的最小样本规模区间
1	1 次 / 年	1	1
2	1 次 / 季度	4	2
3	1 次 / 月	12	2~5
4	1 次 / 周	52	5~15
5	1 次 / 日	250	20~40
6	每日数次	>250	25~60

5. 如果一个控制点的测试程序有多个测试点，可以在测试程序表格中自行添加行，列出多项拟实施的审计程序。

6. 在控制测试记录表中的“资料名称”一栏根据控制点 12 所取得的价格调整说明表的信息填写。如果是其他控制点执行控制测试时，则需根据不同样本资料分别填写。

7. 如果价格调整说明经相关负责人审批，管理人员复核了输入系统的价格修改，则在控制测试记录表中的“测试结果”一栏相应位置填写“是”，“是否异常”一栏相应位置填写“否”；如果没有审批则在“测试结果”一栏相应位置填写“否”，“是否异常”一栏相应位置填写“是”。进而根据注册会计师职业判断考虑是否扩大测试范围以及测试结论的填写等。

5. 筹资与投资循环

筹资与投资循环控制测试汇总表

被审计单位：×× 房地产开发有限责任公司　　编制人：××　　编制日期：202× 年 × 月 × 日　索引号：CZL-3

项目：筹资与投资循环控制测试　　复核人：××　　复核日期：202× 年 × 月 × 日　财务报表截止日 / 期间：202× 年度

控制序号	子流程	控制目标	受影响的相关交易、账户余额和披露及其认定	被审计单位的控制活动	控制测试的时间安排	实施的审计程序	执行的频率	拟测试样本规模	选取样本的方式	样本测试索引号	控制活动是否得到有效运行（是/否）	测试结果是否支持风险评估结论	需要从实质性程序获取的保证程度
1	借款的审批与处理	借款经过适当审批		1. 每年年初，财务部门根据企业经营战略、预算情况与资金现状等因素，提出初始筹资方案，包括筹资额度、筹资形式、利率、筹资期限、资金用途等内容，经财务经理复核后，提交总经理审批。对于超过公司资产总额 ××%（以公司最近一次经审计的数额计算），单笔担保额超过公司净资产总额的 ××% 的借款还需由董事会审议批准。 2. 财务部信贷记账员根据实际资金情况，编制借款申请报告，经过财务部相关领导审核后上报总经理，借款金额超过规定的还需董事会审批。审核通过后，委托公司财务经理全权负责签署公司日常与银行等金融机构发生的借款、对外担保、票据贴现、票据质押等业务的相关文件。 3. 公司财务部会计根据公司签订的借款合同以及银行的结算回单在财务系统中编制记账凭证，并经财务部相关负责人审核。信贷记账员登记银行借款明细表，出纳员登记银行日记账。		1. 检查筹资方案是否经财务经理复核后，提交总经理和董事会审批； 2. 检查借款申请报告是否经财务部相关领导、总经理、董事会审批； 3. 检查借款记账凭证是否经财务部相关负责人审核。							

续表

控制序号	子流程	控制目标	受影响的相关交易、账户余额和披露及其认定	被审计单位的控制活动	控制测试的时间安排	实施的审计程序	执行的频率	拟测试样本规模	选取样本的方式	样本测试索引号	控制活动是否得到有效运行（是/否）	测试结果是否支持风险评估结论	需要从实质性程序获取的保证程度
2	管理借款	借入与归还的款项均已记录且记录准确		1. 公司财务部信贷记账员统一保管借款合同，及时登记书面借款台账，内容包括借款银行名称、借款合同编号、合同金额、借款日期、还款日期、借款用途、借款条件、合同利率、结息日等。借款台账经财务部负责人每月复核签字。信贷记账员每月将台账中的借款信息与财务系统中的借款入账比对复核后签字。 2. 每月末，信贷管理员与信贷记账员核对借款备查账与借款明细账，编制核对表报财务部相关负责人复核。如有任何差异，立即进行调查。 3. 公司财务部会计根据公司签订的借款合同以及银行的结算回单在财务系统中编制记账凭证，并经财务部相关负责人审核。出纳员在每月底或者每季度收到银行利息单后，登记日记账。 4. 借款到期时，信贷管理员填写付款申请表，注明资金用途为归还借款，经财务经理批准后，出纳员办理还款事宜。借款到期还款前，公司财务部融资专员填写银行借款还款审批表，经相关负责人审批同意后，财务部会计根据借款合同和借款还款审批表在财务系统中编制记账凭证，并经相关负责人审核。 5. 信贷记账员在财务系统内编制付款凭证，将银行回单等单证交财务部相关负责人审核。财务部相关负责人审核无误后，在系统中批准，并在付款凭证后附的单证上加盖印戳。系统自动过账至借款明细账和总账。		1. 检查借款会计凭证是否经财务部相关负责人复核； 2. 检查借款台账是否经财务部负责人每月复核签字； 3. 检查财务部相关负责人是否每月复核借款备查账与借款明细账核对表； 4. 检查银行借款还款审批表是否经相关负责人审批； 5. 检查付款申请表是否经财务经理审批。							

续表

控制序号	子流程	控制目标	受影响的相关交易、账户余额和披露及其认定	被审计单位的控制活动	控制测试的时间安排	实施的审计程序	执行的频率	拟测试样本规模	选取样本的方式	样本测试索引号	控制活动是否得到有效运行（是/否）	测试结果是否支持风险评估结论	需要从实质性程序获取的保证程度
3	利息记录与支付	借款费用均已准确计算并记录于适当期间		1. 每月末，信贷记账员在系统内编制记账凭证，将银行利息回单交财务部相关负责人审核。财务部相关负责人审核无误后，在系统中批准，系统自动过账至借款明细账和总账。 2. 公司财务部信贷记账员每月将借款台账中的借款利息信息与财务系统中的利息入账记录比对后报财务部相关负责人签字确认。		1. 检查利息支付记账凭证是否经财务部相关负责人审核； 2. 检查财务部信贷记账员是否每月将借款台账中的借款利息信息与财务系统中的利息入账记录比对后报财务部相关负责人签字确认。							

编制说明

1. “控制测试的时间安排”一栏注册会计师根据项目具体情况选择填写期中、期末、期中和期末。
2. “选取样本的方式”一栏注册会计师根据项目具体情况选择其中一种方式填写：（1）随机抽取；（2）等距选样；（3）每月抽取若干张等方式。
3. 筹资与投资循环控制测试汇总表以筹资循环为例。

筹资与投资循环控制测试

被审计单位：× × 房地产开发有限责任公司	编制人：× ×	编制日期：202× 年 × 月 × 日	索引号：CZL-4
项目：筹资与投资循环控制测试程序	复核人：× ×	复核日期：202× 年 × 月 × 日	财务报表截止日 / 期间：202× 年度

一、控制活动

控制活动编号	控制活动说明
1	1. 每年年初，财务部门根据企业经营战略、预算情况与资金现状等因素，提出初始筹资方案，包括筹资额度、筹资形式、利率、筹资期限、资金用途等内容，经财务经理复核后，提交总经理审批。对于超过公司资产总额 × ×%（以公司最近一次经审计的数额计算），单笔担保额超过公司净资产总额的 × ×% 的借款还需由董事会审议批准。 2. 财务部信贷记账员根据实际资金情况，编制借款申请报告，经过财务部相关领导审核后上报总经理，借款金额超过规定的还需董事会审批。审核通过后，委托公司财务经理全权负责签署公司日常与银行等金融机构发生的借款、对外担保、票据贴现、票据质押等业务的相关文件。 3. 公司财务部会计根据公司签订的借款合同以及银行的结算回单在财务系统中编制记账凭证，并经财务部相关负责人审核。信贷记账员登记银行借款明细表，出纳员登记银行日记账。

二、测试程序

1. 检查筹资方案是否经财务经理复核后，提交总经理和董事会审批；
2. 检查借款申请报告是否经财务部相关领导、总经理、董事会审批；
3. 检查借款记账凭证是否经财务部相关负责人审核。

三、控制的类型和频率

控制类型	手工
控制频率	1 次 / 年
样本量	1

四、控制测试记录

样本序号	资料名称	记账时间	凭证编号	测试结果（是 / 否）			是否异常
				借款凭证是否经财务部相关负责人审核	筹资方案是否经财务经理、总经理、董事会审批	借款申请报告是否经财务部相关领导、总经理、董事会审批	
1	202× 年度初始筹资方案、202× 年借款申请报告、借款凭证	202×.11.10	转 -234	是	是	是	否
……							

五、测试说明

无

六、测试结论

经过以上测试，我们认为被审计单位相关控制运行是有效的。

编制说明

1.“控制类型”一栏可填写“人工控制”、“自动控制”、“包含自动化成分的人工控制”。

2. 如果控制测试无缺陷，则在“测试结论”中填写相关控制运行有效。否则需填写相关控制运行无效，并指出具体无效的控制点。

3. 审计员需根据控制点是否为关键控制等因素决定是否针对筹资与投资循环控制测试汇总表底稿中的每项控制点进行控制测试，并就控制测试过程和结果分别记录在相应的控制测试工作底稿中。筹资与投资循环控制测试底稿的编制仅以控制序号 1 这项控制点的控制活动为例进行填写。

4. 针对每项控制点抽样样本量的选取，注册会计师可根据该控制点控制运行的频率和全年控制发生的次数，在如下控制测试样本量表中选择对应测试的最小样本规模区间，在区间范围内选择合适的数量进行测试。同时将测试信息、结论等记录在底稿的对应位置。以控制点 1 借款经过适当审批为例，如果经审计员了解 202× 年度有 1 笔新增借款，控制运行频率是 1 次 / 年，则选取 1 作为控制测试样本量。底稿中样本量以 1 为例进行填写。如果当测试的样本量多于 1 时，样本一般需覆盖全年。

控制测试样本量表

序号	控制运行的频率	全年控制发生的次数	测试的最小样本规模区间
1	1 次 / 年	1	1
2	1 次 / 季度	4	2
3	1 次 / 月	12	2~5
4	1 次 / 周	52	5~15
5	1 次 / 日	250	20~40
6	每日数次	>250	25~60

5. 在控制测试记录表中的“资料名称、记账时间、凭证编号”几栏根据控制点 1 所取得的筹资方案、借款申请表和借款记账凭证的信息填写。如果是其他控制点执行控制测试时，则需根据不同样本资料分别填写。

6. 如果筹资方案、借款申请报告和借款凭证经相关负责人审批，则在控制测试记录表中的“测试结果”一栏相应位置填写“是”，“是否异常”一栏相应位置填写“否”；如果没有审批则在“测试结果”一栏相应位置填写“否”，“是否异常”一栏相应位置填写“是”。进而根据注册会计师职业判断考虑是否扩大测试范围以及测试结论的填写等。

6. 固定资产和其他长期资产循环

固定资产和其他长期资产循环控制测试汇总表

被审计单位：× × 房地产开发有限责任公司　　编制人：× ×　　编制日期：202× 年 × 月 × 日　　索引号：GZ1L-3

项目：固定资产和其他长期资产循环控制测试　　复核人：× ×　　复核日期：202× 年 × 月 × 日　　财务报表截止日 / 期间：202× 年度

控制序号	子流程	控制目标	受影响的相关交易、账户余额和披露及其认定	被审计单位的控制活动	控制测试的时间安排	实施的审计程序	执行的频率	拟测试样本规模	选取样本的方式	样本测试索引号	控制活动是否得到有效运行（是 / 否）	测试结果是否支持风险评估结论	需要从实质性程序获取的保证程度
1	采购审批	采购申请经过恰当审批		1. 固定资产的购置公司实行预算审批制，公司资产使用部门根据需求向主管部门负责人提出采购计划并编制固定资产需求申请表。 2. 固定资产需求申请表经主管部门负责人审核通过后报综合部审批，综合部根据汇总后的固定资产需求计划，结合公司固定资产的使用、闲置情况，编制月度采购计划单上报。 3. 金额在人民币 × × 万元以下的月度采购计划单由总经理负责审批；金额在人民币 × × 万元以上的月度采购计划单需经董事会审批。审核批准后再由固定资产主管部门采购人员办理购置相关事宜。		1. 检查固定资产需求申请表是否由主管部门负责人、综合部审批； 2. 检查月度采购计划单是否由相关负责人、总经理、董事会审批。							

续表

控制序号	子流程	控制目标	受影响的相关交易、账户余额和披露及其认定	被审计单位的控制活动	控制测试的时间安排	实施的审计程序	执行的频率	拟测试样本规模	选取样本的方式	样本测试索引号	控制活动是否得到有效运行（是/否）	测试结果是否支持风险评估结论	需要从实质性程序获取的保证程度
2	采购审批	供应商选择经过适当审批		采购部门收到经审批的采购计划单后，根据采购数量、规格等安排招标或询价以确定供应商。采购经理、质检经理和总经理对选择的供应商进行审批。		检查供应商选择是否经采购经理、质检经理和总经理审批。							
3		采购合同经过恰当审批		采购员根据公司固定的采购合同模板草拟采购合同，提交采购经理、总经理审核。审核内容包括供应商是否经审批、合同是否采用公司模板签订、合同信息与采购计划单是否一致等。如果供应商要求对公司固定的采购合同模板做出修改，应经法律部负责人同意。		1. 检查采购合同是否经恰当人员审核； 2. 检查对公司固定的采购合同模板做出修改时是否经法律部负责人同意。							
4	验收确认	固定资产经过验收且真实准确		1. 对于不需要安装的购进固定资产，综合部会同财务部和使用部门联合进行验收，实行会签制，填写固定资产验收单。该验收单上应有采购人员、综合部负责人、财务部负责人、使用部门负责人及使用人的签字。 2. 对于购进需要安装的固定资产，必须首先由供货单位、安装单位和公司采购人员、综合部负责人、财务部负责人、使用部门负责人、使用人及相关技术人员根据合同、供应商发货单等对所购固定资产的品种、规格、数量、质量、技术要求及其他内容进行验收，然后才能进行安装。		1. 检查不需要安装的购进固定资产的验收单是否经相关负责人的签字确认； 2. 检查购进需要安装的固定资产是否经相关部门负责人进行验收并在固定资产验收单上签字确认； 3. 检查资产使用部门是否编制固定资产交付领用表，并由资产使用人及其相关负责人签字确认； 4. 检查是否编制固定资产编号和固定资产管理台账。							

续表

控制序号	子流程	控制目标	受影响的相关交易、账户余额和披露及其认定	被审计单位的控制活动	控制测试的时间安排	实施的审计程序	执行的频率	拟测试样本规模	选取样本的方式	样本测试索引号	控制活动是否得到有效运行（是/否）	测试结果是否支持风险评估结论	需要从实质性程序获取的保证程度
4	验收确认	固定资产经过验收且真实准确		固定资产安装调试运转正常达到规定标准后，由上述验收人员在固定资产验收单上签字确认。同时资产使用部门编制固定资产交付领用表，由资产使用人及其相关负责人签字确认。 3. 采购部按资产编号规则编制固定资产编号，制作固定资产编号标纸，粘贴于固定资产上。同时登记固定资产管理台账，并将资产相关资料附于固定资产管理台账上，综合部将购置的固定资产交给请购单位使用。									
5		固定资产被准确、完整地记录在适当的会计期间且经过恰当审批		1.采购部将固定资产需求申请表、月度采购计划单、验收单、固定资产交付领用表、发票一同送交财务部作为付款入账的依据。财务部固定资产记账员在收到固定资产需求申请表、月度采购计划单、验收单、固定资产交付领用表、发票等单据，审核无误后进行账务处理，编制固定资产记账凭证，并由财务部负责人审核。 2. 固定资产的入账应及时。固定资产的验收、登记和入账，应在同一个会计期间进行，不得跨期。		检查固定资产记账凭证是否经财务部负责人审核。							

续表

控制序号	子流程	控制目标	受影响的相关交易、账户余额和披露及其认定	被审计单位的控制活动	控制测试的时间安排	实施的审计程序	执行的频率	拟测试样本规模	选取样本的方式	样本测试索引号	控制活动是否得到有效运行（是/否）	测试结果是否支持风险评估结论	需要从实质性程序获取的保证程度
6	运行管理	固定资产账实相符		1. 年末固定资产盘点清查工作由总经理领导，综合部、财务部会同相关责任部门共同完成。综合部编制年度固定资产清查盘点工作方案，经公司总经理审批签字后执行。 2. 资产使用部门负责固定资产实物清点，财务部与综合部监督资产使用部门实物清点。资产使用部门将实地盘点结果记录在固定资产清查盘点表上，资产使用部门、综合部、财务部相关负责人审核固定资产清查盘点表并签字确认后，报公司总经理审核签字。 3. 清查盘点中发现的盘盈、盘亏情况，综合部会同财务部及专业技术人员对盘盈、盘亏情况进行分析并作出技术鉴定，编制固定资产盘盈、盘亏处置报告，按照职责审批权限报公司财务部相关负责人、总经理审核确认。财务部会计核算人员根据审批结果，对盘盈、盘亏固定资产进行账务处理，综合部负责资产台账管理人员根据审批结果调整、更新固定资产实物台账。		1. 检查固定资产清查盘点表是否经相关部门负责人和总经理审核签字； 2. 检查年度固定资产清查盘点工作方案是否经公司总经理审批签字； 3. 检查固定资产盘盈、盘亏处置报告是否经财务部相关负责人和总经理审核确认。							

续表

控制序号	子流程	控制目标	受影响的相关交易、账户余额和披露及其认定	被审计单位的控制活动	控制测试的时间安排	实施的审计程序	执行的频率	拟测试样本规模	选取样本的方式	样本测试索引号	控制活动是否得到有效运行（是/否）	测试结果是否支持风险评估结论	需要从实质性程序获取的保证程度
7	运行管理	固定资产日常维修经过恰当审批		资产使用部门根据固定资产状况填写固定资产维修申请表，由该部门负责人签字上报财务部负责人、综合部负责人、总经理审核确认。		检查固定资产维修申请表是否经相关部门负责人签字确认。							
8	折旧和减值	计提的折旧金额准确		公司财务部固定资产核算岗位按照公司会计政策，将固定资产原值、折旧方法、预计使用年限、残值率等相关资料输入至财务系统中按月计提固定资产折旧。财务系统自动生成月度固定资产折旧计提表，经财务部相关负责人审核签字后进行账务处理，并由其审核记账凭证后签章确认。		1. 检查月度固定资产折旧计提表是否经财务部相关负责人审核签字； 2. 检查固定资产折旧计提的记账凭证是否经财务部相关负责人审核。							
9		计提的资产减值损失金额准确		每年末，会计主管与固定资产使用部门对固定资产的使用寿命、预计净残值、折旧方法进行复核，共同编写固定资产价值分析报告。固定资产如果出现减值迹象，会计主管对该类固定资产进行减值测试，计算其可回收额，编制固定资产价值调整建议。经财务部经理复核后，报总经理审批，并在审批后入账。		检查固定资产价值分析报告、固定资产价值调整建议是否经过相关负责人审批。							

续表

控制序号	子流程	控制目标	受影响的相关交易、账户余额和披露及其认定	被审计单位的控制活动	控制测试的时间安排	实施的审计程序	执行的频率	拟测试样本规模	选取样本的方式	样本测试索引号	控制活动是否得到有效运行（是/否）	测试结果是否支持风险评估结论	需要从实质性程序获取的保证程度
10	资产处置	固定资产处置均已得到准确及时记录		1. 固定资产由于长期使用、磨损、不能修复或由于意外的灾害等原因造成固定资产丧失生产能力和使用功能的，需由资产使用部门向固定资产管理小组提交固定资产的报废申请报告。管理小组根据有关规定，经过相应鉴定确认报废的，填写固定资产报废审批表，履行审批程序后进行报废处理。固定资产报废审批表交综合部、财务部各一份，使用单位留存一份。 2. 综合部负责固定资产台账管理人员根据报废审批结果及时调整、更新固定资产实物台账；财务部会计核算人员根据报废审批结果，及时对报废固定资产进行账务处理。		1. 检查固定资产报废审批表、固定资产报废申请报告是否经过相关负责人审批； 2. 检查固定资产台账管理人员是否根据报废审批结果及时调整、更新固定资产实物台账，并由财务部及时就报废固定资产进行账务处理。							

编制说明

1. “控制测试的时间安排”一栏注册会计师根据项目具体情况选择填写期中、期末、期中和期末。
2. “选取样本的方式”一栏注册会计师根据项目具体情况选择其中一种方式填写：（1）随机抽取；（2）等距选样；（3）每月抽取若干张等方式。
3. “控制活动是否有效运行”一栏和“控制测试结果是否支持风险评估结论”一栏，应根据了解和测试内部控制中获取的审计证据综合分析填写 。
4. 如果注册会计师不拟对某些控制活动实施控制测试，则应直接执行实质性程序，对相关交易、账户余额和披露的认定进行测试，以获取足够的保证程度。
5. 控制测试发现，被审计单位控制活动没有有效运行，“需要从实质性程序获取的保证程度”一栏填写“高”。
6. 当存在下列情形之一时，注册会计师应当设计和实施控制测试，针对相关控制运行的有效性，获取充分、适当的审计证据：

（1）在评估认定层次重大错报风险时，预期控制的运行是有效的；

（2）仅实施实质性程序并不能够提供认定层次充分、适当的审计证据。

固定资产和其他长期资产循环控制测试

被审计单位：××房地产开发有限责任公司	编制人：××	编制日期：202×年×月×日	索引号：　GZ1L–4
项目：固定资产和其他长期资产循环控制测试程序	复核人：××	复核日期：202×年×月×日	财务报表截止日/期间：202×年度

一、控制活动

控制活动编号	控制活动说明
8	公司财务部固定资产核算岗位按照公司会计政策，将固定资产原值、折旧方法、预计使用年限、残值率等相关资料输入至财务系统中按月计提固定资产折旧。财务系统自动生成月度固定资产折旧计提表，经财务部相关负责人审核签字后进行账务处理，并由其复核记账凭证后签章确认。

二、测试程序

1. 检查月度固定资产折旧计提表是否经财务部相关负责人审核签字； 2. 检查固定资产折旧计提的记账凭证是否经财务部相关负责人复核。

三、控制的类型和频率

控制类型	人工
控制频率	1次/月
样本量	5

四、控制测试记录

样本序号	资料名称	记账时间	凭证编号	测试结果（是/否）		是否异常
				月度固定资产折旧计提表是否经财务部相关负责人审核签字	固定资产折旧计提的记账凭证是否经财务部相关负责人审核	
1	12月固定资产折旧计提表、固定资产折旧计提的记账凭证	202×.12.30	转–567	是	是	否
……						

五、测试说明

无

六、测试结论

经过以上测试，我们认为被审计单位相关控制运行是有效的。

编制说明

1. “控制类型”一栏可填写“人工控制”、“自动控制”、“包含自动化成分的人工控制”。

2. 如果控制测试无缺陷，则在“测试结论”中填写相关控制运行有效。否则需填写相关控制运行无效，并指出具体无效的控制点。

3. 审计员需根据控制点是否为关键控制等因素决定是否针对固定资产和其他长期资产循环控制测试汇总表底稿中的每项控制点进行控制测试，并就控制测试过程和结果分别记录在相应的控制测试工作底稿中。固定资产和其他长期资产循环控制测试底稿的编制仅以控制序号 8 这项控制点的控制活动为例进行填写。

4. 针对每项控制点抽样样本量的选取，注册会计师可根据该控制点控制运行的频率和全年控制发生的次数，在如下控制测试样本量表中选择对应测试的最小样本规模区间，在区间范围内选择合适的数量进行测试。同时将测试信息、结论等记录在底稿的对应位置。以控制点 8“计提的折旧金额准确”为例，控制运行频率 1 次 / 月，则选取对应的最小样本规模区间 2~5 作为控制测试样本量区间。在区间内选取具体控制测试样本的数量还需结合控制风险、以前年度审计经验等因素进行判断。底稿中样本量以 5 为例进行填写。当测试的样本量多于 1 时，样本一般需覆盖全年。

控制测试样本量表

序号	控制运行的频率	全年控制发生的次数	测试的最小样本规模区间
1	1 次 / 年	1	1
2	1 次 / 季度	4	2
3	1 次 / 月	12	2~5
4	1 次 / 周	52	5~15
5	1 次 / 日	250	20~40
6	每日数次	>250	25~60

5. 在控制测试记录表中的“资料名称、记账时间、凭证编号”几栏根据控制点 8 所取得的固定资产折旧计提表、固定资产折旧计提的记账凭证的信息填写。如果是其他控制点执行控制测试时，则需根据不同样本资料分别填写。

6. 如果月度固定资产折旧计提表和固定资产折旧计提的记账凭证是经过财务部相关负责人审核的，则在控制测试记录表中的“测试结果”一栏相应位置填写“是”，“是否异常”一栏相应位置填写“否”；如果没有审核则在“测试结果”一栏相应位置填写“否”，“是否异常”一栏相应位置填写“是”。进而根据注册会计师职业判断考虑是否扩大测试范围以及测试结论的填写等。

7. 货币资金循环

货币资金循环控制测试汇总表

被审计单位：× × 房地产开发有限责任公司　　编制人：× ×　　编制日期：202× 年 × 月 × 日　　索引号：ZJL-3

项目：货币资金循环控制测试　　复核人：× ×　　复核日期：202× 年 × 月 × 日　　财务报表截止日 / 期间：202× 年度

控制序号	子流程	控制目标	受影响的相关交易、账户余额和披露及其认定	被审计单位的控制活动	控制测试的时间安排	实施的审计程序	执行的频率	拟测试样本规模	选取样本的方式	样本测试索引号	控制活动是否得到有效运行（是 / 否）	测试结果是否支持风险评估结论	需要从实质性程序获取的保证程度
1	现金盘点	现金安全		1. 每月末，会计主管指定出纳员以外的人员对现金进行盘点，编制库存现金盘点表，将盘点金额与现金日记账余额进行核对。会计主管复核库存现金盘点表，如果盘点金额与现金日记账余额存在差异，需查明原因并报经财务经理批准后进行账务处理。 2. 公司财务部出纳员负责现金的实物保管。出纳员将现金存放在保险柜中，保险柜需同时通过密码和钥匙才能打开。保险柜钥匙、密码丢失或发生故障，应立即报请领导处理，不得随意找人修理或修配钥匙。超过库存限额的现金应由出纳员在下班前送存银行。公司现金不得以个人名义存入银行。		1. 检查公司库存现金盘点表是否由出纳员以外人员编制并经会计主管复核签字； 2. 检查当现金盘点金额与现金日记账余额有差异时是否查明原因并报经财务经理批准后进行账务处理； 3. 观察保险柜是否需同时通过密码和钥匙才能打开； 4. 观察超过库存限额的现金是否由出纳员在下班前送存银行。							

续表

控制序号	子流程	控制目标	受影响的相关交易、账户余额和披露及其认定	被审计单位的控制活动	控制测试的时间安排	实施的审计程序	执行的频率	拟测试样本规模	选取样本的方式	样本测试索引号	控制活动是否得到有效运行（是/否）	测试结果是否支持风险评估结论	需要从实质性程序获取的保证程度
2	银行存款管理	银行存款账实相符		每月末，会计主管指定出纳员以外的人员核对银行存款日记账和银行对账单，编制银行余额调节表，使银行存款账面余额与银行对账单调节相符。如调节不符，查明原因，会计主管复核银行余额调节表，对需要进行账务调整的调节项目及时进行处理。		检查银行余额调节表是否由出纳员以外人员编制并由会计主管复核。							
		开销户管理、银行存款安全		1. 公司财务部根据经营管理实际需要开设 / 注销银行账户时，出纳员填写新增 / 注销银行账户书面申请报告，根据公司审批权限规定经有权限的审批人在书面申请报告上签字同意后办理开户 / 注销手续。对于临时性、长期不用的账户应及时清理、撤销。撤销账户由财务部相关负责人批准。 2. 不准出租、出借公司账户；不准以任何名义为他人套取现金。银行账号等信息应保密，非因业务需要不准外泄。		1. 检查注销银行账户书面申请报告是否已由相关负责人审批； 2. 检查新增银行账户书面申请报告是否由相关负责人审批。							
3	收付款管理			1. 编制的付款通知书经部门经理、财务经理、总经理等相关负责人审核签字后，出纳员根据经审批的付款申请单付款。 2. 出纳员将付款单据交财务会计编制付款凭证，会计主管在对付款凭证及相关单据复核后，在付款凭证后附的单证上加盖印戳。		1. 检查收付款凭证是否由会计主管复核； 2. 检查付款通知书是否由相关负责人签字审批。							

续表

控制序号	子流程	控制目标	受影响的相关交易、账户余额和披露及其认定	被审计单位的控制活动	控制测试的时间安排	实施的审计程序	执行的频率	拟测试样本规模	选取样本的方式	样本测试索引号	控制活动是否得到有效运行（是/否）	测试结果是否支持风险评估结论	需要从实质性程序获取的保证程度
3	收付款管理	收付款经过适当审批、所有银行交易事项均被识别且在适当的会计期间予以准确记录		3. 出纳员收到款项后，公司财务部会计依据经审批后的银行收款原始单据，在财务系统中编制收款凭证，经会计主管审核后，交出纳员执行。									
4	票据印章管理	财产安全		1. 每月末，会计主管指定出纳员以外人员对空白票据、未办理收款和承兑的票据进行盘点，编制银行票据盘点表，并与银行票据登记簿进行核对。会计主管复核银行票据盘点表，如果存在差异，需查明原因。 2. 财务专用章由财务经理保管，个人名章由出纳员保管。		1. 检查银行票据盘点表是否经会计主管复核； 2. 观察财务专用章是否由财务经理保管，个人名章是否由出纳员保管。							
5	资金预算管理	资金预算合理、科学，执行与监督有效		1. 公司财务部制定了资金管理制度，按公司统一的发文程序审批后由总经理办公室下发，并根据国家法律法规要求以及公司业务变化及时更新。 2. 每年10月，根据公司的战略规划，经董事会讨论通过，总经理批准，颁布公司的年度经营目标，并布置编制年度财务预算的工作。		检查资金管理制度、年度经营目标、财务预算、重大资本支出预算是否由相关部门负责人、总经理和董事会签字审批。							

续表

控制序号	子流程	控制目标	受影响的相关交易、账户余额和披露及其认定	被审计单位的控制活动	控制测试的时间安排	实施的审计程序	执行的频率	拟测试样本规模	选取样本的方式	样本测试索引号	控制活动是否得到有效运行（是/否）	测试结果是否支持风险评估结论	需要从实质性程序获取的保证程度
5	资金预算管理			3. 每年 11 月，各部门经理参会，布置各部门编制本部门财务预算。各部门编制的各项财务预算需在 11 月 30 日之前报财务部，经汇总后提交总经理、董事会审批。 4. 资金使用部门、财务部等提出重大资本投资计划，经总经理、董事会审批后，编制重大资本支出预算，报财务部汇总。									
6	费用管理	费用的合理运用		1. 各部门应根据颁布下达的年度财务预算有关数据遵照执行。财务部把预算汇总录入系统，制作预算情况使用表并由相关负责人签字审核。 2. 费用报销时由经办人员填写费用报销单，列明具体的费用经手人、所在部门、费用名称、费用摘要、金额等内容，经所在部门负责人、财务部负责人、分管领导审批。公司各部门对超过报销标准及超过预算限额的费用，报公司总经理审批。		1. 检查未超过预算限额的费用报销单是否经所在部门负责人、财务部负责人、分管领导审批； 2. 检查超过预算限额的费用报销单是否经总经理审批； 3. 检查财务部是否制作预算情况使用表并由相关负责人签字审核。							

编制说明

1. “控制测试的时间安排”一栏注册会计师根据项目具体情况选择填写期中、期末、期中和期末。
2. “选取样本的方式”一栏注册会计师根据项目具体情况选择其中一种方式填写：（1）随机抽取；（2）等距选样；（3）每月抽取若干张等方式。
3. “控制活动是否有效运行”一栏和“控制测试结果是否支持风险评估结论”一栏，应根据了解和测试内部控制中获取的审计证据综合分析填写 。
4. 如果注册会计师不拟对某些控制活动实施控制测试，则应直接执行实质性程序，对相关交易、账户余额和披露的认定进行测试，以获取足够的保证程度。
5. 控制测试发现，被审计单位控制活动没有有效运行，“需要从实质性程序获取的保证程度”一栏填写“高”。
6. 当存在下列情形之一时，注册会计师应当设计和实施控制测试，针对相关控制运行的有效性，获取充分、适当的审计证据：
（1）在评估认定层次重大错报风险时，预期控制的运行是有效的；
（2）仅实施实质性程序并不能够提供认定层次充分、适当的审计证据。

货币资金循环控制测试

被审计单位：×× 房地产开发有限责任公司	编制人：××	编制日期：202× 年 × 月 × 日	索引号：ZJL-4
项目：货币资金循环控制测试程序	复核人：××	复核日期：202× 年 × 月 × 日	财务报表截止日 / 期间：202× 年度

一、控制活动

控制活动编号	控制活动说明
2	每月末，会计主管指定出纳员以外的人员核对银行存款日记账和银行对账单，编制银行余额调节表，使银行存款账面余额与银行对账单调节相符。如调节不符，查明原因，会计主管复核银行余额调节表，对需要进行账务调整的调节项目及时进行处理。

二、测试程序

检查银行余额调节表是否由出纳员以外人员编制并由会计主管复核。

三、控制的类型和频率

控制类型	人工
控制频率	1 次 / 月
样本量	5

四、控制测试记录

样本序号	资料名称	测试结果（是 / 否）		是否异常
		银行余额调节表是否由出纳员以外人员编制	银行余额调节表是否由会计主管复核	
1	202× 年 12 月银行余额调节表	是	是	否
……				

五、测试说明

无

六、测试结论

经过以上测试，我们认为被审计单位相关控制运行是有效的。

编制说明

1. “控制类型”一栏可填写“人工控制”、“自动控制”、“包含自动化成分的人工控制”。

2. 如果控制测试无缺陷，则在“测试结论”中填写相关控制运行有效。否则需填写相关控制运行无效，并指出具体无效的控制点。

3. 审计员需根据控制点是否为关键控制等因素决定是否针对货币资金循环控制测试汇总表底稿中的每项控制点进行控制测试，并就控制测试过程和结果分别记录在相应的控制测试工作底稿中。货币资金循环控制测试底稿的编制仅以控制序号 2 这项控制点的控制活动为例进行填写。

4. 针对每项控制点抽样样本量的选取，注册会计师可根据该控制点控制运行的频率和全年控制发生的次数，在如下控制测试样本量表中选择对应测试的最小样本规模区间，在区间范围内选择合适的数量进行测试。同时将测试信息、结论等记录在底稿的对应位置。以控制点 2“银行存款账实相符”为例，控制运行频率 1 次 / 月，则选取对应的最小样本规模区间 2–5 作为控制测试样本量区间。在区间内选取具体控制测试样本的数量还需结合控制风险、以前年度审计经验等因素进行判断。底稿中样本量以 5 为例进行填写。当测试的样本量多于 1 时，样本一般需覆盖全年。

控制测试样本量表

序号	控制运行的频率	全年控制发生的次数	测试的最小样本规模区间
1	1 次 / 年	1	1
2	1 次 / 季度	4	2
3	1 次 / 月	12	2~5
4	1 次 / 周	52	5~15
5	1 次 / 日	250	20~40
6	每日数次	>250	25~60

5. 如果一个控制点的测试程序有多个测试点，可以在测试程序表格中自行添加行，列出多项拟实施的审计程序。

6. 在控制测试记录表中的“资料名称”一栏根据控制点 2 所取得的 12 月银行余额调节表的信息填写。如果是其他控制点执行控制测试时，则需根据不同样本资料分别填写。

7. 如果 12 月银行余额调节表由出纳员以外人员编制，银行余额调节表由会计主管复核，则在控制测试记录表中的“测试结果”一栏相应位置填写“是”，“是否异常”一栏相应位置填写“否”；如果没有复核则在“测试结果”一栏相应位置填写“否”，“是否异常”一栏相应位置填写“是”。进而根据注册会计师职业判断考虑是否扩大测试范围以及测试结论的填写等。

二、实质性程序工作底稿

（一）资产类

1. 货币资金

货币资金实质性程序

被审计单位：×× 房地产开发有限责任公司	编制人：××	编制日期： 202× 年 ×× 月 ×× 日	索引号：ZJ1
项目：货币资金	复核人：××	复核日期： 202× 年 ×× 月 ×× 日	财务报表截止日 / 期间： 202× 年 × 月 × 日

一、审计目标与认定

1. 资产负债表中记录的货币资金是存在的。	存在
2. 所有应当记录的货币资金均已记录，所有应当包括在财务报表中的相关披露均已包括。	完整性
3. 记录的货币资金由被审计单位拥有或控制。	权利和义务
4. 货币资金以恰当的金额包括在财务报表中，与之相关的计价调整已恰当记录，相关披露已得到恰当计量和描述。	准确性、计价和分摊
5. 货币资金已记录于恰当的账户。	分类
6. 货币资金已被恰当地汇总或分解且表述清楚，相关披露在适用的财务报告编制基础下是相关的、可理解的。	列报

二、审计目标与审计程序对应关系表

审计目标	可供选择的审计程序		索引号
	（一）库存现金		
	1	核对库存现金日记账与总账的金额是否相符。检查非记账本位币库存现金的折算汇率及折算金额是否正确。	
	2	监盘库存现金，检查其存在性。	
	3	检查是否有充抵库存现金的借条、未提现支票、未作报销的原始凭证等，查明原因及真实性，在盘点表中注明，如有必要应作调整。	
	4	抽查大额库存现金收支。检查原始凭证是否齐全、记账凭证与原始凭证是否相符、账务处理是否正确、是否记录于恰当的会计期间。	

续表

审计目标	可供选择的审计程序		索引号
	5	根据评估的舞弊风险等因素增加的其他审计程序。	
	（二）银行存款		
	6	获取或编制银行存款余额明细表： （1）复核加计是否正确，并与总账数和日记账合计数核对是否相符。 （2）检查非记账本位币银行存款的折算汇率及折算金额是否正确。	
	7	检查银行存单，编制银行存单检查表，检查是否与账面记录金额一致，是否被质押或限制使用，存单是否为被审计单位所拥有。 （1）对已质押的定期存款，检查定期存单，并与相应的质押合同核对，同时关注定期存单对应的质押借款有无入账。 （2）对未质押的定期存款，检查开户证书原件。 （3）对审计外勤工作结束日前已提取的定期存款，应核对相应的兑付凭证、银行对账单和定期存款复印件。	
	8	获取银行对账单、银行存款余额调节表，查明大额及不正常未达账项，判断其是否为需调整事项。	
	9	对所有账户实施函证程序，如果有充分证据表明某一银行存款信息对财务报表不重要且与之相关的重大错报风险很低，可不对这些项目实施函证程序，在审计工作底稿中说明理由。 （1）编制银行函证结果汇总表，检查银行回函。 （2）调查不符事项，确定是否表明存在错报，记录不符事项的原因。 （3）如果未回函，实施替代程序。 （4）如果认为回函不可靠，评价对评估的重大错报风险以及其他审计程序的性质、时间安排和范围的影响。 （5）如果管理层不允许寄发询证函： ①询问管理层不允许寄发询证函的原因，并就其原因的正当性及合理性收集审计证据； ②评价管理层不允许寄发询证函对评估的相关重大错报风险（包括舞弊风险），以及其他审计程序的性质、时间安排和范围的影响； ③实施替代审计程序，以获取相关、可靠的审计证据； ④如果认为管理层不允许寄发询证函的原因不合理，或实施替代程序无法获取相关、可靠的审计证据，应与治理层进行沟通，并确定其对审计工作和审计意见的影响。	
	10	获取或亲自前往企业所在地的人民银行分行打印企业的“银行账户开户清单”，与企业账面账户情况进行核对。	
	11	关注是否存在质押、冻结等对变现有限制或存在境外的款项。是否已作必要的调整和披露。	
	12	对不符合现金及现金等价物条件的银行存款在审计工作底稿中予以列明，以考虑对现金流量表的影响。	
	13	（1）抽查大额银行存款收支的原始凭证，检查原始凭证是否齐全，记账凭证与原始凭证是否相符，账务处理是否正确，是否记录于恰当的会计期间等内容。 （2）检查是否存在非营业目的的大额货币资金转移，并核对相关账户的进账情况；如有与被审计单位生产经营无关的收支事项，应查明原因并作相应的记录。如企业利用网上银行收付，核对主要银行账户日记账与网上银行发生额、大额流水是否一致。	
	14	检查银行存款收支的截止是否正确。选取资产负债表日前后大额的凭证实施截止测试，关注业务内容及对应项目，如有跨期收支事项，考虑是否应进行调整。	
	15	检查外币银行存款折合记账本位币所采用的折算汇率是否正确，折算差额是否已按规定进行会计处理。	
	16	根据评估的舞弊风险等因素增加的其他审计程序。	

续表

审计目标	可供选择的审计程序		索引号
	（三）其他货币资金		
	17	获取或编制其他货币资金明细表，复核加计是否正确，并与总账数、日记账和明细账合计数核对是否相符。	
	18	取得并检查其他货币资金余额调节表： （1）取得被审计单位银行对账单，并与银行回函结果核对是否一致。 ①应将保证金户对账单与相应的交易进行核对。检查保证金与相关债务的比例和合同约定是否一致。特别关注是否存在有保证金发生，而被审计单位账面无对应的保证事项的情形。 ②若信用卡持有人是被审计单位职员，应取得该职员提供的确认书，并应考虑进行调整。 （2）检查其他货币资金存款余额调节表中加计数是否合理，调节后其他货币资金日记账余额与银行对账单余额是否一致。	
	19	函证银行汇票存款、银行本票存款、信用卡存款、信用证保证金存款、存出投资款、外埠存款等期末余额，编制其他货币资金函证结果汇总表，检查银行回函。	
	20	检查其他货币资金存款账户存款人是否为被审计单位，若存款人非被审计单位，应获取该账户户主和被审计单位的书面声明，确认资产负债表日是否需要调整。	
	21	关注是否有质押、冻结等对变现有限制、存放在境外或有潜在回收风险的款项。	
	22	抽查大额其他货币资金收付记录。检查原始凭证是否齐全、记账凭证与原始凭证是否相符、账务处理是否正确、是否记录于恰当的会计期间等项内容。	
	23	因互联网支付留存于第三方支付平台的资金。了解是否开立支付宝、微信等第三方支付账户，如是，获取相关开户信息资料，了解其用途和使用情况，获取与第三方支付平台签订的协议，了解第三方平台使用流程等内部控制，比照验证银行存款或银行交易的方式对第三方平台支付账户函证交易发生额和余额。	
	24	根据评估的舞弊风险等因素增加的其他审计程序。	
	25	了解记录于货币资金的业务内容，判断其分类为货币资金是否恰当。	
	26	检查货币资金是否已按照企业会计准则或其他适用的财务报告编制基础在财务报表中作出恰当列报。	

货币资金审定表

被审计单位：××房地产开发有限责任公司	编制人：××	编制日期：202×年××月××日	索引号：ZJ1-1
项目：货币资金	复核人：××	复核日期：202×年××月××日	财务报表截止日/期间：202×年××月××日

项目名称	期末未审数	调整		期末审定数	上期末审定数
		借方	贷方		
库存现金					
银行存款					
其他货币资金					
合计					

1. 审计过程中识别出的错报事项

错报原因说明	调整分录		调整金额	
	报表项目	明细科目	借方金额	贷方金额

2. 审计结论

货币资金明细表

被审计单位：×× 房地产开发有限责任公司　　编制人：××　　编制日期：202× 年 ×× 月 ×× 日　　索引号：ZJ1-2

项目：货币资金　　复核人：××　　复核日期：202× 年 ×× 月 ×× 日　　财务报表截止日 / 期间：202× 年 ×× 月 ×× 日

项目	币种		期末数			年初数			备注
			原币金额	折算汇率	折合人民币金额	原币金额	折算汇率	折合人民币金额	
库存现金小计									
开户银行	银行账号	币种	期末数			年初数			备注
			原币金额	折算汇率	折合人民币金额	原币金额	折算汇率	折合人民币金额	
银行存款小计									
开户银行	银行账号	币种	期末数			年初数			备注
			原币金额	折算汇率	折合人民币金额	原币金额	折算汇率	折合人民币金额	
其他货币资金小计									
货币资金合计									

审计说明

库存现金监盘表

被审计单位：× × 房地产开发有限责任公司　　编制人：× ×　　编制日期：202× 年 × × 月 × × 日　　索引号：ZJ1-3

项目：库存现金监盘　　复核人：× ×　　复核日期：202× 年 × × 月 × × 日　　财务报表截止日 / 期间：202× 年 × × 月 × × 日

检查盘点记录						实有库存现金盘点记录						
项目		项次	人民币	美元	某外币	面额	人民币		美元		某外币	
上一日账面库存余额		①					张	金额	张	金额	张	金额
盘点日未记账传票收入金额		②				100 元						
盘点日未记账传票支出金额		③				50 元						
盘点日账面应有金额		④ = ① + ② − ③				10 元						
盘点实有库存现金数额		⑤				1 元						
盘点日应有与实有差异		⑥ = ④ − ⑤				……						
差异原因分析												
追溯调整	报表日至审计日库存现金付出总额											
	报表日至审计日库存现金收入总额											
	报表日库存现金应有余额											
	报表日账面汇率											
	报表日余额折合本位币金额					合计						
本位币合计												

出纳员：　　会计主管人员：　　监盘人：　　检查日期：

审计说明

编制说明

1. 当注册会计师的库存现金监盘日不在报表日当天，需要在“追溯调整”一栏调整报表日至审计日库存现金付出总额和库存现金收入总额得到报表日当天的库存现金余额。

2. 库存现金监盘由注册会计师负责监督盘点，出纳员负责盘点库存现金，会计主管人员同样需要在场监督，并由三方在库存现金监盘表上签字。

银行存单检查表

被审计单位：×× 房地产开发有限责任公司	编制人：××	编制日期： 202× 年 ×× 月 ×× 日	索引号：ZJ1-4
项目：银行存单检查	复核人：××	复核日期： 202× 年 ×× 月 ×× 日	财务报表截止日 / 期间： 202× 年 ×× 月 ×× 日

开户银行	账号	币种	户名	存入日期	到期日	期末存单余额	期末账面余额	备注

审计说明

编制说明

备注栏可填写是否被质押、用于担保或存在其他使用限制等情况说明。

银行询证函

函证编号：ZJ1–5

× ×（银行）× ×（分支机构，如适用）（以下简称“贵行”，即“函证收件人”）：

本公司聘请的 × × 会计师事务所（特殊普通合伙）正在对本公司 202× 年度（或期间）的财务报表进行审计，按照中国注册会计师审计准则的要求，应当询证本公司与贵行相关的信息。下列第 1–14 项及附表（如适用）信息出自本公司的记录：

（1）如与贵行记录相符，请在本函“结论”部分［签字和签章］或［签发电子签名］；

（2）如有不符，请在本函“结论”部分列明不符项目及具体内容，并［签字和签章］或［签发电子签名］。

本公司谨授权贵行将回函直接寄至 × × 会计师事务所（特殊普通合伙）审计 × 部（或 × 分所）或［直接转交 × × 会计师事务所（特殊普通合伙）函证经办人］，地址及联系方式如下：

回函地址：＿＿＿＿＿＿＿＿　邮编：＿＿＿＿＿＿＿＿　电子邮箱：＿＿＿＿＿＿＿＿

联系人：＿＿＿＿＿＿＿＿　电话：＿＿＿＿＿＿＿＿　传真：＿＿＿＿＿＿＿＿

本公司谨授权贵行可从本公司 × × × 账户支取办理本询证函回函服务的费用（如适用）。

截至 202× 年 × × 月 × × 日（即“函证基准日”），本公司与贵行相关的信息列示如下：

1. 银行存款

账户名称	银行账号	币种	利率	账户类型	账户余额	是否属于资金归集（资金池或其他资金管理）账户	起始日期	终止日期	是否存在冻结、担保或其他使用限制（如是，请注明）	备注

除上述列示的银行存款（包括余额为零的存款账户）外，本公司并无在贵行的其他存款。

2. 银行借款

借款人名称	借款账号	币种	余额	借款日期	到期日期	利率	抵（质）押品 / 担保人	备注

除上述列示的银行借款外，本公司并无自贵行的其他借款。

3. 自　　　年　　月　　日起至　　　年　　月　　日期间内注销的银行存款账户

账户名称	银行账号	币种	注销账户日

除上述列示的注销账户外，本公司在此期间并未在贵行注销其他账户。

4. 本公司作为委托人的委托贷款

账户名称	银行结算账号	资金借入方	币种	利率	余额	贷款起止日期	备注

除上述列示的委托贷款外，本公司并无通过贵行办理的其他以本公司作为委托人的委托贷款。

5. 本公司作为借款人的委托贷款

账户名称	银行结算账号	资金借出方	币种	利率	余额	贷款起止日期	备注

除上述列示的委托贷款外，本公司并无通过贵行办理的其他以本公司作为借款人的委托贷款。

6. 担保

（1）本公司为其他单位提供的、以贵行为担保受益人的担保

被担保人	担保方式	币种	担保余额	担保到期日	担保合同编号	备注

除上述列示的担保外，本公司并无其他以贵行为担保受益人的担保。

（2）贵行向本公司提供的担保（如保函业务、备用信用证业务等）

被担保人	担保方式	币种	担保金额	担保到期日	担保合同编号	备注

除上述列示的担保外，本公司并无贵行提供的其他担保。

7. 本公司为出票人且由贵行承兑而尚未支付的银行承兑汇票

银行承兑汇票号码	结算账户账号	币种	票面金额	出票日	到期日	抵（质）押品

除上述列示的银行承兑汇票外，本公司并无由贵行承兑而尚未支付的其他银行承兑汇票。

8. 本公司向贵行已贴现而尚未到期的商业汇票

商业汇票号码	承兑人名称	币种	票面金额	出票日	到期日	贴现日	贴现率	贴现净额

除上述列示的商业汇票外，本公司并无向贵行已贴现而尚未到期的其他商业汇票。

9. 本公司为持票人且由贵行托收的商业汇票

商业汇票号码	承兑人名称	币种	票面金额	出票日	到期日

除上述列示的商业汇票外，本公司并无由贵行托收的其他商业汇票。

10. 本公司为申请人，由贵行开具的、未履行完毕的不可撤销信用证

信用证号码	受益人	币种	信用证金额	到期日	未使用金额

除上述列示的不可撤销信用证外，本公司并无由贵行开具的、未履行完毕的其他不可撤销信用证。

11. 本公司与贵行之间未履行完毕的外汇买卖合约

类别	合约号码	贵行卖出币种	贵行买入币种	未履行的合约买卖金额	汇率	交收日期

除上述列示的外汇买卖合约外，本公司并无与贵行之间未履行完毕的其他外汇买卖合约。

12．本公司存放于贵行托管的证券或其他产权文件

证券或其他产权文件名称	证券代码或产权文件编号	数量	币种	金额

除上述列示的证券或其他产权文件外，本公司并无存放于贵行托管的其他证券或其他产权文件。

13．本公司购买的由贵行发行的未到期银行理财产品

产品名称	产品类型（封闭式 / 开放式）	币种	持有份额	产品净值	购买日	到期日	是否被用于担保或存在其他使用限制

除上述列示的银行理财产品外，本公司并未购买其他由贵行发行的理财产品。

14．其他

附表 资金归集（资金池或其他资金管理）账户具体信息

序号	资金提供机构名称（即拨入资金的具体机构）	资金提供机构账号	资金使用机构名称（即向该具体机构拨出资金）	资金使用机构账号	币种	截至函证基准日拨入或拨出资金余额（拨出填列正数，拨入填列负数）	备注

（预留印鉴）

年 月 日

经办人：

职 务：

电 话：

以下仅供被询证银行使用

结论：

<table>
<tr><td>经本行核对，所函证项目与本行记载信息相符。特此函复。

年　月　日　　　　经办人：　　　　职务：　　　　电话：
　　　　　　　　　　复核人：　　　　职务：　　　　电话：

（银行盖章）</td></tr>
<tr><td>经本行核对，存在以下不符之处。

年　月　日　　　　经办人：　　　　职务：　　　　电话：
　　　　　　　　　　复核人：　　　　职务：　　　　电话：

（银行盖章）</td></tr>
<tr><td>【注：若是审计人员亲自前往询证，请列示以下内容：】
上述事项由审计人员____在被审计单位员工______陪同下于______年___月___日前往____________________（被询证单位名称、地址）进行询证。
陪同人员 1：__________（签章）　　审计人员 1：_________（签章）
陪同人员 2：__________（签章）　　审计人员 2：_________（签章）</td></tr>
</table>

函证结果汇总表

被审计单位：×× 房地产开发有限责任公司　编制人：××　编制日期：202× 年 ×× 月 ×× 日　索引号：ZJ1-6

项目：函证结果汇总　复核人：××　复核日期：202× 年 ×× 月 ×× 日　财务报表截止日 / 期间：202× 年 ×× 月 ×× 日

序号	开户银行	账号	账户类型	币种	函证情况							冻结、质押等事项说明	备注
					账面余额	回函金额	金额差异	差异原因	函证日期	回函日期	银行询证函索引		

1. 没有实施函证的项目及理由

2. 对询证函保持控制的说明

3. 对以传真或电子邮件形式收到的回函的可靠性的考虑

审计说明

对银行存款余额调节表的检查

被审计单位：× × 房地产开发有限责任公司 编制人：× × 编制日期：202× 年 × × 月 × × 日 索引号：ZJ1-7

项目：对 × × 账户银行存款余额调节表的检查 复核人：× × 复核日期：202× 年 × × 月 × × 日 财务报表截止日 / 期间：202× 年 × × 月 × × 日

开户银行： 银行账号： 币种：

项目	金额	凭证查验		检查内容		
		日期	凭证号	①	②	③
银行对账单余额						
加：企业已收，银行尚未入账合计金额						
其中：1.						
2.						
……						
减：企业已付，银行尚未入账合计金额						
其中：1.						
2.						
……						
调整后银行对账单余额						
企业银行存款日记账余额						
加：银行已收，企业尚未入账合计金额						
其中：1.						
2.						
……						
减：银行已付，企业尚未入账合计金额						
其中：1.						
2.						
……						
调整后企业银行存款日记账余额						
差异						
检查内容说明：①账务处理是否正确；②是否记录于恰当的会计期间；③……						

审计说明

货币资金收支检查情况表

被审计单位：×× 房地产开发有限责任公司	编制人：××	编制日期：202× 年 ×× 月 ×× 日	索引号：ZJ1-8
项目：货币资金收支情况	复核人：××	复核日期：202× 年 ×× 月 ×× 日	财务报表截止日 / 期间：202× 年 ×× 月 ×× 日

日期	凭证编号	业务内容	对方科目	金额	核对内容（用“√”、“×”表示）					备注
					1	2	3	4	…	
核对内容说明：1. 原始凭证是否齐全；2. 记账凭证与原始凭证是否相符；3. 账务处理是否正确；4. 是否记录于恰当的会计期间；5.……										

审计说明

编制说明

当企业规模和业务量较大时，可分库存现金、银行存款、其他货币资金科目分别使用该表，应注意修改索引号。

2. 应收账款

应收账款实质性程序

被审计单位：×× 房地产开发有限责任公司	编制人：××	编制日期：202× 年 ×× 月 ×× 日	索引号：FSX2
项目：应收账款	复核人：××	复核日期：202× 年 ×× 月 ×× 日	财务报表截止日 / 期间：202× 年 ×× 月 ×× 日

一、审计目标与认定

1. 资产负债表中记录的应收账款是存在的。	存在
2. 所有应当记录的应收账款均已记录，所有应当包括在财务报表中的相关披露均已包括。	完整性
3. 记录的应收账款由被审计单位拥有或控制。	权利和义务
4. 应收账款以恰当的金额包括在财务报表中，与之相关的计价调整已恰当记录，相关披露已得到恰当计量和描述。	准确性、计价和分摊
5. 应收账款已记录于恰当的账户。	分类
6. 应收账款已被恰当地汇总或分解且表述清楚，相关披露在适用的财务报告编制基础下是相关的、可理解的。	列报

二、审计目标与审计程序对应关系表

审计目标		可供选择的审计程序	索引号
	1	获取或编制应收账款明细表： （1）复核加计是否正确，并与总账数和明细账合计数核对是否相符；结合坏账准备科目与报表数核对是否相符。 （2）检查非记账本位币应收账款的折算汇率及折算金额是否正确。 （3）分析有贷方余额的项目，查明原因，必要时，作重分类调整。 （4）结合其他应收款、合同负债等明细余额，调查有无同一客户多处挂账、异常余额或与销售无关的其他款项（如，代销账户、关联方账户或雇员账户）。如有，作出记录，必要时作调整。 （5）标识重要的欠款单位，计算其欠款合计数占应收账款余额的比例。	
	2	计算应收账款周转率及应收账款周转天数等指标，并与被审计单位以前年度指标、同行业同期相关指标对比分析，检查是否存在重大异常。	
	3	获取应收账款账龄分析表： （1）测试计算的准确性； （2）检查原始凭证，如销售合同、房屋交接书等，测试账龄划分的准确性； （3）请被审计单位协助，在应收账款明细表上标出至审计时已收回的应收账款金额，对已收回金额较大的款项检查至支持性文件。	

续表

审计目标		可供选择的审计程序	索引号
	4	实施函证程序，除非有充分证据表明应收账款对财务报表不重要或函证很可能无效。如果不对应收账款进行函证，在工作底稿中说明理由。 （1）编制应收账款函证结果汇总表，检查回函。 （2）调查不符事项，确定是否表明存在错报。 （3）如果未回函，实施替代程序。 （4）如果认为回函不可靠，评价对评估的重大错报风险以及其他审计程序的性质、时间安排和范围的影响。 （5）如果管理层不允许寄发询证函： ①询问管理层不允许寄发询证函的原因，并就其原因的正当性及合理性收集审计证据； ②评价管理层不允许寄发询证函对评估的相关重大错报风险（包括舞弊风险），以及其他审计程序的性质、时间安排和范围的影响； ③实施替代审计程序，以获取相关、可靠的审计证据； ④如果认为管理层不允许寄发询证函的原因不合理，或实施替代程序无法获取相关、可靠的审计证据，与治理层进行沟通，并确定其对审计工作和审计意见的影响。	
	5	对未函证应收账款实施替代审计程序，检查相关支持性文件（如销售合同、房屋交接书、销售发票等），以验证与其相关的应收账款的真实性，确定会计处理是否正确。	
	6	浏览应收账款发生额，检查原始凭证与账面记录是否相符，检查资金流入来源是否正常，检查有无不属于因转让、销售和结转开发产品等业务的债权，如有，应作出记录或作必要调整。	
	7	通过检查减免应收账款的支持性文件，以及资产负债表日前后销售退回和赊销水平，确定应收账款是否真实存在。	
	8	评价坏账准备计提的适当性： （1）取得或编制坏账准备计算表，复核加计是否正确，与坏账准备总账数、明细账合计数核对是否相符。将应收账款坏账准备本期计提数与信用减值损失（如有）相应明细项目的发生额核对是否相符。 （2）检查应收账款坏账准备计提和核销的批准程序，取得书面报告等证明文件。 ①评价计提坏账准备的会计政策、所依据的资料、假设及方法，关注是否采用预期信用损失法计提坏账准备，关注应收账款中是否包含重大融资成分。 ②复核应收账款坏账准备是否按权力机构批准的既定方法和比例提取，其计算和会计处理是否正确。 （3）在账龄分析表中，选取认为必要的其他账户（如有收款问题记录的账户，收款问题行业集中的账户），复核并测试所选取账户期后收款情况。针对所选取的账户，与授信部门经理或其他负责人员讨论其可收回性，并复核往来函件或其他相关信息，以支持被审计单位就此作出的声明。针对坏账准备计提不足情况进行调整。 （4）实际发生坏账损失的，检查转销依据是否符合有关规定，会计处理是否正确。 （5）已经确认并转销的坏账重新收回的，检查其会计处理是否正确。 （6）选取同行业公司，分析比较计提坏账准备的比例与行业内其他企业相比，有无显著差异。若存在，分析原因涉及债务重组、资产置换的事项，审查有关协议等法律文件及手续是否齐备，账务处理是否正确，并判断交易的合法性和真实性。	
	9	如存在应收关联方的款项： （1）了解交易的商业理由。 （2）检查证实交易的支持性文件（例如，发票、合同、协议等相关文件）。 （3）如果可获取与关联方交易相关的审计证据有限，考虑实施下列审计程序： ①向关联方函证交易的条件和金额，包括担保和其他重要信息。 ②检查关联方拥有的信息。 ③向与交易相关的人员和机构（例如银行、律师）函证或与其讨论有关信息。 （4）完成“关联方”审计工作底稿。	

续表

审计目标	可供选择的审计程序		索引号
	10	检查银行询证函回函、会议纪要、借款协议和其他文件，确定应收账款是否已被质押或出售。	
	11	根据评估的舞弊风险等因素增加的审计程序。	
	12	了解应收账款的业务内容，判断其分类为应收账款是否恰当。	
	13	检查应收账款是否已按照企业会计准则或其他适用的财务报告编制基础在财务报表中作出恰当列报。	

应收账款审定表

被审计单位：××房地产开发有限责任公司	编制人：××	编制日期：202×年××月××日	索引号：FSX2-1
项目：应收账款	复核人：××	复核日期：202×年××月××日	财务报表截止日/期间：202×年××月××日

项目名称	期末未审数	调整		期末审定数	上期末审定数
		借方	贷方		
合计					

1. 审计过程中识别出的错报事项

错报原因说明	调整分录		调整金额	
	报表项目	明细科目	借方金额	贷方金额

2. 审计结论

应收账款明细表

被审计单位：× × 房地产开发有限责任公司　编制人：× ×　编制日期：202 × 年 × × 月 × × 日　索引号：FSX2–2

项目：应收账款　复核人：× ×　复核日期：202 × 年 × × 月 × × 日　财务报表截止日 / 期间：202 × 年 × × 月 × × 日

款项性质	单位	期末未审数	调整数	期末审定数					坏账准备期末数	期初审定数					坏账准备期初数
				合计	1 年以内	1–2 年	2–3 年	3 年以上		合计	1 年以内	1–2 年	2–3 年	3 年以上	
一、关联方															
二、非关联方															
合计															

审计说明

索引号：FSX2-3

询证函

函证编号：

× × 公司：

本公司聘请的 × × 会计师事务所（特殊普通合伙）正在对本公司 202× 年度财务报表进行审计，按照中国注册会计师审计准则的要求，应当询证本公司与贵公司的往来款项等事项。下列信息出自本公司账簿记录，如与贵公司记录相符，请在本函下端“信息证明无误”处签章证明；如有不符，请在“信息不符”处列明不符项目。如存在与本公司有关的未列入本函的其他项目，也请在“信息不符”处列出这些项目的金额及详细资料。回函请直接寄至 × × 会计师事务所（特殊普通合伙）审计 × 部（或 × × 分所）× × × 注册会计师。

回函地址：＿＿＿＿＿＿＿＿　　邮编：＿＿＿＿＿＿＿＿

电话：＿＿＿＿＿＿＿＿　　传真：＿＿＿＿＿＿＿＿

1. 本公司与贵公司的往来账项　　单位：元

截止日期	贵公司欠	欠贵公司	备注

2. 其他事项

本函仅为复核账目之用，并非催款结算。若款项在上述日期之后已经付清，仍请及时函复为盼。

（公司印鉴）

＿＿＿年＿＿月＿＿日

——————以下由被询证方填写——————

结论：

1. 信息证明无误	2. 信息不符，请列明不符项目及具体内容
（公司盖章） 日期： 经办人：	（公司盖章） 日期： 经办人：

注：若是审计人员亲自前往询证，请列示以下内容：

上述事项由审计人员＿＿＿＿＿＿在被审计单位员工＿＿＿＿＿＿陪同下于＿＿＿＿年＿＿月＿＿日前往＿＿＿＿＿＿＿＿＿＿（被询证单位名称、地址）进行询证。

陪同人员 1：　　（签章）　　审计人员 1：　　（签章）

陪同人员 2：　　（签章）　　审计人员 2：　　（签章）

应收账款函证结果汇总表

被审计单位：××房地产开发有限责任公司	编制人：××	编制日期：202×年××月××日	索引号：FSX2-4
项目：应收账款函证结果	复核人：××	复核日期：202×年××月××日	财务报表截止日/期间：202×年××月××日

一、应收账款函证情况列表

单位名称	询证函编号	账面余额	回函确认金额	差异	差异调节表索引	回函形式				函证日期		回函日期	替代测试索引
						纸质原件	传真件	电子邮件	其他介质	第一次	第二次		

二、审计说明

1. 选样方法及样本量说明

2. 对询证函保持控制的说明

3. 对以传真或电子邮件形式收到的回函的可靠性的考虑

4. 对误差的分析

	金额
（1）已识别的误差	
（2）推断出的总体误差（扣除已识别的误差）	

应收账款函证差异调节表检查

被审计单位：××房地产开发有限责任公司	编制人：××	编制日期：202×年××月××日	索引号：FSX2-5
项目：应收账款函证差异调节表检查	复核人：××	复核日期：202×年××月××日	财务报表截止日/期间：202×年××月××日

1. 被询证方回函余额

2. 加：被审计单位已记录应收账款增加而被询证方尚未确认的应收账款

序号	日期	凭证号	业务内容	金额	附件
1					
……					
合计					

3. 减：被审计单位已记录收回应收账款而被询证方尚未确认的应收账款

序号	日期	凭证号	业务内容	金额	附件
1					
……					
合计					

4. 调节后的被询证方余额：

5. 被审计单位账面余额：

6. 加：被询证方已记录应收账款增加而被审计单位尚未确认的应收账款

序号	日期	凭证号	业务内容	金额	附件
1					
……					
合计					

7. 减：被询证方已记录支付应收账款而被审计单位尚未收到的应收账款

序号	日期	凭证号	业务内容	金额	附件
1					
……					
合计					

8. 调节后被审计单位账面余额：

9. 调节后被审计单位账面余额和被询证方余额的差异：

审计说明

应收账款替代测试表

被审计单位：×× 房地产开发有限责任公司　编制人：××　编制日期：202× 年 ×× 月 ×× 日　索引号：FSX2-6

项目：应收账款—（单位名称）替代测试　复核人：××　复核日期：202× 年 ×× 月 ×× 日　财务报表截止日 / 期间：202× 年 ×× 月 ×× 日

一、借方发生额

记账凭证				房屋交接单			销售合同			其他支持性文件		说明
序号	日期	凭证号	金额	房号	日期	面积	编号	日期	金额	日期	金额	

二、贷方发生额

记账凭证				银行进账单		其他支持性文件		说明
序号	日期	凭证号	金额	日期	金额	日期	金额	

三、期后收款

记账凭证				银行进账单		其他支持性文件		说明
序号	日期	凭证号	金额	日期	金额	日期	金额	

审计说明

应收账款账龄分析表

被审计单位：×× 房地产开发有限责任公司	编制人：××	编制日期：202× 年 ×× 月 ×× 日	索引号：FSX2-7
项目：应收账款账龄分析	复核人：××	复核日期：202× 年 ×× 月 ×× 日	财务报表截止日 / 期间：202× 年 ×× 月 ×× 日

单位名称	金额	客户已划分账龄				测算应划分账龄				差异	差异原因
		1 年以内	1–2 年	2–3 年	3 年以上	1 年以内	1–2 年	2–3 年	3 年以上		

审计说明

应收账款坏账准备核对表

被审计单位：×× 房地产开发有限责任公司	编制人：××	编制日期：202× 年 ×× 月 ×× 日	索引号：FSX2-8
项目：应收账款坏账准备	复核人：××	复核日期：202× 年 ×× 月 ×× 日	财务报表截止日 / 期间：202× 年 ×× 月 ×× 日

1. 组合计提应收账款坏账准备检查

组合名称	期末坏账准备账面余额	应收账款期末余额	计提比例	坏账准备应有余额	差异	是否调整	坏账准备计提依据或文件	索引号
合计								

2. 单项评估计提应收账款坏账准备检查

单位名称	应收账款余额	预计未来现金流量现值	期末坏账准备账面余额	坏账准备应有余额	差异	是否调整	坏账准备计提依据或文件	索引号
合计								

审计说明

3. 预付款项

预付款项实质性程序

被审计单位：×× 房地产开发有限责任公司	编制人：××	编制日期：202× 年 ×× 月 ×× 日	索引号：CG1
项目：预付款项	复核人：××	复核日期：202× 年 ×× 月 ×× 日	财务报表截止日 / 期间：202× 年 ×× 月 ×× 日

一、审计目标与认定

1. 资产负债表中记录的预付款项是存在的。	存在
2. 所有应当记录的预付款项均已记录，所有应当包括在财务报表中的相关披露均已包括。	完整性
3. 记录的预付款项由被审计单位拥有或控制。	权利和义务
4. 预付款项以恰当的金额包括在财务报表中，与之相关的计价调整已恰当记录，相关披露已得到恰当计量和描述。	准确性、计价和分摊
5. 预付款项已记录于恰当的账户。	分类
6. 预付款项已被恰当地汇总或分解且表述清楚，相关披露在适用的财务报告编制基础下是相关的、可理解的。	列报

二、审计目标与审计程序对应关系表

审计目标		可供选择的审计程序	索引号
	1	获取或编制预付款项明细表： （1）复核加计是否正确，并与总账数和明细账合计数核对是否相符，结合坏账准备科目与报表数核对是否相符。 （2）结合应付账款明细账审计，查核有无重复付款或将同一笔已付清的账款在预付款项和应付账款两个科目中同时挂账的情况。 （3）分析出现贷方余额的项目，应查明原因，必要时作重分类调整。 （4）对期末预付款项余额与上期期末余额进行比较，解释其波动原因。	
	2	分析预付款项账龄及余额构成，确定： （1）该笔款项是否根据有关购货合同支付。 （2）检查一年以上预付款项未核销的原因及发生坏账的可能性，检查不符合预付款项性质的是否需要调整至正确科目，因供货单位破产、撤销等原因无法再收到所购货物的预付款项是否已按管理权限经批准后作为坏账，转销预付款项。	

续表

审计目标		可供选择的审计程序	索引号
	3	实施函证程序： （1）编制预付款项函证结果汇总表，检查回函。 （2）调查不符事项，确定是否存在错报。 （3）如果未回函，实施替代程序。 （4）如果认为回函不可靠，评价对评估的重大错报风险以及其他审计程序的性质、时间安排和范围的影响。 （5）如果管理层不允许寄发询证函： ①询问管理层不允许寄发询证函的原因，并就其原因的正当性及合理性收集审计证据； ②评价管理层不允许寄发询证函对评估的相关重大错报风险（包括舞弊风险），以及其他审计程序的性质、时间安排和范围的影响； ③实施替代审计程序，以获取相关、可靠的审计证据； ④如果认为管理层不允许寄发询证函的原因不合理，或实施替代程序无法获取相关、可靠的审计证据，应与治理层进行沟通，并确定其对审计工作和审计意见的影响。	
	4	检查与预付款项有关的会计记录，以确定被审计单位是否按规定进行相应的会计处理和披露。	
	5	检查资产负债表日后的预付款项、存货及在建工程明细账，并检查相关凭证，核实期后是否已收到实物并转销预付款项，分析资产负债表日预付款项的真实性和完整性。	
	6	评价预付款项计提坏账准备的适当性，并检查预付款项长期挂账的原因。	
	7	实施关联方及其交易的审计程序，检查对关联方的预付款项的真实性、合法性，检查其会计处理是否正确。	
	8	根据评估的舞弊风险等因素增加的审计程序。	
	9	了解预付款项的业务内容，判断其分类为预付款项是否恰当。	
	10	检查预付款项是否已按照企业会计准则或其他适用的财务报告编制基础在财务报表中作出恰当列报。	

预付款项审定表

被审计单位：××房地产开发有限责任公司	编制人：××	编制日期：202×年××月××日	索引号：CG1-1
项目：预付款项	复核人：××	复核日期：202×年××月××日	财务报表截止日/期间：202×年××月××日

项目名称	期末未审数	调整		期末审定数	上期末审定数
		借方	贷方		
合计					

1. 审计过程中识别出的错报事项

错报原因说明	调整分录		调整金额	
	报表项目	明细科目	借方金额	贷方金额

2. 审计结论

预付款项明细表

被审计单位：×× 房地产开发有限责任公司　编制人：××　编制日期：202× 年 ×× 月 ×× 日　索引号：CG1–2

项目：预付款项　复核人：××　复核日期：202× 年 ×× 月 ×× 日　财务报表截止日 / 期间：202× 年 ×× 月 ×× 日

款项性质	单位	期末未审数	调整数	期末审定数					期初审定数				
				合计	1 年以内	1–2 年	2–3 年	3 年以上	合计	1 年以内	1–2 年	2–3 年	3 年以上
一、关联方													
二、非关联方													
合计													

审计说明

预付款项检查表

被审计单位：×× 房地产开发有限责任公司	编制人：××	编制日期：202× 年 ×× 月 ×× 日	索引号：CG1-3
项目：预付款项	复核人：××	复核日期：202× 年 ×× 月 ×× 日	财务报表截止日 / 期间：202× 年 ×× 月 ×× 日

记账日期	凭证编号	业务内容	对方科目	金额	核对内容（用“√”、“×”表示）					备注
					1	2	3	4	…	
核对内容说明：1. 原始凭证是否齐全；2. 记账凭证与原始凭证是否相符；3. 账务处理是否正确；4. 是否经过授权批准；5.……										

审计说明

4. 其他应收款

其他应收款实质性程序

被审计单位：××房地产开发有限责任公司	编制人：××	编制日期：202×年××月××日	索引号：ZJ2
项目：其他应收款	复核人：××	复核日期：202×年××月××日	财务报表截止日/期间：202×年××月××日

一、审计目标与认定

1. 资产负债表中记录的其他应收款是存在的。	存在
2. 所有应当记录的其他应收款均已记录，所有应当包括在财务报表中的相关披露均已包括。	完整性
3. 记录的其他应收款由被审计单位拥有或控制。	权利和义务
4. 其他应收款以恰当的金额包括在财务报表中，与之相关的计价调整已恰当记录，相关披露已得到恰当计量和描述。	准确性、计价和分摊
5. 其他应收款已记录于恰当的账户。	分类
6. 其他应收款已被恰当地汇总或分解且表述清楚，相关披露在适用的财务报告编制基础下是相关的、可理解的。	列报

二、审计目标与审计程序对应关系表

审计目标		可供选择的审计程序	索引号
	1	获取或编制其他应收款明细表： （1）复核加计是否正确，并与总账数和明细账合计数核对是否相符；结合坏账准备科目与报表数核对是否相符。 （2）了解重大明细项目的其他应收款内容及性质，进行类别分析，重点关注是否存在资金被关联企业（或实际控制人）大量占用、变相拆借资金、隐形投资、费用挂账、或有损失等现象；关注大额其他应收款的交易背景、商业合理性，是否存在关联方非关联化的资金占用。 （3）结合应收账款、其他应付款等明细余额，检查是否有同时挂账的项目，核算内容是否重复，必要时作出适当调整。 （4）检查非记账本位币其他应收款的折算汇率及折算金额是否正确。 （5）分析有贷方余额的项目，查明原因，必要时，作重分类调整。	
	2	实施函证程序： （1）编制其他应收款函证结果汇总表，检查回函。 （2）调查不符事项，确定是否表明存在错报。 （3）如果未回函，实施替代程序。 （4）如果认为回函不可靠，评价对评估的重大错报风险以及其他审计程序的性质、时间安排和范围的影响。 （5）如果管理层不允许寄发询证函： ①询问管理层不允许寄发询证函的原因，并就其原因的正当性及合理性收集审计证据； ②评价管理层不允许寄发询证函对评估的相关重大错报风险（包括舞弊风险），以及其他审计程序的性质、时间安排和范围的影响； ③实施替代审计程序，以获取相关、可靠的审计证据； ④如果认为管理层不允许寄发询证函的原因不合理，或实施替代程序无法获取相关、可靠的审计证据，应与治理层进行沟通，并确定其对审计工作和审计意见的影响。	

续表

审计目标		可供选择的审计程序	索引号
	3	获取其他应收款账龄分析表： （1）测试计算的准确性。 （2）检查原始凭证，测试账龄划分的准确性。 （3）请被审计单位协助，在其他应收款明细表上标出至审计时已收回的款项金额，对已收回金额较大的款项检查至支持性文件，如核对收款凭证、银行对账单等。	
	4	对其他应收款的增减变动，检查至支持性文件，确定会计处理是否正确。	
	5	检查坏账准备： （1）了解并评价所计提坏账准备依据的资料、假设及计提方法，获取同行业的坏账准备计提政策，并与被审计单位制定的坏账准备政策比较分析合理性。 （2）复核其他应收款坏账准备是否按经批准的既定方法和比例提取，其他应收款坏账准备政策和程序是否合规及一贯执行。 （3）取得坏账准备计算表，复核坏账准备计算金额是否正确，并与坏账准备总账数、明细账合计数核对是否相符，会计处理是否正确。其他应收款计提坏账准备是否按照“预期信用损失模型”的一般方法将其他应收款划分为三阶段并结合其他应收款的性质和账龄情况分析其阶段划分的合理性。核对本期计提数与信用减值损失相应明细项目的发生额是否相符。 （4）了解并评价被审计单位划分为“预期信用损失模型”第三阶段的原因和依据，复核单项计提法的坏账准备计算过程。 （5）复核实际发生的坏账损失转销是否合规，会计处理是否正确。	
	6	如存在应收关联方的款项： （1）了解交易的商业理由。 （2）检查证实交易的支持性文件（例如，发票、合同、协议等相关文件）。 （3）如果可获取与关联方交易相关的审计证据有限，考虑实施下列审计程序： ①向关联方函证交易的条件和金额，包括担保和其他重要信息。 ②检查关联方拥有的信息。 ③向与交易相关的人员和机构（例如银行、律师）函证或与其讨论有关信息。 （4）完成“关联方”审计工作底稿。	
	7	根据评估的舞弊风险等因素增加的其他审计程序。	
	8	检查其他应收款是否已按照企业会计准则或其他适用的财务报告编制基础在财务报表中作出恰当列报。	

其他应收款审定表

被审计单位：×× 房地产开发有限责任公司	编制人：××	编制日期：202× 年 ×× 月 ×× 日	索引号：ZJ2-1
项目：其他应收款	复核人：××	复核日期：202× 年 ×× 月 ×× 日	财务报表截止日 / 期间：202× 年 ×× 月 ×× 日

项目名称	期末未审数	调整		期末审定数	上期末审定数
		借方	贷方		
合计					

1. 审计过程中识别出的错报事项

错报原因说明	调整分录		调整金额	
	报表项目	明细科目	借方金额	贷方金额

2. 审计结论

其他应收款明细表

被审计单位：×× 房地产开发有限责任公司　编制人：××　编制日期：202× 年 ×× 月 ×× 日　索引号：ZJ2-2

项目：其他应收款　复核人：××　复核日期：202× 年 ×× 月 ×× 日　财务报表截止日 / 期间：202× 年 ×× 月 ×× 日

款项性质	单位	期末未审数	调整数	期末审定数					坏账准备期末数	期初审定数					坏账准备期初数
				合计	1 年以内	1–2 年	2–3 年	3 年以上		合计	1 年以内	1–2 年	2–3 年	3 年以上	
一、关联方															
二、非关联方															
合计															

审计说明

其他应收款坏账准备核对表

被审计单位：×× 房地产开发有限责任公司	编制人：××	编制日期：202× 年 ×× 月 ×× 日	索引号：ZJ2-3
项目：其他应收款坏账准备	复核人：××	复核日期：202× 年 ×× 月 ×× 日	财务报表截止日 / 期间：202× 年 ×× 月 ×× 日

1. 按组合计提坏账准备检查

组合名称	期末坏账准备账面余额	其他应收款期末余额	计提比例	坏账准备应有余额	差异	所处阶段	坏账准备计提依据或文件	索引号
合计								

2. 单项评估计提坏账准备检查

单位名称	其他应收款期末余额	预计未来现金流量现值	期末坏账准备账面余额	坏账准备应有余额	差异	所处阶段	坏账准备计提依据或文件	索引号
合计								

3. 其他应收款坏账准备“预期信用损失模型”检查

坏账准备	第一阶段	第二阶段	第三阶段	合计	预期信用损失模型说明
	未来 12 个月预期信用损失	整个存续期预期信用损失（未发生信用减值）	整个存续期预期信用损失（已发生信用减值）		
期初余额					
期初余额在本期重新评估后					
本期计提					
本期转回					
本期转销					
本期核销					
其他变动					
期末余额					

审计说明

5. 存货

存货实质性程序

被审计单位：× × 房地产开发有限责任公司	编制人：× ×	编制日期：202× 年 × × 月 × × 日	索引号：FC1
项目：存货	复核人：× ×	复核日期：202× 年 × × 月 × × 日	财务报表截止日 / 期间：202× 年 × × 月 × × 日

一、审计目标与认定

1. 资产负债表中记录的存货是存在的。	存在
2. 所有应当记录的存货均已记录，所有应当包括在财务报表中的相关披露均已包括。	完整性
3. 记录的存货由被审计单位拥有或控制。	权利和义务
4. 存货以恰当的金额包括在财务报表中，与之相关的计价调整已恰当记录，相关披露已得到恰当计量和描述。	准确性、计价和分摊
5. 存货已记录于恰当的账户。	分类
6. 存货已被恰当地汇总或分解且表述清楚，相关披露在适用的财务报告编制基础下是相关的、可理解的。	列报

二、审计目标与审计程序对应关系表

审计目标	可供选择的审计程序		索引号
	1	获取存货明细表，复核加计是否正确，并与总账数、明细账合计数核对是否相符。	
	2	对存货的相关会计政策进行了解，评价其是否符合企业适用的会计准则或制度，是否与以前年度保持一贯性。	
	3	存货监盘或抽盘：对开发成本实施实地检查程序；对开发产品根据企业提供的明细表，根据楼栋、编号进行实地检查。	
	4	（1）获取或编制存货跌价准备明细表，复核加计是否正确，并与总账数、明细账合计数核对是否相符。检查存货跌价准备计提的依据、方法是否合理，前后各期是否一致，计算及会计处理是否正确。 （2）计提存货跌价准备情形是否符合有关会计制度规定要求。 （3）评价减值准备的计提依据、假设和使用公式的恰当性。 （4）复核存货跌价准备的计算过程。	
	5	检查开发成本—直接成本和间接成本核算内容是否合理、恰当。	
	6	抽查开发成本入账的依据是否充分，计算是否准确，相关凭证是否齐全。	
	7	对重大的开发成本项目应查验合同、协议，并收集土地权证等证据。	
	8	对新增项目的开发成本，应查验并取证其立项相关批文等资料。	
	9	复核开发成本分配表及相关计算依据，各开发产品的单位成本计算是否适当；检查已完工项目的原始凭证是否齐全，会计处理是否正确。	
	10	检查记入开发成本的利息金额是否合理，会计处理是否正确。	

续表

审计目标		可供选择的审计程序	索引号
	11	复核间接费用的分配是否正确，分配标准和方法是否符合一贯性原则。	
	12	了解开发成本是否存在已抵押、担保等情况，若有应作出记录，并提请企业作必要披露。	
	13	查验结转项目成本时，是否对应付未付的重要项目进行合理预估。	
	14	对开发间接费用进行分析比较： （1）比较当年度和以前年度开发间接费用的增减变动，询问并分析异常波动的原因。 （2）分别比较前后各期间接费用项目，以确定间接费用是否有异常变动，以及是否存在调节成本的现象。	
	15	选择重要或异常的开发间接费用项目，检查其原始凭证是否齐全，会计处理是否正确。	
	16	对开发间接费用实施截止测试，抽查报表截止日前后的费用明细账及其凭证，确定有无跨期入账的情况。	
	17	了解项目开发进度，检查商品销售许可证等证件，判断其分类为开发成本或开发产品是否恰当。	
	18	对开发产品执行实质性分析程序，评价其合理性并对异常波动作出解释，查明异常情况的原因。	
	19	审阅开发产品明细账，检查有无长期挂账的开发产品，如有，应查明原因并作适当处理。	
	20	结合银行借款等科目，了解是否有用于债务担保的开发产品，如有，则应取证并作相应的记录，同时提请被审计单位作恰当披露。	
	21	了解存货账户的业务内容，判断其分类为存货账户是否恰当。	
	22	检查存货是否已按照企业会计准则或其他适用的财务报告编制基础在财务报表中作出恰当列报。	

存货审定表

被审计单位：×× 房地产开发有限责任公司	编制人：××	编制日期：202× 年 ×× 月 ×× 日	索引号：FC1-1
项目：存货	复核人：××	复核日期：202× 年 ×× 月 ×× 日	财务报表截止日 / 期间：202× 年 ×× 月 ×× 日

项目名称	期末未审数	调整		期末审定数	上期末审定数
		借方	贷方		
一、存货账面余额					
开发成本					
开发产品					
……					
合计					
二、存货跌价准备					
开发成本					
开发产品					
……					
合计					
三、存货账面价值					
开发成本					
开发产品					
……					
合计					

1. 审计过程中识别出的错报事项

错报原因说明	调整分录		调整金额	
	报表项目	明细科目	借方金额	贷方金额

2. 审计结论

存货明细表

被审计单位：×× 房地产开发有限责任公司　编制人：××　编制日期：202× 年 ×× 月 ×× 日　索引号：FC1-2

项目：存货　复核人：××　复核日期：202× 年 ×× 月 ×× 日　财务报表截止日 / 期间：202× 年 ×× 月 ×× 日

项目	期初余额	本期增加	本期减少	期末余额	变动额	变动率	备注
合计							

审计说明

存货监盘程序

被审计单位：××房地产开发有限责任公司	编制人：××	编制日期：202×年××月××日	索引号：FC1-3
项目：存货监盘程序	复核人：××	复核日期：202×年××月××日	财务报表截止日/期间：202×年××月××日

序号	审计程序	索引号
一	计划存货监盘工作	
1	评价管理层用以记录和控制存货盘点的结果的指令和程序，包括： （1）被审计单位收集已使用的存货盘点记录的程序； （2）实施开发成本、开发产品的实地检查程序； （3）实施盘点和复盘程序； （4）准确认定开发成本的完工程度，流动缓慢（呆滞）、过时或毁损的存货项目的程序，以及第三方拥有的存货的程序。	
2	查阅以前年度的存货监盘工作底稿。	
3	与管理层讨论以前年度存货存在的问题以及目前存货的状况。	
4	获取被审计单位的开发楼盘情况等资料。	
5	编制存货监盘计划，并将计划传达给参加监盘的项目组成员。	
	……	
二	执行监盘	
6	在被审计单位盘点存货前，观察盘点现场，查看开发成本、开发产品列示的项目位置是否与开发图纸相一致，开发产品是否有相应的楼栋、套数编号。	
7	被审计单位是否对整个盘点过程实施恰当的监督，确保按照盘点计划执行。	
8	根据开发成本的重要性水平，对部分或全部开发成本实地检查；对开发产品根据企业提供的明细表、楼栋、编号进行实地检查；对商品房取得钥匙，开门实地检查；确定开发成本、开发产品是否存在。	
9	执行抽盘程序： （1）从存货盘点记录中选取项目追查至存货实物，以测试盘点记录的准确性。 （2）从存货实物中选取项目追查至存货盘点记录，以测试存货盘点的完整性。	
10	当抽盘中发现重大错误时，考虑扩大抽盘范围。	
11	对于那些没有抽盘的其他项目，复印或列出明细信息，以便它们能与存货清单一致。	
12	对检查发现的差异，进行适当处理： （1）查明差异原因。 （2）及时提请被审计单位更正。 （3）如果差异较大，应当扩大检查范围或提请被审计单位重新盘点。	
	……	
三	监盘后，复核盘点结果，完成存货监盘报告	
13	在被审计单位存货盘点结束前，再次观察盘点现场，以确定所有应纳入盘点范围的存货是否均已盘点。	
14	确定存货监盘的审计结论。	
	……	

存货监盘计划

被审计单位：×× 房地产开发有限责任公司	编制人：××	编制日期：202× 年 ×× 月 ×× 日	索引号：FC1-4
项目：存货监盘计划	复核人：××	复核日期：202× 年 ×× 月 ×× 日	财务报表截止日 / 期间：202× 年 ×× 月 ×× 日

一、存货监盘的目标

二、存货监盘的范围

三、存货监盘的时间

四、参加存货监盘人员的分工

五、存货监盘的要点及关注事项

1. 监盘要点

2. 重点关注的事项

编制说明

1. 在填写“存货监盘的目标”一栏时，填入的内容可包括但不限于“存货监盘目标是获取该公司资产负债表日（202× 年 × 月 × 日）有关存货数量和状况的审计证据，评估存货有无毁损、陈旧、过时、残次和短缺等状况。”
2. 在填写“存货监盘的时间”一栏时，填入的内容可包括但不限于“根据盘点计划，该公司将于 202× 年 × 月 × 日早上 08：00 开始，对所有存货进行盘点。所以我们计划于 202× 年 × 月 × 日 08：00 进入该公司现场实施监盘。”
3. 在填写“参加存货监盘人员的分工”一栏时，填入的内容可包括但不限于“根据盘点计划，该公司将组织财务人员 ×× 等共 × 人对存货予以盘点。我们将分派审计人员 ××、×× 进行监盘。”
4. 在填写“监盘要点”一栏时，填入的内容可包括但不限于“根据该公司存货的特点，监盘人员进入监盘现场之前，首先要了解项目开发进展情况，对开发成本实施现场观察，对开发产品获取现场住宅和车库等明细表、房屋钥匙，实施从实物到账，从账到实物的双向监盘过程。”

存货监盘报告

被审计单位：×× 房地产开发有限责任公司	编制人：××	编制日期：202× 年 ×× 月 ×× 日	索引号：FC1-5
项目：存货监盘报告	复核人：××	复核日期：202× 年 ×× 月 ×× 日	财务报表截止日 / 期间：202× 年 ×× 月 ×× 日

一、盘点日期：________________

二、参加人员

监盘人员（×× 会计师事务所）注册会计师：________________

盘点人员（被审计单位财务部等）：________________

上述人员在监盘过程中，自始至终未离开现场。

三、盘点情况

（一）开发成本盘点情况

开发成本名称	开发简图索引号	建设期	开发成本形象进度等情况描述	现场照片索引号

（二）开发产品盘点情况

开发项目名称	楼栋号	套数	面积	盘点套数	盘点面积

四、盘点结论

参加人员签名：________________

____

存货监盘结果汇总表

被审计单位：× × 房地产开发有限责任公司　　编制人：× ×　　编制日期：202× 年 × × 月 × × 日　　索引号：FC1–6

项目：存货监盘结果　　复核人：× ×　　复核日期：202× 年 × × 月 × × 日　　财务报表截止日 / 期间：202× 年 × × 月 × × 日

存货类别	楼栋号	单位	监盘数量	监盘日至资产负债表日变动数量	资产负债表日实存数量	资产负债表日账面数量	差异	差异原因	审计确认盘点报告数量	索引号
监盘人员签名：										

审计说明

存货抽盘记录表

被审计单位：×× 房地产开发有限责任公司	编制人：××	编制日期：202× 年 ×× 月 ×× 日	索引号：FC1-7
项目：存货抽盘	复核人：××	复核日期：202× 年 ×× 月 ×× 日	财务报表截止日 / 期间：202× 年 ×× 月 ×× 日

一、从存货盘点记录中选取项目追查至存货实物

序号	楼栋号	单位	被审计单位盘点数量	审计人员盘点数量	差异	差异原因

二、从存货实物中选取项目追查至存货盘点记录

序号	楼栋号	单位	审计人员盘点数量	被审计单位盘点数量	差异	差异原因

审计说明

编制说明

1. 应对开发成本、开发产品等每类存货分别编制存货抽盘记录表。
2. 离开盘点现场时，应对所有盘点差异予以调查并获得相应的原始单据。

存货明细账与盘点报告（记录）核对表

被审计单位：××房地产开发有限责任公司	编制人：××	编制日期：202×年××月××日	索引号：FC1-8
项目：存货明细账与盘点报告（记录）核对	复核人：××	复核日期：202×年××月××日	财务报表截止日/期间：202×年××月××日

一、从明细账中选取具有代表性的样本与经确认盘点报告的数量核对

序号	地点	样本描述		期末存货明细账记录			获取的存货清单的数量	索引号	经确认的期末存货盘点表	数量差异	差异分析及处理
		存货类别	存货号	单价	数量	金额			数量		

二、从经确认的盘点报告中抽取有代表性的样本与存货明细账核对

序号	地点	样本描述		索引号	经确认的期末存货盘点表	期末存货明细账记录			获取的存货清单的数量	数量差异	差异分析及处理
		存货类别	存货号		数量	单价	数量	金额			

审计说明

编制说明

本表适用于监盘日（盘点日）为财务报表截止日的情况。

存货跌价准备测试表

被审计单位：×× 房地产开发有限责任公司	编制人：××	编制日期：202× 年 ×× 月 ×× 日	索引号：FC1-9
项目：存货跌价准备	复核人：××	复核日期：202× 年 ×× 月 ×× 日	财务报表截止日 / 期间：202× 年 ×× 月 ×× 日

序号	存货明细项目	期末余额	期末可变现净值	期末应计提跌价准备	期末已计提跌价准备	本期应补提跌价准备
合计						

审计说明

开发成本——××项目支出分摊情况检查表

被审计单位：××房地产开发有限责任公司　　编制人：××　　编制日期：202×年××月××日　　索引号：FC1-10

项目：开发成本　　复核人：××　　复核日期：202×年××月××日　　财务报表截止日/期间：202×年××月××日

序号	开发成本核算项目	合同编号	施工项目	单位名称	业务内容	合同金额	结算值	账面开发成本	应暂估成本	开发成本总额	其中：××期项目开发成本	××期与××期公共发生开发成本	抽查合同索引	抽查结算单索引	备注
一	土地购置及拆迁补偿														
	土地购置补偿费														
	……														
	合　计														
二	前期工程费														
	勘察设计费														
	……														
	合　计														
三	基础设施费														
	市政管网														
	……														
	合　计														
四	建筑安装装饰工程费														
	装修费														
	监理费														
	……														
	合　计														

续表

序号	开发成本核算项目	合同编号	施工项目	单位名称	业务内容	合同金额	结算值	账面开发成本	应暂估成本	开发成本总额	其中：××期项目开发成本	××期与××期公共发生开发成本	抽查合同索引	抽查结算单索引	备注
五	公共设施配套费														
	学校														
	……														
	合　计														
六	材料费														
	钢材														
	水泥														
	……														
	合　计														
七	间接费用														
	……														
	合　计														
	开发成本总计														

审计说明

编制说明

本表针对整个项目存在分期或分物业类型竣工，涉及共同发生的成本需要在项目各期或各物业类型分摊时使用，可以根据情况简化或修改。

开发成本——×× 项目公共成本分摊测算表

被审计单位：×× 房地产开发有限责任公司　编制人：××　编制日期：202× 年 ×× 月 ×× 日　索引号：FC1-11

项目：开发成本　复核人：××　复核日期：202× 年 ×× 月 ×× 日　财务报表截止日 / 期间：202× 年 ×× 月 ×× 日

序号	项目	×× 期与 ××× 期公共发生的开发成本	分摊方法	×× 期应分摊成本	××× 期应分摊成本	备注
一	土地购置及拆迁补偿					
	土地购置补偿费					
	……					
	合　计					
二	前期工程费					
	勘察设计费					
	……					
	合　计					
三	基础设施费					
	市政管网					
	……					
	合　计					
四	建筑安装装饰工程费					
	装修费					
	监理费					
	……					
	合　计					
五	公共设施配套费					
	学校					
	……					
	合　计					
六	材料费					
	钢材					
	水泥					
	……					
	合　计					
七	间接费用					
	……					
	合　计					
	开发成本总计					

公共成本分摊基数

序号	可选分摊基础	××期与×××期公共发生的开发面积总额	××期应分摊面积	×××期应分摊面积	备注
1	占地面积				
2	建筑面积				
3	可供销售面积				

审计说明

编制说明

对土地勘测费用需要按照各期的土地面积进行分配。

开发成本——××项目成本汇总表

被审计单位：××房地产开发有限责任公司	编制人：××	编制日期：202×年××月××日	索引号：FC1-12
项目：开发成本	复核人：××	复核日期：202×年××月××日	财务报表截止日/期间：202×年××月××日

序号	项目	××期开发总成本	×××期开发总成本	开发成本合计	备注
一	土地购置及拆迁补偿				
	土地购置补偿费				
	……				
	合　计				
二	前期工程费				
	勘察设计费				
	……				
	合　计				
三	基础设施费				
	市政管网				
	……				
	合　计				
四	建筑安装装饰工程费				
	装修费				
	监理费				
	……				
	合　计				
五	公共设施配套费				
	学校				
	……				
	合　计				
六	材料费				
	钢材				
	水泥				
	……				
	合　计				
七	间接费用				
	……				
	合　计				
	开发成本总计				

审计说明

开发成本检查表

被审计单位：×× 房地产开发有限责任公司	编制人：××	编制日期：202× 年 ×× 月 ×× 日	索引号：FC1-13
项目：开发成本	复核人：××	复核日期：202× 年 ×× 月 ×× 日	财务报表截止日 / 期间：202× 年 ×× 月 ×× 日

日期	凭证编号	业务内容	对方科目	金额	核对内容（用“√”、“×”表示）						备注
					1	2	3	4	5	…	
核对内容说明：1. 原始凭证是否齐全，内容是否完整；2. 是否有授权批准；3. 记账凭证与原始凭证是否相符；4. 账务处理是否正确； 5. 是否记录于恰当的会计期间。											

审计说明

开发间接费用——×× 项目构成表

被审计单位：×× 房地产开发有限责任公司　编制人：××　编制日期：202× 年 ×× 月 ×× 日　索引号：FC1-14

项目：开发间接费用　复核人：××　复核日期：202× 年 ×× 月 ×× 日　财务报表截止日 / 期间：202× 年 ×× 月 ×× 日

项目	×× 期项目发生额	××× 期项目发生额	累计分摊的金额	差异
工资福利费				
水电费				
折旧				
利息支出				
……				
合计				

审计说明

开发间接费用检查表

被审计单位：×× 房地产开发有限责任公司	编制人：××	编制日期：202× 年 ×× 月 ×× 日	索引号：FC1-15
项目：开发间接费用	复核人：××	复核日期：202× 年 ×× 月 ×× 日	财务报表截止日 / 期间：202× 年 ×× 月 ×× 日

日期	凭证号	内容	对方科目	金额	核对内容（用“√”、“×”表示）						备注
					1	2	3	4	5	…	

检查内容说明：
1 核对开发间接费用的内容及范围是否正确；
2. 开发间接费用汇总表与相关费用项目（如折旧费用）等核对是否相符；
3. 开发间接费用在不同开发项目、同一开发项目开发产品间的分配标准与计算方法是否合理和适当；
4. 开发间接费用在某项目开发产品和开发成本中的分配标准和计算方法是否合理和适当；
5. 是否存在异常会计事项。

审计说明

开发产品——××项目×期各产品明细表

被审计单位：××房地产开发有限责任公司　　编制人：××　　编制日期：202×年××月××日　　索引号：FC1-16

项目：开发产品　　复核人：××　　复核日期：202×年××月××日　　财务报表截止日/期间：202×年××月××日

产品名称	期初			本期增加			本期减少			期末		
	面积	单位成本	金额	面积	单位成本	金额	面积	单位成本	金额	面积	单位成本	金额
××项目住宅												
××项目商铺												
××项目车库												
……												
合计												

审计说明

开发产品——×× 项目 × 期各产品成本分摊复核表

被审计单位：×× 房地产开发有限责任公司	编制人：××	编制日期：202× 年 ×× 月 ×× 日	索引号：FC1-17
项目：开发产品	复核人：××	复核日期：202× 年 ×× 月 ×× 日	财务报表截止日 / 期间：202× 年 ×× 月 ×× 日

项目	公式	数据	复核说明
可售面积			
其中：住宅			
地下车库			
商铺			
……			
不可售面积			
其中：人防设施（人防车库及架空层）			
……			
建筑总面积			
产权证面积			
账面建筑面积与产权证建筑面积差异			
开发产品——×× 项目开发总成本			
其中：建筑安装装饰工程费			
地下车库单位成本 / 平方米			
地下车库成本			
可售住宅、商铺总的建筑安装装饰工程费			
可售住宅分配建筑安装装饰工程费的层高系数			
可售住宅分配建筑安装装饰工程费单位成本			
可售商铺分配建筑安装装饰工程费的层高系数			
可售商铺分配建筑安装装饰工程费单位成本			
可售住宅分配、商铺分摊的其他开发成本的单位成本			
可售住宅分配的单位开发成本			
可售商铺分摊的单位开发成本			

审计说明

编制说明

1. 应根据被审计单位实际情况，例如地下车库能否办理权证，是否为人防性质等考虑其分摊成本情况，并对上述表格进行适当修改。

2. 如果本期结转开发成本的项目存在住宅和商铺，建筑安装成本需要根据住宅和商铺层高系数进行分配。除建筑安装成本以外的成本，根据住宅和商铺的最后知晓的面积分配。

3. 以上仅为一种房地产单位成本在商铺与住宅之间的分摊方法。应评估被审计单位政策是否合理恰当，在此基础上检查分摊方法的适当性及计算准确性、会计处理恰当性等。

开发产品增加检查表

被审计单位：×× 房地产开发有限责任公司	编制人：××	编制日期：202× 年 ×× 月 ×× 日	索引号：FC1-18
项目：开发产品	复核人：××	复核日期：202× 年 ×× 月 ×× 日	财务报表截止日 / 期间：202× 年 ×× 月 ×× 日

一、检查开发产品证件取得情况

证件名称	是否取得	索引号	备注
1. 中华人民共和国国有土地使用证			
2. 中华人民共和国建设用地规划许可证			
3. 中华人民共和国建设工程规划许可证			
4. 建设工程开工证			
5. 商品房预售许可证			
6. 竣工验收备案证			
7. 交付使用备案证			
……			

二、判断开发成本结转开发产品是否恰当

三、检查情况说明

6. 合同资产

合同资产实质性程序

被审计单位：×× 房地产开发有限责任公司	编制人：××	编制日期：202× 年 ×× 月 ×× 日	索引号：FSX4
项目：合同资产	复核人：××	复核日期：202× 年 ×× 月 ×× 日	财务报表截止日 / 期间：202× 年 ×× 月 ×× 日

一、审计目标与认定

1. 资产负债表中记录的合同资产是存在的。	存在
2. 所有应当记录的合同资产均已记录，所有应当包括在财务报表中的相关披露均已包括。	完整性
3. 记录的合同资产由被审计单位拥有或控制。	权利和义务
4. 合同资产以恰当的金额包括在财务报表中，与之相关的计价调整已恰当记录，相关披露已得到恰当计量和描述。	准确性、计价和分摊
5. 合同资产已记录于恰当的账户。	分类
6. 合同资产已被恰当地汇总或分解且表述清楚，相关披露在企业会计准则或其他适用的财务报告编制基础下是相关的、可理解的。	列报

二、审计目标与审计程序对应关系表

审计目标		可供选择的审计程序	索引号
	1	获取或编制合同资产明细表： （1）复核加计是否正确，并与总账数和明细账合计数核对是否相符；结合坏账准备科目与报表数核对是否相符。 （2）检查非记账本位币合同资产的折算汇率及折算金额是否正确。 （3）分析有贷方余额的项目，查明原因，必要时，作重分类调整。	
	2	结合交易及应收账款函证，实施函证程序。检查相关支持性文件（如销售合同等），验证合同资产的确认是否恰当。	
	3	检查合同资产的减值准备，确定合同资产减值准备的计提方法是否恰当，计提是否充分。	
	4	检查合同资产中是否存在债务人破产或者死亡，以其破产财产或者遗产清偿后仍无法收回，或者债务人长期未履行偿债义务的情况，如果是，应提请被审计单位处理。	
	5	结合关联方交易的检查程序，核查与关联方相关的合同资产余额的准确性。	
	6	根据评估的舞弊风险等因素增加的审计程序。	
	7	检查符合收入确认条件，但未与客户结算的款项分类为合同资产是否恰当。	
	8	检查合同资产是否已按照企业会计准则或其他适用的财务报告编制基础在财务报表中作出恰当列报。	

合同资产审定表

被审计单位：×× 房地产开发有限责任公司	编制人：××	编制日期：202× 年 ×× 月 ×× 日	索引号：FSX4-1
项目：合同资产	复核人：××	复核日期：202× 年 ×× 月 ×× 日	财务报表截止日 / 期间：202× 年 ×× 月 ×× 日

项目名称	期末未审数	调整		期末审定数	上期末审定数
		借方	贷方		
合计					

1. 审计过程中识别出的错报事项

错报原因说明	调整分录		调整金额	
	报表项目	明细科目	借方金额	贷方金额

2. 审计结论

合同资产明细表

被审计单位：××房地产开发有限责任公司　编制人：××　编制日期：202×年××月××日　索引号：FSX4-2

项目：合同资产　复核人：××　复核日期：202×年××月××日　财务报表截止日/期间：202×年××月××日

项目	单位	期末未审数	调整数	期末审定数					坏账准备期末数	期初审定数					坏账准备期初数
				合计	1年以内	1–2年	2–3年	3年以上		合计	1年以内	1—2年	2—3年	3年以上	
合计															

审计说明

合同资产检查表

被审计单位：×× 房地产开发有限责任公司	编制人：××	编制日期：202× 年 ×× 月 ×× 日	索引号：FSX4-3
项目：合同资产	复核人：××	复核日期：202× 年 ×× 月 ×× 日	财务报表截止日 / 期间：202× 年 ×× 月 ×× 日

日期	凭证编号	业务内容	对方科目	金额	核对内容（用“√”、“×”表示）					备注
					1	2	3	4	5	
核对内容说明：1. 原始凭证是否齐全；2. 记账凭证与原始凭证是否相符；3. 账务处理是否正确；4. 是否记录于恰当的会计期间；5. 合同资产确认金额是否正确。										

审计说明

7. 固定资产

固定资产实质性程序

被审计单位：××房地产开发有限责任公司	编制人：××	编制日期：202×年××月××日	索引号：GZ4
项目：固定资产	复核人：××	复核日期：202×年××月××日	财务报表截止日/期间：202×年××月××日

一、审计目标与认定

1. 资产负债表中记录的固定资产是存在的。	存在
2. 所有应当记录的固定资产均已记录，所有应当包括在财务报表中的相关披露均已包括。	完整性
3. 资产负债表中记录的固定资产由被审计单位拥有或控制。	权利和义务
4. 固定资产以恰当的金额包括在财务报表中，与之相关的计价或分摊调整已恰当记录，相关披露已得到恰当计量和描述。	准确性、计价和分摊
5. 固定资产已记录于恰当的账户。	分类
6. 固定资产已被恰当地汇总或分解且表述清楚，相关披露在适用的财务报告编制基础下是相关的、可理解的。	列报

二、审计目标与审计程序对应关系表

审计目标	可供选择的审计程序		索引号
		（一）固定资产	
	1	获取或编制固定资产明细表，复核加计是否正确，并与总账数和明细账合计数核对是否相符，结合累计折旧和固定资产减值准备与报表数核对是否相符。	
	2	实地检查重要固定资产，确定其是否存在，关注是否存在已报废但仍未核销的固定资产。	
	3	检查固定资产的所有权或控制权： （1）对外购的机器设备等固定资产，审核采购发票、采购合同等； （2）对于房地产类固定资产，查阅有关的合同、产权证明、财产税单、抵押借款的还款凭据、保险单等书面文件； （3）对汽车等运输设备，检查有关运营证件等； （4）对受留置权限制的固定资产，结合有关负债项目进行检查。	
	4	检查本期固定资产的增加： （1）询问管理层当年固定资产的增加情况，并与获取或编制的固定资产明细表进行核对。 （2）检查本年度增加固定资产的计价是否正确，手续是否齐备，会计处理是否正确： ①对于外购固定资产，通过核对采购合同、发票、保险单、发运凭证等资料，抽查测试其入账价值是否正确，授权批准手续是否齐备，会计处理是否正确；如果购买的是房屋建筑物，还应检查契税的会计处理是否正确；检查分期付款购买固定资产入账价值及会计处理是否正确。	

续表

审计目标		可供选择的审计程序	索引号
	4	②对于在建工程转入的固定资产，应检查固定资产确认时点是否符合会计准则的规定，入账价值与在建工程的相关记录是否核对相符，是否与竣工决算、验收和移交报告等一致；对已经达到预定可使用状态，但尚未办理竣工决算手续的固定资产，检查其是否已按估计价值入账，并按规定计提折旧。 ③对于投资者投入的固定资产，检查投资者投入的固定资产是否按投资各方确认的价值入账，并检查确认价值是否公允，交接手续是否齐全；涉及国有资产的，是否有评估报告并经国有资产管理部门评审备案或核准确认。 ④对于更新改造增加的固定资产，检查增加的原值是否符合资本化条件，是否真实，会计处理是否正确；重新确定的剩余折旧年限是否恰当。 ⑤对于企业合并、债务重组和非货币性资产交换增加的固定资产，检查产权过户手续是否齐备，检查固定资产入账价值及确认。 ⑥对于通过其他途径增加的固定资产，应检查增加固定资产的原始凭证，核对其计价及会计处理是否正确，法律手续是否齐全。	
	5	检查本期固定资产的减少： （1）结合固定资产清理科目，抽查固定资产账面转销额是否正确； （2）检查出售、盘亏、转让、报废或毁损的固定资产是否经授权批准，会计处理是否正确； （3）检查因修理、更新改造而停止使用的固定资产的会计处理是否正确； （4）检查投资转出固定资产的会计处理是否正确； （5）检查债务重组或非货币性资产交换转出固定资产的会计处理是否正确； （6）检查其他减少固定资产的会计处理是否正确。	
	6	检查固定资产有关的后续支出是否满足资产确认条件；如不满足，检查后续支出是否在发生时计入当期损益。	
	7	获取持有待售固定资产的相关证明文件并作相应记录，检查对其预计净残值调整是否正确，会计处理是否正确。	
	8	检查固定资产的抵押、担保情况。结合对银行借款等的检查，了解固定资产是否存在重大的抵押、担保情况。如存在，应取证，并作相应的记录，同时提请被审计单位作恰当披露。	
	9	检查固定资产是否存在弃置费用，如果存在弃置费用，检查弃置费用的估计方法和弃置费用现值的计算是否合理，会计处理是否正确。	
	10	检查累计折旧： （1）获取或编制累计折旧分类汇总表，复核加计是否正确，并与总账数和明细账合计数核对。 （2）检查被审计单位制定的折旧政策和方法是否符合相关会计准则的规定，确定其所采用的折旧方法能否在固定资产预计使用寿命内合理分摊其成本，前后期是否一致，预计使用寿命和预计净残值是否合理。 （3）复核本期折旧费用的计提和分配： ①了解被审计单位的折旧政策是否符合规定，计提折旧范围是否正确，确定的使用寿命、预计净残值和折旧方法是否合理；如采用加速折旧法，是否取得批准文件。 ②检查被审计单位折旧政策前后期是否一致。 ③复核本期折旧费用的计提是否正确，尤其关注已计提减值准备的固定资产的折旧。 ④检查折旧费用的分配方法是否合理，是否与上期一致；分配计入各项目的金额占本期全部折旧计提额的比例与上期比较是否有重大差异。 ⑤注意固定资产增减变动时，有关折旧的会计处理是否符合规定，查明通过更新改造、接受捐赠而增加的固定资产的折旧费用计算是否正确。 （4）将“累计折旧”账户贷方的本期计提折旧额与相应的成本费用中的折旧费用明细账户的借方相比较，检查本期所计提折旧金额是否已全部摊入本期产品成本或费用。若存在差异，应追查原因，并考虑是否应建议作适当调整。 （5）检查累计折旧的减少是否合理、会计处理是否正确。	

续表

审计目标	可供选择的审计程序		索引号
	11	获取管理层在资产负债表日就固定资产是否存在可能发生减值迹象的判断的说明。如果识别出固定资产减值准备相关的重大错报风险，执行“会计估计（包括公允价值会计估计）和相关披露”中“应对评估的重大错报风险”所述的程序，并在本账项工作底稿中记录测试过程。	
	12	获取暂时闲置固定资产的相关证明文件，并观察其实际状况，检查是否已按规定计提折旧，相关的会计处理是否正确。	
	13	获取已提足折旧仍继续使用的固定资产的相关证明文件，并作相应记录。	
	14	根据评估的舞弊风险等因素增加的审计程序。	
	15	了解固定资产的业务内容，判断其分类为固定资产是否恰当。	
	16	检查固定资产是否已按照企业会计准则或其他适用的财务报告编制基础在财务报表中作出恰当列报。	
		（二）固定资产清理	
	17	获取或编制固定资产清理明细表，复核加计是否正确，并与报表数、总账数和明细账合计数核对是否相符。	
	18	检查固定资产清理是否长期挂账，如有，应作出记录，必要时建议作适当调整。	
	19	了解固定资产清理的业务内容，判断其分类为固定资产清理是否恰当。	
	20	检查固定资产清理是否已按照企业会计准则或其他适用的财务报告编制基础在财务报表中作出恰当列报。	

固定资产审定表

被审计单位：×× 房地产开发有限责任公司　编制人：××　编制日期：202× 年 ×× 月 ×× 日　索引号：GZ4-1

项目：固定资产　复核人：××　复核日期：202× 年 ×× 月 ×× 日　财务报表截止日 / 期间：202× 年 ×× 月 ×× 日

项目名称	期末未审数	调整		期末审定数	上期末审定数
		借方	贷方		
一、固定资产原值合计					
其中：房屋、建筑物					
运输工具					
……					
二、累计折旧合计					
其中：房屋、建筑物					
运输工具					
……					
三、减值准备合计					
其中：房屋、建筑物					
运输工具					
……					
四、账面价值合计					
其中：房屋、建筑物					
运输工具					
……					

1. 审计过程中识别出的错报事项

错报原因说明	调整分录		调整金额	
	报表项目	明细科目	借方金额	贷方金额

2. 审计结论

固定资产、累计折旧及减值准备明细表

被审计单位：×× 房地产开发有限责任公司　编制人：××　编制日期：202× 年 ×× 月 ×× 日　索引号 GZ4-2

项目：固定资产、累计折旧及减值准备　复核人：××　复核日期：202× 年 ×× 月 ×× 日　财务报表截止日 / 期间：202× 年 ×× 月 ×× 日

项　目	期初余额	本期增加	本期减少	期末余额	备注
一、原值合计					
其中：房屋、建筑物					
运输工具					
……					
二、累计折旧合计					
其中：房屋、建筑物					
运输工具					
……					
三、固定资产减值准备合计					
其中：房屋、建筑物					
运输工具					
……					
四、固定资产账面价值合计					
其中：房屋、建筑物					
运输工具					
……					

审计说明

固定资产盘点检查情况表

被审计单位：××房地产开发有限责任公司　编制人：××　编制日期：202×年××月××日　索引号：GZ4-3

项目：固定资产盘点　复核人：××　复核日期：202×年××月××日　财务报表截止日/期间：202×年××月××日

序号	名称	规格型号	计量单位	单价	账面结存		被审计单位盘点			实际检查			备注
					数量	金额	数量	金额	盈亏	数量	金额	盈亏	

检查时间：　检查地点：　检查人：

审计说明

固定资产增加检查表

被审计单位：×× 房地产开发有限责任公司　编制人：××　编制日期：202× 年 ×× 月 ×× 日　索引号：GZ4-4

项目：固定资产增加　复核人：××　复核日期：202× 年 ×× 月 ×× 日　财务报表截止日 / 期间：202× 年 ×× 月 ×× 日

固定资产名称	取得日期	取得方式	固定资产类别	增加情况		凭证编号	核对内容（用"√"、"×"表示）								备注
				数量	原价		1	2	3	4	5	6	7	8	
核对内容说明：1. 与发票是否一致；2. 与付款单据是否一致；3. 与购买 / 建造合同是否一致；4. 与验收报告或评估报告等是否一致；5. 审批手续是否齐全；6. 与在建工程转出数核对是否一致；7. 后续支出是否符合资本化条件；8. 会计处理是否正确。															

审计说明

固定资产减少检查表

被审计单位：××房地产开发有限责任公司	编制人：××	编制日期：202×年××月××日	索引号：GZ4-5
项目：固定资产减少	复核人：××	复核日期：202×年××月××日	财务报表截止日／期间：202×年××月××日

固定资产名称	取得日期	处置方式	处置日期	凭证编号	固定资产原价	累计折旧	减值准备	账面价值	处置收入	净损益	核对内容（用“√”、“×”表示）					备注
											1	2	3	4	…	
核对内容说明：1. 与收款单据是否一致；2. 与合同是否一致；3. 审批手续是否完整；4. 会计处理是否正确；5.……																

审计说明

折旧计算检查表

被审计单位：×× 房地产开发有限责任公司　编制人：××　编制日期：202× 年 ×× 月 ×× 日　索引号：GZ4-6

项目：固定资产折旧计算　复核人：××　复核日期：202× 年 ×× 月 ×× 日　财务报表截止日 / 期间：202× 年 ×× 月 ×× 日

固定资产名称	取得时间	使用年限	固定资产原值	残值率	累计折旧期初余额	减值准备期初余额	本期应提折旧	本期已提折旧	差异
合计									

审计说明

8. 无形资产

无形资产实质性程序

被审计单位：×× 房地产开发有限责任公司	编制人：××	编制日期：202× 年 ×× 月 ×× 日	索引号：GZ9
项目：无形资产	复核人：××	复核日期：202× 年 ×× 月 ×× 日	财务报表截止日 / 期间：202× 年 ×× 月 ×× 日

一、审计目标与认定

1. 资产负债表中记录的无形资产是存在的。	存在
2. 所有应当记录的无形资产均已记录，所有应当包括在财务报表中的相关披露均已包括。	完整性
3. 资产负债表中记录的无形资产由被审计单位拥有或控制。	权利和义务
4. 无形资产以恰当的金额包括在财务报表中，与之相关的计价或分摊调整已恰当记录，相关披露已得到恰当计量和描述。	准确性、计价和分摊
5. 无形资产已记录于恰当的账户。	分类
6. 无形资产已被恰当地汇总或分解且表述清楚，相关披露在适用的财务报告编制基础下是相关的、可理解的。	列报

二、审计目标与审计程序对应关系表

审计目标		可供选择的审计程序	索引号
	1	获取或编制无形资产明细表，复核加计是否正确，并与总账数和明细账合计数核对是否相符；结合累计摊销、无形资产减值准备科目与报表数核对是否相符。	
	2	检查无形资产的权属证书原件、非专利技术的持有和保密状况等，并获取有关协议和董事会纪要等文件、资料，检查无形资产的性质、构成内容、计价依据、使用状况和受益期限，确定无形资产是否存在，是否由被审计单位拥有或控制。	
	3	检查无形资产的增加： （1）检查投资者投入的无形资产是否按投资各方确认的价值入账，并检查确认价值是否公允，交接手续是否齐全；涉及国有资产的，是否有评估报告并经国有资产管理部门评审备案或核准确认。 （2）对自行研发取得、购入或接受捐赠的无形资产，检查其原始凭证，确认计价是否正确，法律程序是否完备（如依法登记、注册及变更登记的批准文件和有效期），会计处理是否正确。 （3）对债务重组或非货币性资产交换取得的无形资产，检查有关协议等资料，确认其计价和会计处理是否正确。 （4）检查本期购入土地使用权相关税费计算清缴情况，与购入土地使用权相关的会计处理是否正确。	
	4	检查无形资产的减少： （1）取得无形资产处置的相关合同、协议，检查其会计处理是否正确。 （2）检查房地产开发企业取得的土地用于建造对外出售的房屋建筑物，相关的土地使用权是否转入所建造房屋建筑物的成本。在土地上自行开发建造厂房等建筑物的，土地使用权和地上建筑物是否分别进行摊销和计提折旧。 （3）当土地使用权用于出租或增值目的时，检查其是否转为投资性房地产核算，会计处理是否正确。	

续表

审计目标		可供选择的审计程序	索引号
	5	检查被审计单位确定无形资产使用寿命的依据，分析其合理性。	
	6	结合长期借款、短期借款等项目审计，了解是否存在用于债务担保的无形资产。如有，提请被审计单位作恰当披露。	
	7	检查无形资产的摊销： （1）获取或编制无形资产累计摊销明细表，复核加计是否正确，并与总账数和明细账合计数核对是否相符。 （2）检查无形资产各项目的摊销政策是否符合有关规定，是否与上期一致，若改变摊销政策，检查其依据是否充分。注意使用期限不确定的无形资产不应摊销，但应当在每个会计期间对其使用寿命进行复核。 （3）检查被审计单位是否在年度终了，对使用寿命有限的无形资产的使用寿命和摊销方法进行复核，其复核结果是否合理。 （4）检查无形资产的应摊销金额是否为其成本扣除预计残值和减值准备后的余额，检查其预计残值的确定是否合理。 （5）复核本期摊销是否正确，与相关科目核对是否相符。	
	8	检查无形资产减值准备： （1）获取或编制无形资产减值准备明细表，复核加计是否正确，并与总账数和明细账合计数核对是否相符。 （2）检查无形资产减值准备计提和转销的批准程序，取得书面报告等证明文件。 （3）检查被审计单位计提无形资产减值准备的依据是否充分，会计处理是否正确。 （4）检查无形资产转让时，相应的减值准备是否一并结转，会计处理是否正确。 （5）对于使用寿命有限的无形资产，逐项检查是否存在减值迹象，并作出详细记录；对于使用寿命不确定的无形资产，应当在每个会计期间进行减值测试。 （6）通过检查期后事项，以及比较前期无形资产减值准备数与实际发生数，评价无形资产减值准备的合理性。	
	9	根据评估的舞弊风险等因素增加的审计程序。	
	10	了解无形资产的业务内容，判断其分类为无形资产是否恰当。	
	11	检查无形资产是否已按照企业会计准则或其他适用的财务报告编制基础在财务报表中作出恰当列报。	

无形资产审定表

被审计单位：×× 房地产开发有限责任公司　编制人：××　编制日期：202× 年 ×× 月 ×× 日　索引号：GZ9-1

项目：无形资产　复核人：××　复核日期：202× 年 ×× 月 ×× 日　财务报表截止日 / 期间：202× 年 ×× 月 ×× 日

项目名称	期末未审数	调整		期末审定数	上期末审定数
		借方	贷方		
一、原价合计					
其中：土地使用权					
……					
二、累计摊销额合计					
其中：土地使用权					
……					
三、减值准备累计金额合计					
……					
四、账面价值合计					
其中：土地使用权					
……					

1. 审计过程中识别出的错报事项

错报原因说明	调整分录		调整金额	
	报表项目	明细科目	借方金额	贷方金额

2. 审计结论

无形资产明细表

被审计单位：××房地产开发有限责任公司	编制人：××	编制日期： 202×年××月××日	索引号：GZ9-2
项目：无形资产	复核人：××	复核日期： 202×年××月××日	财务报表截止日/期间： 202×年××月××日

项目名称	期初余额	本期增加	本期减少	期末余额	备注
一、原价合计					
其中：土地使用权					
……					
二、累计摊销额合计					
其中：土地使用权					
……					
三、减值准备累计金额合计					
……					
四、账面价值合计					
其中：土地使用权					
……					

审计说明

无形资产使用寿命分析表

被审计单位：×× 房地产开发有限责任公司　编制人：××　编制日期：202× 年 ×× 月 ×× 日　索引号：GZ9-3

项目：无形资产使用寿命分析　复核人：××　复核日期：202× 年 ×× 月 ×× 日　财务报表截止日 / 期间：202× 年 ×× 月 ×× 日

无形资产名称	合同性权利或其他法定权利			权利到期后续约的情况			没有法定使用年限		是否属于使用寿命不确定	备注
	是否适用	规定年限	已确定的使用寿命	是否适用	续约期计入使用寿命的年限	已确定的使用寿命	是否估计使用寿命	是否合理		

审计说明

无形资产累计摊销计算表

被审计单位：×× 房地产开发有限责任公司　编制人：××　编制日期：202× 年 ×× 月 ×× 日　索引号：GZ9-4

项目：无形资产累计摊销　复核人：××　复核日期：202× 年 ×× 月 ×× 日　财务报表截止日 / 期间：202× 年 ×× 月 ×× 日

无形资产名称	发生日期	无形资产原价	残值	摊销期限	剩余摊销年限	减值准备累计金额	应摊销金额	累计摊销期初余额	本期摊销额	累计摊销期末余额	差异	备注
合计												

审计说明

（二）负债类

1. 短期借款

短期借款实质性程序

被审计单位：×× 房地产开发有限责任公司	编制人：××	编制日期：202× 年 ×× 月 ×× 日	索引号：CZ1
项目：短期借款	复核人：××	复核日期：202× 年 ×× 月 ×× 日	财务报表截止日 / 期间：202× 年 ×× 月 ×× 日

一、审计目标与认定

1. 资产负债表中记录的短期借款是存在的。	存在
2. 所有应当记录的短期借款均已记录，所有应当包括在财务报表中的相关披露均已包括。	完整性
3. 记录的短期借款是被审计单位应当履行的偿还义务。	权利和义务
4. 短期借款以恰当的金额包括在财务报表中，与之相关的计价调整已恰当记录，相关披露已得到恰当计量和描述。	准确性、计价和分摊
5. 短期借款已记录于恰当的账户。	分类
6. 短期借款已被恰当地汇总或分解且表述清楚，相关披露在适用的财务报告编制基础下是相关的、可理解的。	列报

二、审计目标与审计程序对应关系表

审计目标	可供选择的审计程序		索引号
	1	获取短期借款明细表： （1）与明细账、总账、报表核对是否相符； （2）检查非记账本位币短期借款的折算汇率及折算金额是否正确，折算方法是否前后期一致。	
	2	对短期借款进行函证。除非有充分证据表明某一借款对财务报表不重要且与之相关的重大错报风险很低。如果不对这些项目实施函证程序，在审计工作底稿中说明理由。 （1）编制短期借款函证结果汇总表，检查回函。 （2）调查不符事项，确定是否表明存在错报。 （3）如果未回函，实施替代程序。 （4）如果认为回函不可靠，评价对评估的重大错报风险以及其他审计程序的性质、时间安排和范围的影响。 （5）如果管理层不允许寄发询证函： ①询问管理层不允许寄发询证函的原因，并就其原因的正当性及合理性收集审计证据； ②评价管理层不允许寄发询证函对评估的相关重大错报风险（包括舞弊风险），以及其他审计程序的性质、时间安排和范围的影响； ③实施替代审计程序，以获取相关、可靠的审计证据； ④如果认为管理层不允许寄发询证函的原因不合理，或实施替代程序无法获取相关、可靠的审计证据，与治理层进行沟通，并确定其对审计工作和审计意见的影响。	

续表

审计目标	可供选择的审计程序		索引号
	3	检查短期借款的增加和减少： （1）对年度内增加的短期借款，检查借款合同，了解借款本金、借款用途、借款条件、借款日期、还款期限、借款利率等信息，检查会计处理是否正确。 （2）对年度内减少的短期借款，检查相关记录和原始凭证，检查会计处理是否正确。	
	4	复核短期借款利息。根据短期借款的利率和期限，复核被审计单位短期借款的利息计算是否正确。如有未计利息和多计利息，应作出记录，必要时进行调整。	
	5	检查被审计单位用于短期借款的抵押资产的所有权是否属于被审计单位，其价值和实际状况是否与担保契约中的规定相一致。	
	6	检查短期借款是否有超过一年的，并考虑重分类为长期负债。	
	7	对外币借款应检查是否已在外汇管理部门办理手续；记账汇率的选用是否合规、一致；汇兑损益的计算和会计处理是否正确。	
	8	根据评估的舞弊风险等因素增加的其他审计程序。	
	9	了解短期借款的业务内容，判断其分类为短期借款是否恰当。	
	10	检查短期借款是否已按照企业会计准则或其他适用的财务报告编制基础在财务报表中作出恰当列报。	

短期借款审定表

被审计单位：××房地产开发有限责任公司	编制人：××	编制日期：202×年××月××日	索引号：CZ1-1
项目：短期借款	复核人：××	复核日期：202×年××月××日	财务报表截止日/期间：202×年××月××日

项目名称	期末未审数	调整		期末审定数	上期末审定数
		借方	贷方		
信用借款					
抵押借款					
质押借款					
保证借款					
合计					

1. 审计过程中识别出的错报事项

错报原因说明	调整分录		调整金额	
	报表项目	明细科目	借方金额	贷方金额

2. 审计结论

短期借款明细表

被审计单位：××房地产开发有限责任公司　编制人：××　编制日期：202×年××月××日　索引号：CZ1-2

项目：短期借款　复核人：××　复核日期：202×年××月××日　财务报表截止日/期间：202×年××月××日

贷款银行	贷款类型	合同约定借款期限		期初余额	本期增加	本期归还	期末余额	借款合同索引	银行询证函索引
		借款日	还款日						
合计									

审计说明

短期借款利息测算表

被审计单位：×× 房地产开发有限责任公司	编制人：××	编制日期： 202× 年 ×× 月 ×× 日	索引号：CZ1-3
项目：短期借款利息测算	复核人：××	复核日期： 202× 年 ×× 月 ×× 日	财务报表截止日 / 期间： 202× 年 ×× 月 ×× 日

贷款金融机构名称	贷款本金	年利率	起始日	到期日	计息天数	应计利息	账面数	测算差异
合计								

审计说明

短期借款检查表

被审计单位：×× 房地产开发有限责任公司　　编制人：××　　编制日期：202× 年 ×× 月 ×× 日　　索引号：CZ1-4

项目：短期借款　　复核人：××　　复核日期：202× 年 ×× 月 ×× 日　　财务报表截止日 / 期间：202× 年 ×× 月 ×× 日

记账日期	凭证编号	业务内容	对方科目	金额	核对内容（用“√”、“×”表示）					备注
					1	2	3	4	…	
核对内容说明：1. 原始凭证是否齐全；2. 记账凭证与原始凭证是否相符；3. 账务处理是否正确；4. 是否记录于恰当的会计期间；5.……										

审计说明

2. 应付账款

应付账款实质性程序

被审计单位：×× 房地产开发有限责任公司	编制人：××	编制日期：202× 年 ×× 月 ×× 日	索引号：CG3
项目：应付账款	复核人：××	复核日期：202× 年 ×× 月 ×× 日	财务报表截止日 / 期间：202× 年 ×× 月 ×× 日

一、审计目标与认定

1. 资产负债表中记录的应付账款是存在的。	存在
2. 所有应当记录的应付账款均已记录，所有应当包括在财务报表中的相关披露均已包括。	完整性
3. 记录的应付账款是被审计单位应当履行的偿还义务。	权利和义务
4. 应付账款以恰当的金额包括在财务报表中，与之相关的计价调整已恰当记录，相关披露已得到恰当计量和描述。	准确性、计价和分摊
5. 应付账款已记录于恰当的账户。	分类
6. 应付账款已被恰当地汇总或分解且表述清楚，相关披露在适用的财务报告编制基础下是相关的、可理解的。	列报

二、审计目标与审计程序对应关系表

审计目标		可供选择的审计程序	索引号
	1	获取或编制应付账款明细表： （1）复核加计是否正确，并与报表数、总账数和明细账合计数核对是否相符； （2）检查非记账本位币应付账款的折算汇率及折算金额是否正确； （3）分析出现借方余额的项目，必要时，作重分类调整。 （4）结合预付款项等往来项目的明细余额，检查有无针对同一交易在应付账款和预付款项同时记账的情况、异常余额或与购货无关的其他款项（如关联方账户或雇员账户）。	
	2	对应付账款执行分析性程序。	
	3	实施函证程序： （1）编制应付账款函证结果汇总表，检查回函； （2）调查不符事项，确定是否存在错报； （3）如果未回函，实施替代程序（执行期后付款检查或检查原始凭单，如合同、发票、验收单，核实票据的真实性）。	
	4	检查资产负债表日后应付账款明细账贷方发生额的相应凭证，关注其发票的日期，确认其入账时间是否合理。	
	5	复核截止审计现场工作日未处理的施工方（供应商）发票，并询问是否存在其他未处理的施工方（供应商）发票，确认负债记录在正确的会计期间内。	
	6	结合存货监盘程序，检查被审计单位在资产负债表日前后的存货入库（验收）资料（检验报告或入库单或工程量验收确认单），检查相关负债是否计入了正确的会计期间。	
	7	检查应付账款长期挂账的原因并作出记录，对确实无需支付的应付账款的会计处理是否正确。	

续表

审计目标	可供选择的审计程序		索引号
	8	检查与应付账款有关的会计记录，以确定被审计单位是否按照规定进行相应的会计处理和披露。	
	9	实施关联方及其交易的审计程序，检查对关联方的应付账款的真实性、完整性，检查其会计处理是否正确。	
	10	根据评估的舞弊风险等因素增加的审计程序。	
	11	根据应付账款的业务内容，判断其分类为应付账款是否恰当。	
	12	检查应付账款是否已按照企业会计准则或其他适用的财务报告编制基础在财务报表中作出恰当列报。	

应付账款审定表

被审计单位：××房地产开发有限责任公司	编制人：××	编制日期：202×年××月××日	索引号：CG3-1
项目：应付账款	复核人：××	复核日期：202×年××月××日	财务报表截止日/期间：202×年××月××日

项目名称	期末未审数	调整		期末审定数	上期末审定数
		借方	贷方		
一、关联方					
小计					
二、非关联方					
小计					
合计					

1. 审计过程中识别出的错报事项

错报原因说明	调整分录		调整金额	
	报表项目	明细科目	借方金额	贷方金额

2. 审计结论

应付账款明细表

被审计单位：××房地产开发有限责任公司	编制人：××	编制日期：202×年××月××日	索引号：CG3-2
项目：应付账款	复核人：××	复核日期：202×年××月××日	财务报表截止日/期间：202×年××月××日

款项性质	单位	期末未审数	调整数	期末审定数					期初审定数				
				合计	1年以内	1-2年	2-3年	3年以上	合计	1年以内	1-2年	2-3年	3年以上
一、关联方													
二、非关联方													
合计													

审计说明

询证函

函证编号：CG3-3

致：

本公司聘请的 ×× 会计师事务所（特殊普通合伙）正在对本公司 202× 年度财务报表进行审计，按照中国注册会计师审计准则的要求，应当询证本公司与贵公司的往来款项等事项。下列信息出自本公司账簿记录，如与贵公司记录相符，请在本函下端“信息证明无误”处签章证明；如有不符，请在“信息不符”处列明不符项目。如存在与本公司有关的未列入本函的其他项目，也请在“信息不符”处列出这些项目的金额及详细资料。回函请直接寄至 ×× 会计师事务所（特殊普通合伙）审计 × 部（或 ×× 分所）××× 注册会计师。

地址：________________ 邮编：________________

电话：________________ 传真：________________

1. 本公司与贵公司的往来账项

单位：元

截止日期	贵公司欠	欠贵公司	备注

2. 其他事项

本函仅为复核账目之用，并非催款结算。若款项在上述日期之后已经付清，仍请及时函复为盼。

（公司印鉴）

____年__月__日

——————以下由被询证方填写——————

1. 信息证明无误	2. 信息不符，请列明不符项目及具体内容
（公司盖章） 日期： 经办人：	（公司盖章） 日期： 经办人：

注：若是审计人员亲自前往询证，请列示以下内容：

上述事项由审计人员______在被审计单位员工______陪同下于______年____月____日前往______________（被询证单位名称、地址）进行询证。

陪同人员 1：（签章） 审计人员 1：（签章）

陪同人员 2：（签章） 审计人员 2：（签章）

应付账款函证结果汇总表

被审计单位：×× 房地产开发有限责任公司	编制人：××	编制日期：202× 年 ×× 月 ×× 日	索引号：CG3-4
项目：应付账款函证结果	复核人：××	复核日期：202× 年 ×× 月 ×× 日	财务报表截止日 / 期间：202× 年 ×× 月 ×× 日

询证函编号	单位名称	账面余额	回函确认金额	差异	差异原因	是否调整	索引号
合　计							

审计说明

编制说明

1. 应付账款函证样本量选择可根据统计抽样进行。选取样本时可重点选取大额的、重大关联方交易、往来频繁但期末余额较小、可能存在争议的以及产生重大舞弊和错误的应付账款作为函证样本。
2. 可在审计说明部分填写对询证函保持控制的说明以及对以传真或电子邮件等其他形式回函可靠性的考虑等方面。

应付账款替代测试表

被审计单位：× × 房地产开发有限责任公司　编制人：× ×　编制日期：202× 年 × × 月 × × 日　索引号：CG3-5

项目：应付账款—（单位名称）替代测试　复核人：× ×　复核日期：202× 年 × × 月 × × 日　财务报表截止日 / 期间：202× 年 × × 月 × × 日

一、贷方发生额

序号	记账凭证			入库单（工程验收确认单）			采购（施工）发票			其他支持性文件			说明
	日期	凭证号	金额	日期	数量	金额	日期	数量	金额	日期	数量	金额	
1													
2													
3													
……													

二、借方发生额

序号	记账凭证			银行回单		其他支持性文件		说明
	日期	凭证号	金额	日期	金额	日期	金额	
1								
2								
3								
……								

三、期后付款情况

序号	记账凭证			银行回单		其他支持性文件		说明
	日期	凭证号	金额	日期	金额	日期	金额	
1								
2								
3								
……								

审计说明

未处理的供应商（施工方）发票测试表

被审计单位：××房地产开发有限责任公司	编制人：××	编制日期：202×年××月××日	索引号：CG3-6
项目：未处理的供应商发票	复核人：××	复核日期：202×年××月××日	财务报表截止日/期间：202×年××月××日

序号	发票编号	发票日期	供应商（施工方）名称	发票内容	金额	是否应计入报告期

审计说明

暂估入账应付账款核对表

被审计单位：×× 房地产开发有限责任公司　编制人：××　编制日期：202× 年 ×× 月 ×× 日　索引号：CG3-7

项目：暂估入账应付账款　复核人：××　复核日期：202× 年 ×× 月 ×× 日　财务报表截止日 / 期间：202× 年 ×× 月 ×× 日

序号	供应商（施工方）名称	记账凭证			入库单（工程验收确认单）			与入库单（工程验收确认单）核对是否一致	合同编号及约定内容	发票未到原因
		日期	凭证号	金额	编号	日期	金额			

审计说明

应付账款日后付款测试表

被审计单位：×× 房地产开发有限责任公司	编制人：××	编制日期：202× 年 ×× 月 ×× 日	索引号：CG3-8
项目：应付账款日后付款	复核人：××	复核日期：202× 年 ×× 月 ×× 日	财务报表截止日 / 期间：202× 年 ×× 月 ×× 日

序号	金额	付款回单		凭证		说明	是否跨期 是（√）否（×）
		编号	日期	编号	日期		

审计说明

未入账应付账款汇总表

被审计单位：×× 房地产开发有限责任公司　编制人：××　编制日期：202× 年 ×× 月 ×× 日　索引号：CG3-9

项目：未入账应付账款　复核人：××　复核日期：202× 年 ×× 月 ×× 日　财务报表截止日 / 期间：202× 年 ×× 月 ×× 日

序号	应付账款单位	业务内容	应付金额	未付及未入账原因

审计说明

3. 预收款项

预收款项实质性程序

被审计单位：×× 房地产开发有限责任公司	编制人：××	编制日期：202× 年 ×× 月 ×× 日	索引号：FSX7
项目：预收款项	复核人：××	复核日期：202× 年 ×× 月 ×× 日	财务报表截止日 / 期间：202× 年 ×× 月 ×× 日

一、审计目标与认定

1. 资产负债表中记录的预收款项是存在的。	存在
2. 所有应当记录的预收款项均已记录，所有应当包括在财务报表中的相关披露均已包括。	完整性
3. 记录的预收款项是被审计单位应当履行的偿还义务。	权利和义务
4. 预收款项以恰当的金额包括在财务报表中，与之相关的计价调整已恰当记录，相关披露已得到恰当计量和描述。	准确性、计价和分摊
5. 预收款项已记录于恰当的账户。	分类
6. 预收款项已被恰当地汇总或分解且表述清楚，相关披露在适用的财务报告编制基础下是相关的、可理解的。	列报

二、审计目标与审计程序对应关系表

审计目标		可供选择的审计程序	索引号
	1	获取或编制预收款项明细表： （1）复核加计是否正确，并与报表数、总账数和明细账合计数核对是否相符。 （2）以非记账本位币结算的预收款项，检查其采用的折算汇率及折算金额是否正确。 （3）检查是否存在借方余额，必要时进行重分类调整。 （4）结合应收账款等往来款项目的明细余额，检查是否存在应收、预收两方挂账的项目，必要时作出调整。	
	2	检查预收款项长期挂账的原因，并作出记录，必要时提请被审计单位予以调整。	
	3	实施函证程序： （1）编制预收款项函证结果汇总表，检查回函。 （2）调查不符事项，确定是否表明存在错报。 （3）如果未回函，实施替代程序。 （4）如果认为回函不可靠，评价对评估的重大错报风险以及其他审计程序的性质、时间安排和范围的影响。 （5）如果管理层不允许寄发询证函： ①询问管理层不允许寄发询证函的原因，并就其原因的正当性及合理性收集审计证据； ②评价管理层不允许寄发询证函对评估的相关重大错报风险（包括舞弊风险），以及其他审计程序的性质、时间安排和范围的影响； ③实施替代审计程序，以获取相关、可靠的审计证据； ④如果认为管理层不允许寄发询证函的原因不合理，或实施替代程序无法获取相关、可靠的审计证据，与治理层进行沟通，并确定其对审计工作和审计意见的影响。	
	4	通过货币资金的期后测试，以确定预收款项是否已计入恰当期间。	

续表

审计目标	可供选择的审计程序		索引号
	5	根据评估的舞弊风险等因素增加的审计程序。	
	6	了解预收款项的业务内容，判断其分类为预收款项是否恰当。	
	7	检查预收款项是否已按照企业会计准则或其他适用的财务报告编制基础在财务报表中作出恰当列报。	

预收款项审定表

被审计单位：×× 房地产开发有限责任公司	编制人：××	编制日期：202× 年 ×× 月 ×× 日	索引号：FSX7-1
项目：预收款项	复核人：××	复核日期：202× 年 ×× 月 ×× 日	财务报表截止日 / 期间：202× 年 ×× 月 ×× 日

项目名称	期末未审数	调整		期末审定数	上期末审定数
		借方	贷方		
合计					

1. 审计过程中识别出的错报事项

错报原因说明	调整分录		调整金额	
	报表项目	明细科目	借方金额	贷方金额

2. 审计结论

预收款项明细表

被审计单位：×× 房地产开发有限责任公司　编制人：××　编制日期：202× 年 ×× 月 ×× 日　索引号：FSX7-2

项目：预收款项　复核人：××　复核日期：202× 年 ×× 月 ×× 日　财务报表截止日 / 期间：202× 年 ×× 月 ×× 日

款项性质	单位	期末未审数	调整数	期末审定数					期初审定数				
				合计	1 年以内	1–2 年	2–3 年	3 年以上	合计	1 年以内	1–2 年	2–3 年	3 年以上
一、关联方													
二、非关联方													
合计													

审计说明

4. 合同负债

合同负债实质性程序

被审计单位：×× 房地产开发有限责任公司	编制人：××	编制日期：202× 年 ×× 月 ×× 日	索引号：FSX8
项目：合同负债	复核人：××	复核日期：202× 年 ×× 月 ×× 日	财务报表截止日 / 期间：202× 年 ×× 月 ×× 日

一、审计目标与认定

1. 资产负债表中记录的合同负债是存在的。	存在
2. 所有应当记录的合同负债均已记录，所有应当包括在财务报表中的相关披露均已包括。	完整性
3. 记录的合同负债是被审计单位应当履行的偿还义务。	权利和义务
4. 合同负债以恰当的金额包括在财务报表中，与之相关的计价调整已恰当记录，相关披露已得到恰当计量和描述。	准确性、计价和分摊
5. 合同负债已记录于恰当的账户。	分类
6. 合同负债已被恰当地汇总或分解且表述清楚，相关披露在适用的财务报告编制基础下是相关的、可理解的。	列报

二、审计目标与审计程序对应关系表

审计目标	可供选择的审计程序		索引号
	1	获取或编制合同负债明细表： （1）复核加计是否正确，并与报表数、总账数和明细账合计数核对是否相符。 （2）检查是否存在借方余额，必要时进行重分类调整。	
	2	检查合同负债长期挂账的原因，并作出记录，必要时提请被审计单位予以调整。	
	3	实施函证程序： （1）编制合同负债函证结果汇总表，检查回函。 （2）调查不符事项，确定是否表明存在错报。 （3）如果未回函，实施替代程序。 （4）如果认为回函不可靠，评价对评估的重大错报风险以及其他审计程序的性质、时间安排和范围的影响。 （5）如果管理层不允许寄发询证函： ①询问管理层不允许寄发询证函的原因，并就其原因的正当性及合理性收集审计证据； ②评价管理层不允许寄发询证函对评估的相关重大错报风险（包括舞弊风险），以及其他审计程序的性质、时间安排和范围的影响； ③实施替代审计程序，以获取相关、可靠的审计证据； ④如果认为管理层不允许寄发询证函的原因不合理，或实施替代程序无法获取相关、可靠的审计证据，与治理层进行沟通，并确定其对审计工作和审计意见的影响。	
	4	抽查明细账发生额，检查原始凭证与账面记录是否相符，检查资金流入来源是否正常，检查有无不属于因转让、销售和结转开发产品等业务的债务，如有，应作出记录，必要时作调整。	

续表

审计目标		可供选择的审计程序	索引号
	5	在合同负债明细表上标出至审计日止已转销的合同负债，对已转销的较大额合同负债进行检查，核对记账凭证、房屋交接书、销售发票等，并注意这些凭证发生日期及转销日期的合理性。	
	6	抽查合同负债有关的预售合同（商品房销售合同），检查已实现销售的商品是否及时转销合同负债，确定合同负债期末余额的正确性和合理性。	
	7	根据评估的舞弊风险等因素增加的审计程序。	
	8	了解合同负债的业务内容，判断其分类为合同负债是否恰当。	
	9	检查合同负债是否已按照企业会计准则或其他适用的财务报告编制基础在财务报表中作出恰当列报。	

合同负债审定表

被审计单位：××房地产开发有限责任公司　编制人：××　编制日期：202×年××月××日　索引号：FSX8-1

项目：合同负债　复核人：××　复核日期：202×年××月××日　财务报表截止日/期间：202×年××月××日

项目名称	期末未审数	调整		期末审定数	上期末审定数
		借方	贷方		
合计					

1. 审计过程中识别出的错报事项

错报原因说明	调整分录		调整金额	
	报表项目	明细科目	借方金额	贷方金额

2. 审计结论

合同负债明细表

被审计单位：×× 房地产开发有限责任公司　编制人：××　编制日期：202× 年 ×× 月 ×× 日　索引号：FSX8-2

项目：合同负债　复核人：××　复核日期：202× 年 ×× 月 ×× 日　财务报表截止日 / 期间：202× 年 ×× 月 ×× 日

项目	单位	期末未审数	调整数	期末审定数					期初审定数				
				合计	1 年以内	1–2 年	2–3 年	3 年以上	合计	1 年以内	1–2 年	2–3 年	3 年以上
合计													

审计说明

合同负债—预收购房款检查记录

被审计单位：××房地产开发有限责任公司　　编制人：××　　编制日期：202×年××月××日　　索引号：FSX8-3

项目：合同负债　　复核人：××　　复核日期：202×年××月××日　　财务报表截止日/期间：202×年××月××日

室号	权利人	账面情况				审计调整	审定数	已收款占总房款比例	预收款性质	销售合同					房屋交接手续	房产交易中心信息情况查验		网上登记信息	账面情况与网上信息核对情况	审计复核说明
		期初数	本期借方	本期贷方	期末数					面积	合同价	合同单价	合同检查	合同抽查索引		是否已办理小产证	备注			
合计																				

审计说明

5. 应付职工薪酬

应付职工薪酬实质性程序

被审计单位：×× 房地产开发有限责任公司	编制人：××	编制日期： 202× 年 ×× 月 ×× 日	索引号：GX1
项目：应付职工薪酬	复核人：××	复核日期： 202× 年 ×× 月 ×× 日	财务报表截止日 / 期间： 202× 年 ×× 月 ×× 日

一、审计目标与认定

1. 资产负债表中记录的应付职工薪酬是存在的。	存在
2. 所有应当记录的应付职工薪酬均已记录，所有应当包括在财务报表中的相关披露均已包括。	完整性
3. 记录的应付职工薪酬是被审计单位应当履行的偿还义务。	权利和义务
4. 应付职工薪酬以恰当的金额包括在财务报表中，与之相关的计价调整已恰当记录，相关披露已得到恰当计量和描述。	准确性、计价和分摊
5. 应付职工薪酬已记录于恰当的账户。	分类
6. 应付职工薪酬已被恰当地汇总或分解且表述清楚，相关披露在适用的财务报告编制基础下是相关的、可理解的。	列报

二、审计目标与审计程序对应关系表

审计目标	可供选择的审计程序		索引号
	1	获取或编制应付职工薪酬明细表，复核加计是否正确，并与报表数、总账数和明细账合计数核对是否相符。	
	2	执行实质性分析程序，评估分析程序的测试结果。	
	3	检查应付职工薪酬本期的发生： （1）对按照职工提供服务情况和工资标准计算的职工薪酬（如工资），获取工资计算表，将工资标准与有关规定进行核对，选取样本进行测试。 （2）对国家规定了计提基础和计提比例的职工薪酬（如失业保险金、工伤保险金等），检查是否按照规定的计提基础和比例计提。 （3）对被审计单位按照历史经验数据和当期计划预计的职工薪酬（如职工福利费），获取管理层进行估计的资料，完成“会计估计（包括公允价值会计估计）和相关披露”工作底稿。	
	4	检查应付职工薪酬的确认，与销售费用、管理费用等相关账项进行核对，确定会计处理是否符合企业会计准则的规定。	
	5	对本期应付职工薪酬的减少，检查至支持性文件，确定会计处理是否正确。检查应付职工薪酬的期后付款情况，并关注在资产负债表日至财务报表批准报出日之间，是否有确凿证据表明需要调整资产负债表日原确认的应付职工薪酬事项。	

续表

审计目标		可供选择的审计程序	索引号
	6	检查辞退福利： （1）对于职工没有选择权的辞退计划，检查按辞退职工数量、辞退补偿标准计提辞退福利负债金额是否正确。 （2）对于自愿接受裁减建议的，检查按接受裁减建议的预计职工数量、辞退补偿标准等计提辞退福利负债金额是否正确。 （3）检查计提辞退福利负债的会计处理是否正确，是否将计提金额计入当期管理费用。 （4）检查辞退福利支付凭证是否真实正确。	
	7	检查非货币性福利： （1）以自产产品发放给职工的非货币性福利，检查企业是否根据受益对象，按照该产品的公允价值和相关税费，计入相关资产成本或当期损益，同时确认应付职工薪酬。检查企业相关收入的确认、销售成本的结转和相关税费的处理，是否与正常商品销售相同。 （2）以外购商品发放给职工的非货币性福利，检查企业是否根据受益对象，按照该商品的公允价值和相关税费，计入相关资产成本或当期损益，同时确认应付职工薪酬。 （3）无偿向职工提供住房的非货币性福利，检查企业是否根据受益对象，将住房每期应计提的折旧计入相关资产成本或当期损益，同时确认应付职工薪酬。 （4）租赁住房等资产供职工无偿使用的非货币性福利，检查企业是否根据受益对象，将每期应付的租金计入相关资产成本或当期损益，同时确认应付职工薪酬。 （5）以低于企业取得资产的价格向职工出售资产的非货币福利，如果出售资产的合同或协议中规定了职工在购得资产后至少应当提供服务的年限，检查企业是否根据受益对象，将每期按合同或协议规定的服务年限平均摊销金额分别计入相关资产成本或当期损益，同时确认应付职工薪酬；如果出售资产的合同或协议中未规定职工在购得资产后至少应当提供服务的年限，检查企业是否将该项差额直接计入出售资产当期损益，同时确认应付职工薪酬。	
	8	根据评估的舞弊风险等因素增加的其他审计程序。	
	9	根据应付职工薪酬的业务内容，判断其分类为应付职工薪酬是否恰当。	
	10	检查应付职工薪酬是否已按照企业会计准则或其他适用的财务报告编制基础在财务报表中作出恰当列报。	

应付职工薪酬审定表

被审计单位：××房地产开发有限责任公司	编制人：××	编制日期：202×年××月××日	索引号：GX1-1
项目：应付职工薪酬	复核人：××	复核日期：202×年××月××日	财务报表截止日/期间：202×年××月××日

项目名称	期末未审数	调整		期末审定数	上期末审定数
		借方	贷方		
合计					

1. 审计过程中识别出的错报事项

错报原因说明	调整分录		调整金额	
	报表项目	明细科目	借方金额	贷方金额

2. 审计结论

编制说明

表格中“项目名称”一列可填入工资、奖金、津贴和补贴，职工福利费，工会经费和职工教育经费等。

应付职工薪酬明细表

被审计单位：××房地产开发有限责任公司	编制人：××	编制日期： 202×年××月××日	索引号：GX1-2
项目：应付职工薪酬	复核人：××	复核日期： 202×年××月××日	财务报表截止日/期间： 202×年××月××日

项目名称	年初余额	本期增加	本期减少	期末余额	备注
合计					

审计说明

编制说明

表格中“项目名称”一列可填入工资、奖金、津贴和补贴，职工福利费，工会经费和职工教育经费等。

应付职工薪酬分析表

被审计单位：×× 房地产开发有限责任公司　编制人：××　编制日期：202× 年 ×× 月 ×× 日　索引号：GX1-3

项目：应付职工薪酬　复核人：××　复核日期：202× 年 ×× 月 ×× 日　财务报表截止日 / 期间：202× 年 ×× 月 ×× 日

月份	上年工资计提情况			本年工资计提情况			计提变动额	计提变动率	人均计提数变动额	人均计提数变动率
	上年工资计提数	上年人数	人均计提数	本年工资计提数	本年人数	人均计提数				
1										
2										
3										
4										
5										
6										
7										
8										
9										
10										
11										
12										
合计										

审计说明

应付职工薪酬计提检查表

被审计单位：×× 房地产开发有限责任公司　编制人：××　编制日期：202× 年 ×× 月 ×× 日　索引号：GX1-4

项目：应付职工薪酬　复核人：××　复核日期：202× 年 ×× 月 ×× 日　财务报表截止日 / 期间：202× 年 ×× 月 ×× 日

项目名称	已计提金额	应计提基数	计提比率	应计提金额	差异	备注

审计说明

应付职工薪酬分配检查表

被审计单位：×× 房地产开发有限责任公司　编制人：××　编制日期：202× 年 ×× 月 ×× 日　索引号：GX1-5

项目：应付职工薪酬　复核人：××　复核日期：202× 年 ×× 月 ×× 日　财务报表截止日 / 期间：202× 年 ×× 月 ×× 日

项目名称	销售费用	管理费用	…	合计	计提数	差异	差异原因

审计说明

应付职工薪酬（支付）检查表

被审计单位：××房地产开发有限责任公司	编制人：××	编制日期：202×年××月××日	索引号：GX1-6
项目：应付职工薪酬（支付）	复核人：××	复核日期：202×年××月××日	财务报表截止日/期间：202×年××月××日

日期	凭证编号	业务内容	对方科目	金额	核对内容（用“√”、“×”表示）					备注
					1	2	3	4	…	

核对内容说明：1. 原始凭证是否齐全；2. 记账凭证与原始凭证是否相符；3. 账务处理是否正确；4. 是否记录于恰当的会计期间；5.……

审计说明

6. 应交税费

应交税费实质性程序

被审计单位：×× 房地产开发有限责任公司	编制人：××	编制日期：202× 年 ×× 月 ×× 日	索引号：FSX9
项目：应交税费	复核人：××	复核日期：202× 年 ×× 月 ×× 日	财务报表截止日 / 期间：202× 年 ×× 月 ×× 日

一、审计目标与认定

1. 资产负债表中记录的应交税费是存在的。	存在
2. 所有应当记录的应交税费均已记录，所有应当包括在财务报表中的相关披露均已包括。	完整性
3. 记录的应交税费是被审计单位应当履行的偿还义务。	权利和义务
4. 应交税费以恰当的金额包括在财务报表中，与之相关的计价调整已恰当记录，相关披露已得到恰当计量和描述。	准确性、计价和分摊
5. 应交税费已记录于恰当的账户。	分类
6. 应交税费已被恰当地汇总或分解且表述清楚，相关披露在适用的财务报告编制基础下是相关的、可理解的。	列报

二、审计目标与审计程序对应关系表

审计目标	可供选择的审计程序		索引号
	1	获取或编制应交税费明细表： （1）复核加计是否正确，并与报表数、总账数和明细账合计数核对是否相符。 （2）分析存在借方余额的项目，查明原因，判断是否由被审计单位预缴税款引起。	
	2	首次接受委托时，取得被审计单位的纳税鉴定、纳税通知、减免税批准文件等，了解被审计单位适用的税种、附加税费、计税基础、税率，以及征、免、减税的范围与期限。如果被审计单位适用特定的税基式优惠或税额式优惠、或减低适用税率的，且该项税收优惠需办理规定的审批或备案手续的，应检查相关的手续是否完整、有效。连续接受委托时，关注其变化情况。	
	3	核对期初未交税金与税务机关受理的纳税申报资料是否一致，检查缓期纳税及延期纳税事项是否经过主管税务机关批准。	
	4	取得税务部门汇算清缴或其他确认文件、有关政府部门的专项检查报告、税务代理机构专业报告、被审计单位纳税申报资料等，分析其有效性，并与上述明细表及账面数据进行核对。对于超过法定交纳期限的税费，应取得主管税务机关的批准文件。	

续表

审计目标		可供选择的审计程序	索引号
	5	检查应交增值税： （1）获取或编制应交增值税明细表，加计复核其正确性，并与明细账核对是否相符。 （2）将应交增值税明细表与被审计单位增值税纳税申报表进行核对，比较两者是否总体相符，若有差额分析其原因。 （3）通过相关科目匡算进项税是否合理。 （4）抽查一定期间的进项税抵扣汇总表，与应交增值税明细表相关数额合计数核对，如有差异，查明原因并作适当处理。 （5）抽查重要进项税发票，并与网上申报系统进行核对。 （6）根据与增值税销项税额相关账户审定的有关数据，复核存货销售，或将存货用于投资、无偿馈赠他人、分配给投资者应计的销项税额是否正确，是否按规定进行会计处理。 （7）检查适用税率是否符合税法规定。 （8）抽查本期已交增值税资料，确定已交款数的正确性。	
	6	检查应交土地增值税的计算是否正确，是否按规定进行了会计处理： （1）根据审定的预售房地产的预收款项，复核预交税款是否准确。 （2）对符合项目清算条件的房地产开发项目，检查被审计单位是否按规定进行土地增值税清算；如果被审计单位已聘请中介机构办理土地增值税清算鉴证的，应检查、核对相关鉴证报告。 （3）如果被审计单位被主管税务机关核定征收土地增值税的，应检查、核对相关的手续。	
	7	检查应交城市维护建设税及教育费附加的计算是否正确。结合税金及附加等项目的审计，根据审定的计税基础和按规定适用的税率，复核被审计单位本期应交城市维护建设税和教育费附加的计算是否正确，是否按规定进行了会计处理；抽查本期已交城市维护建设税资料，确定已交数的正确性。	
	8	编制应交所得税测算表，结合所得税项目，确定应纳税所得额及企业所得税税率，复核应交企业所得税的计算是否正确，是否按规定进行了会计处理；抽查本期已交所得税资料，确定已交数的正确性。	
	9	检查除上述税项外的其他税项及代扣税项的计算是否正确，是否按规定进行了会计处理。	
	10	检查被审计单位获得税费减免或返还时的依据是否充分、合法和有效，会计处理是否正确。	
	11	抽查应交税费相关的凭证，检查是否有合法依据，会计处理是否正确。	
	12	根据评估的舞弊风险等因素增加的审计程序。	
	13	了解应交税费的业务内容，判断其分类为应交税费是否恰当。	
	14	检查应交税费是否已按照企业会计准则或其他适用的财务报告编制基础在财务报表中作出恰当列报。	

应交税费审定表

被审计单位：×× 房地产开发有限责任公司	编制人：××	编制日期：202× 年 ×× 月 ×× 日	索引号：FSX9-1
项目：应交税费	复核人：××	复核日期：202× 年 ×× 月 ×× 日	财务报表截止日 / 期间：202× 年 ×× 月 ×× 日

项目名称	期末未审数	调整		期末审定数	上期末审定数
		借方	贷方		
增值税					
企业所得税					
城市维护建设税					
房产税					
教育费附加					
土地增值税					
……					
合计					

1. 审计过程中识别出的错报事项

错报原因说明	调整分录		调整金额	
	报表项目	明细科目	借方金额	贷方金额

2. 审计结论

应交税费明细表

被审计单位：×× 房地产开发有限责任公司　编制人：××　编制日期：202× 年 ×× 月 ×× 日　索引号：FSX9-2

项目：应交税费　复核人：××　复核日期：202× 年 ×× 月 ×× 日　财务报表截止日 / 期间：202× 年 ×× 月 ×× 日

项目名称	年初余额	本期应交	本期已交	期末余额
增值税				
企业所得税				
城市维护建设税				
房产税				
教育费附加				
……				
合　计				

审计说明

应交增值税测算表

被审计单位：×× 房地产开发有限责任公司	编制人：××	编制日期：202× 年 ×× 月 ×× 日	索引号：FSX9-3
项目：应交增值税	复核人：××	复核日期：202× 年 ×× 月 ×× 日	财务报表截止日 / 期间：202× 年 ×× 月 ×× 日

一、与增值税纳税申报表核对

项目	纳税申报表金额	账面金额	差异	原因说明
1. 按适用税率征税销售额				
2. 可以扣除销售额的金额（差额征税）				
3. 按简易征收办法征税销售额				
4. 免、抵、退办法出口销售额				
5. 免税销售额				
6. 销项税额				
7. 进项税额				
8. 进项税额转出				
9. 免、抵、退应退税额				

二、匡算本期销项税额

销售品种	销售额	免税收入 / 扣除销售额	应税收入	税率	测算数
合计					
待转销项税额期末减期初金额					
销项税额账面金额					
差异额					

三、匡算本期进项税额

项目	购进货物 / 固定资产及接受劳务发生额	税率	测算数
合计			
待抵扣进项税额期末减期初金额			
待认证进项税额期末减期初金额			
增值税留抵税额期末减期初金额			
进项税额账面金额			
差异额			

四、特殊情况检查

项目	检查记录
视同销售	
大额进项税转出	
转让金融商品应交增值税额	
代扣代交增值税额	

审计说明

土地增值税测算表

被审计单位：××房地产开发有限责任公司	编制人：××	编制日期：202×年××月××日	索引号：FSX9-4
项目：应交土地增值税	复核人：××	复核日期：202×年××月××日	财务报表截止日/期间：202×年××月××日

项目	可销售面积	已销售面积	未销售面积	备注
数量（平方米）				
收入（元）				
单价（元）				
成本（元）				
单位成本（元）				

项目	金额	备注
一、房地产销售收入总额		
二、扣除项目金额合计		
（1）取得土地使用权所支付的金额		
（2）房地产开发成本		
（3）房地产开发费用		
（4）与转让房地产有关的税金等		
（5）财政部规定的其他扣除项目		
三、增值额		
四、增值额与扣除项目金额之比		
五、适用税率（%）		
六、速算扣除系数（%）		
七、应缴土地增值税税额		
八、已缴（或已计提）土地增值税税额		
九、应补提土地增值税税额		

审计说明

应缴房产税测算表

被审计单位：××房地产开发有限责任公司	编制人：××	编制日期：202×年××月××日	索引号：FSX9-5
项目：应交房产税	复核人：××	复核日期：202×年××月××日	财务报表截止日/期间：202×年××月××日

一、从价计征

房产名称	房产原值	不计税原值	计税原值	扣除比率	当年使用月份	应缴税额
合计						

二、从租计征

房产名称	出租开始日	出租结束日	年租金收入	税率	当年出租月份	应缴税额
合计						

账面计提数：　　　　差异额（应计提数减账面数）：

审计说明

其他税金测算表

被审计单位：×× 房地产开发有限责任公司	编制人：××	编制日期：202× 年 ×× 月 ×× 日	索引号：FSX9-6
项目：应交税费	复核人：××	复核日期：202× 年 ×× 月 ×× 日	财务报表截止日 / 期间：202× 年 ×× 月 ×× 日

项目名称	计税基础	适用税率（计税标准）	测算数	已计提税额	差额	备注
城市维护建设税						
教育费附加						
……						
合计						

审计说明

应交税费检查表

被审计单位：××房地产开发有限责任公司	编制人：××	编制日期：202×年××月××日	索引号：FSX9-7
项目：应交税费	复核人：××	复核日期：202×年××月××日	财务报表截止日/期间：202×年××月××日

日期	凭证编号	业务内容	对方科目	金额	核对内容（用"√"、"×"表示）					备注
					1	2	3	4	…	
核对内容说明：1. 原始凭证是否齐全；2. 记账凭证与原始凭证是否相符；3. 账务处理是否正确；4. 是否记录于恰当的会计期间；5.……										

审计说明

7. 其他应付款

其他应付款实质性程序

被审计单位：×× 房地产开发有限责任公司	编制人：××	编制日期： 202× 年 ×× 月 ×× 日	索引号：ZJ3
项目：其他应付款	复核人：××	复核日期： 202× 年 ×× 月 ×× 日	财务报表截止日 / 期间： 202× 年 ×× 月 ×× 日

一、审计目标与认定

1. 资产负债表中记录的其他应付款是存在的。	存在
2. 所有应当记录的其他应付款均已记录，所有应当包括在财务报表中的相关披露均已包括。	完整性
3. 记录的其他应付款是被审计单位应当履行的偿还义务。	权利和义务
4. 其他应付款以恰当的金额包括在财务报表中，与之相关的计价调整已恰当记录，相关披露已得到恰当计量和描述。	准确性、计价和分摊
5. 其他应付款已记录于恰当的账户。	分类
6. 其他应付款已被恰当地汇总或分解且表述清楚，相关披露在适用的财务报告编制基础下是相关的、可理解的。	列报

二、审计目标与审计程序对应关系表

审计目标	可供选择的审计程序		索引号
	1	获取或编制其他应付款明细表： （1）复核加计是否正确，并与总账数和明细账合计数核对是否相符。 （2）检查非记账本位币其他应付款的折算汇率及折算金额是否正确。 （3）分析有借方余额的项目，查明原因，必要时，作重分类调整。 （4）结合应付账款、其他应收款等往来项目的明细余额，查核有无针对同一交易在其他应付款和其他往来科目同时记账的情况、异常余额或与本科目核算无关的其他款项。如有，应作出记录，必要时进行调整。	
	2	实施函证程序： （1）编制其他应付款函证结果汇总表，检查回函。 （2）调查不符事项，确定是否表明存在错报。 （3）如果未回函，实施替代程序。 （4）如果认为回函不可靠，评价对评估的重大错报风险以及其他审计程序的性质、时间安排和范围的影响。 （5）如果管理层不允许寄发询证函： ①询问管理层不允许寄发询证函的原因，并就其原因的正当性及合理性收集审计证据； ②评价管理层不允许寄发询证函对评估的相关重大错报风险（包括舞弊风险），以及其他审计程序的性质、时间安排和范围的影响； ③实施替代审计程序，以获取相关、可靠的审计证据； ④如果认为管理层不允许寄发询证函的原因不合理，或实施替代程序无法获取相关、可靠的审计证据，与治理层进行沟通，并确定其对审计工作和审计意见的影响。	

续表

审计目标		可供选择的审计程序	索引号
	3	对本期其他应付款的增减变动，检查至支持性文件，确定会计处理是否正确。	
	4	检查于资产负债表日至审计现场工作日已支付的金额较大的其他应付款项，确定有无未及时入账的其他应付款。检查付款凭证、银行对账单等支持性凭证，并注意入账日期发生的合理性。	
	5	检查其他应付款长期挂账的原因并作出记录，对确实无需支付的其他应付款的会计处理是否正确。	
	6	如存在应付关联方的款项： （1）了解交易的商业理由。 （2）检查证实交易的支持性文件（例如，发票、合同、协议等相关文件）。 （3）如果可获取与关联方交易相关的审计证据有限，考虑实施下列审计程序： ①向关联方函证交易的条件和金额，包括担保和其他重要信息； ②检查关联方拥有的信息； ③向与交易相关的人员和机构（例如银行、律师）函证或与其讨论有关信息。 （4）完成“关联方”审计工作底稿。	
	7	根据评估的舞弊风险等因素增加的其他审计程序。	
	8	了解记录于其他应付款的业务内容，判断其分类为其他应付款是否恰当。	
	9	检查其他应付款是否已按照企业会计准则或其他适用的财务报告编制基础在财务报表中作出恰当列报。	

其他应付款审定表

被审计单位：×× 房地产开发有限责任公司	编制人：××	编制日期：202× 年 ×× 月 ×× 日	索引号：ZJ3-1
项目：其他应付款	复核人：××	复核日期：202× 年 ×× 月 ×× 日	财务报表截止日 / 期间：202× 年 ×× 月 ×× 日

项目名称	期末未审数	调整		期末审定数	上期末审定数
		借方	贷方		
合计					

1. 审计过程中识别出的错报事项

错报原因说明	调整分录		调整金额	
	报表项目	明细科目	借方金额	贷方金额

2. 审计结论

其他应付款明细表

被审计单位：×× 房地产开发有限责任公司	编制人：××	编制日期：202× 年 ×× 月 ×× 日	索引号：ZJ3-2
项目：其他应付款	复核人：××	复核日期：202× 年 ×× 月 ×× 日	财务报表截止日 / 期间：202× 年 ×× 月 ×× 日

款项性质	单位	期末未审数	调整数	期末审定数					期初审定数				
				合计	1 年以内	1–2 年	2–3 年	3 年以上	合计	1 年以内	1–2 年	2–3 年	3 年以上
一、关联方													
二、非关联方													
合计													

审计说明

其他应付款检查表

被审计单位：××房地产开发有限责任公司	编制人：××	编制日期：202×年××月××日	索引号：ZJ3-3
项目：其他应付款	复核人：××	复核日期：202×年××月××日	财务报表截止日/期间：202×年××月××日

日期	凭证编号	业务内容	对方科目	金额	核对内容（用"√"、"×"表示）					备注
					1	2	3	4	…	
核对内容说明：1. 原始凭证是否齐全；2. 记账凭证与原始凭证是否相符；3. 账务处理是否正确；4. 是否记录于恰当的会计期间；5.……										

审计说明

（三）所有者权益类

1. 实收资本

实收资本实质性程序

被审计单位：××房地产开发有限责任公司	编制人：××	编制日期：202×年××月××日	索引号：CZ12
项目：实收资本	复核人：××	复核日期：202×年××月××日	财务报表截止日/期间：202×年××月××日

一、审计目标与认定

1. 资产负债表中记录的实收资本是存在的。	存在
2. 所有应当记录的实收资本均已记录，所有应当包括在财务报表中的相关披露均已包括。	完整性
3. 实收资本以恰当的金额包括在财务报表中，与之相关的计价调整已恰当记录，相关披露已得到恰当计量和描述。	准确性、计价和分摊
4. 实收资本已记录于恰当的账户。	分类
5. 实收资本已被恰当地汇总或分解且表述清楚，相关披露在适用的财务报告编制基础下是相关的、可理解的。	列报

二、审计目标与审计程序对应关系表

审计目标	可供选择的审计程序		索引号
	1	获取或编制实收资本明细表： （1）复核加计是否正确，并与报表数、总账数和明细账合计数核对是否相符。 （2）以非记账本位币出资的，检查其折算汇率是否符合规定，折算差额的会计处理是否正确。	
	2	获取并阅读公司章程、董事会会议纪要中有关实收资本的规定。获取与实收资本变动有关的董事会会议纪要、合同、协议、公司章程、营业执照、公司设立批文、验资报告等法律性文件。	
	3	检查实收资本增减变动的原因，查阅其是否与董事会纪要、补充合同、协议及其他有关法律性文件的规定一致。逐笔追查至原始凭证，检查其会计处理是否正确。注意有无抽资或变相抽资的情况，如有，应取证核实，作恰当处理。	
	4	以工业产权、非专利技术作价出资的，审查其出资的金额占注册资本的比例是否符合规定。	
	5	以实物、无形资产作价出资的，审查其出资是否在规定的期限内办理了过户或转让手续。	
	6	了解实收资本的内容，判断其分类为实收资本是否恰当。	
	7	根据评估的舞弊风险等因素增加的审计程序。	
	8	检查实收资本是否已按照企业会计准则或其他适用的财务报告编制基础在财务报表中作出恰当列报。	

实收资本审定表

被审计单位：×× 房地产开发有限责任公司　编制人：××　编制日期：202× 年 ×× 月 ×× 日　索引号：CZ12-1

项目：实收资本　复核人：××　复核日期：202× 年 ×× 月 ×× 日　财务报表截止日 / 期间：202× 年 ×× 月 ×× 日

投资者名称	期末未审数	调整		期末审定数	上期末审定数
		借方	贷方		
合计					

1. 审计过程中识别出的错报事项

错报原因说明	调整分录		调整金额	
	报表项目	明细科目	借方金额	贷方金额

2. 审计结论

实收资本明细表

被审计单位：×× 房地产开发有限责任公司	编制人：××	编制日期：202× 年 ×× 月 ×× 日	索引号：CZ12-2
项目：实收资本	复核人：××	复核日期：202× 年 ×× 月 ×× 日	财务报表截止日 / 期间：202× 年 ×× 月 ×× 日

投资者名称	年初余额	本期增加	本期减少	期末余额	备注
合计					

审计说明

2. 资本公积

资本公积实质性程序

被审计单位：××房地产开发有限责任公司	编制人：××	编制日期：202×年××月××日	索引号：CZ14
项目：资本公积	复核人：××	复核日期：202×年××月××日	财务报表截止日/期间：202×年××月××日

一、审计目标与认定

1. 资产负债表中记录的资本公积是存在的。	存在
2. 所有应当记录的资本公积均已记录，所有应当包括在财务报表中的相关披露均已包括。	完整性
3. 资本公积以恰当的金额包括在财务报表中，与之相关的计价调整已恰当记录，相关披露已得到恰当计量和描述。	准确性、计价和分摊
4. 资本公积已记录于恰当的账户。	分类
5. 资本公积已被恰当地汇总或分解且表述清楚，相关披露在适用的财务报告编制基础下是相关的、可理解的。	列报

二、审计目标与审计程序对应关系表

审计目标	可供选择的审计程序		索引号
	1	获取或编制资本公积明细表，复核加计是否正确，并与报表数、总账数及明细账合计数核对是否相符。	
	2	获取并检查与资本公积有关的董事会会议纪要、资产评估报告等文件资料，检查其相应会计处理是否正确，判断其分类为资本公积是否恰当。	
	3	对本期发生的资本公积的增减变动，查阅董事会会议纪要、协议、政府批准文件、验资报告及其他支持性文件，结合相关科目的审计，检查会计处理是否正确。	
	4	根据评估的舞弊风险等因素增加的审计程序。	
	5	检查资本公积是否已按照企业会计准则或其他适用的财务报告编制基础在财务报表中作出恰当列报。	

资本公积审定表

被审计单位：×× 房地产开发有限责任公司　编制人：××　编制日期：202× 年 ×× 月 ×× 日　索引号：CZ14-1

项目：资本公积　复核人：××　复核日期：202× 年 ×× 月 ×× 日　财务报表截止日 / 期间：202× 年 ×× 月 ×× 日

项目	期末未审数	调整		期末审定数	上期末审定数
		借方	贷方		
合计					

1. 审计过程中识别出的错报事项

错报原因说明	调整分录		调整金额	
	报表项目	明细科目	借方金额	贷方金额

2. 审计结论

资本公积明细表

被审计单位：×× 房地产开发有限责任公司	编制人：××	编制日期：202× 年 ×× 月 ×× 日	索引号：CZ14–2
项目：资本公积	复核人：××	复核日期：202× 年 ×× 月 ×× 日	财务报表截止日 / 期间：202× 年 ×× 月 ×× 日

项目名称	年初余额	本期增加	本期减少	期末余额	备注
合计					

审计说明

3. 其他综合收益

其他综合收益实质性程序

被审计单位：×× 房地产开发有限责任公司	编制人：××	编制日期：202× 年 ×× 月 ×× 日	索引号：CZ16
项目：其他综合收益	复核人：××	复核日期：202× 年 ×× 月 ×× 日	财务报表截止日 / 期间：202× 年 ×× 月 ×× 日

一、审计目标与认定

1. 资产负债表中记录的其他综合收益是存在的。	存在
2. 所有应当记录的其他综合收益均已记录，所有应当包括在财务报表中的相关披露均已包括。	完整性
3. 其他综合收益以恰当的金额包括在财务报表中，与之相关的计价调整已恰当记录，相关披露已得到恰当计量和描述。	准确性、计价和分摊
4. 其他综合收益已记录于恰当的账户。	分类
5. 其他综合收益已被恰当地汇总或分解且表述清楚，相关披露在适用的财务报告编制基础下是相关的、可理解的。	列报

二、审计目标与审计程序对应关系表

审计目标		可供选择的审计程序	索引号
	1	获取或编制其他综合收益明细表，复核加计是否正确，并与报表数、总账数和明细账合计数核对是否相符。	
	2	根据其他综合收益明细账，对本期发生的其他综合收益的增减变动逐项审查至原始凭证，并判断其分类为其他综合收益是否恰当。	
	3	检查其他综合收益各项目，考虑对所得税的影响。	
	4	根据评估的舞弊风险等因素增加的审计程序。	
	5	检查其他综合收益是否已按照企业会计准则或其他适用的财务报告编制基础在财务报表中作出恰当列报。	

其他综合收益审定表

被审计单位：××房地产开发有限责任公司	编制人：××	编制日期：202×年××月××日	索引号：CZ16-1
项目：其他综合收益	复核人：××	复核日期：202×年××月××日	财务报表截止日/期间：202×年××月××日

项目名称	期末未审数	调整		期末审定数	上期末审定数
		借方	贷方		
一、不能重分类进损益的其他综合收益					
小计					
二、将重分类进损益的其他综合收益					
小计					
合计					

1. 审计过程中识别出的错报事项

错报原因说明	调整分录		调整金额	
	报表项目	明细科目	借方金额	贷方金额

2. 审计结论

其他综合收益检查表

被审计单位：××房地产开发有限责任公司	编制人：××	编制日期：202×年××月××日	索引号：CZ16-2
项目：其他综合收益	复核人：××	复核日期：202×年××月××日	财务报表截止日/期间：202×年××月××日

记账日期	凭证编号	业务内容	对方科目	金额	核对内容（用"√"、"×"表示）					备注
					1	2	3	4	…	
核对内容说明：1. 原始凭证是否齐全；2. 记账凭证与原始凭证是否相符；3. 账务处理是否正确；4. 是否记录于恰当的会计期间；5.……										

审计说明

4. 盈余公积

盈余公积实质性程序

被审计单位：×× 房地产开发有限责任公司	编制人：××	编制日期：202× 年 ×× 月 ×× 日	索引号：CZ18
项目：盈余公积	复核人：××	复核日期：202× 年 ×× 月 ×× 日	财务报表截止日 / 期间：202× 年 ×× 月 ×× 日

一、审计目标与认定

1. 资产负债表中记录的盈余公积是存在的。	存在
2. 所有应当记录的盈余公积均已记录，所有应当包括在财务报表中的相关披露均已包括。	完整性
3. 盈余公积以恰当的金额包括在财务报表中，与之相关的计价调整已恰当记录，相关披露已得到恰当计量和描述。	准确性、计价和分摊
4. 盈余公积已记录于恰当的账户。	分类
5. 盈余公积已被恰当地汇总或分解且表述清楚，相关披露在适用的财务报告编制基础下是相关的、可理解的。	列报

二、审计目标与审计程序对应关系表

审计目标		可供选择的审计程序	索引号
	1	获取或编制盈余公积明细表，复核加计是否正确，并与报表数、总账数及明细账合计数核对是否相符。	
	2	获取并阅读与盈余公积变动有关的董事会会议纪要、协议、政府批准文件等资料，对本期发生的盈余公积的增减变动逐项审查至原始凭证： （1）审查法定盈余公积和任意盈余公积的计提顺序、计提基数、计提比例是否符合有关规定，判断其分类为盈余公积是否恰当，会计处理是否正确。 （2）审查盈余公积的减少是否符合有关规定，取得董事会会议纪要，予以核实，检查有关会计处理是否正确。	
	3	根据评估的舞弊风险等因素增加的审计程序。	
	4	检查盈余公积是否已按照企业会计准则或其他适用的财务报告编制基础在财务报表中作出恰当列报。	

盈余公积审定表

被审计单位：×× 房地产开发有限责任公司	编制人：××	编制日期：202× 年 ×× 月 ×× 日	索引号：CZ18-1
项目：盈余公积	复核人：××	复核日期：202× 年 ×× 月 ×× 日	财务报表截止日 / 期间：202× 年 ×× 月 ×× 日

项目名称	期末未审数	调整		期末审定数	上期末审定数
		借方	贷方		
法定盈余公积					
任意盈余公积					
……					
合计					

1. 审计过程中识别出的错报事项

错报原因说明	调整分录		调整金额	
	报表项目	明细科目	借方金额	贷方金额

2. 审计结论

盈余公积明细表

被审计单位：×× 房地产开发有限责任公司　编制人：××　编制日期：202× 年 ×× 月 ×× 日　索引号：CZ18-2

项目：盈余公积　复核人：××　复核日期：202× 年 ×× 月 ×× 日　财务报表截止日 / 期间：202× 年 ×× 月 ×× 日

项目	年初余额	本期增加	本期减少	期末余额	备注
法定盈余公积					
任意盈余公积					
……					
合计					

审计说明

5. 未分配利润

未分配利润实质性程序

被审计单位：××房地产开发有限责任公司	编制人：××	编制日期：202×年××月××日	索引号：CZ19
项目：未分配利润	复核人：××	复核日期：202×年××月××日	财务报表截止日/期间：202×年××月××日

一、审计目标与认定

1. 资产负债表中记录的未分配利润是存在的。	存在
2. 所有应当记录的未分配利润均已记录，所有应当包括在财务报表中的相关披露均已包括。	完整性
3. 未分配利润以恰当的金额包括在财务报表中，与之相关的计价调整已恰当记录，相关披露已得到恰当计量和描述。	准确性、计价和分摊
4. 未分配利润已记录于恰当的账户。	分类
5. 未分配利润已被恰当地汇总或分解且表述清楚，相关披露在适用的财务报告编制基础下是相关的、可理解的。	列报

二、审计目标与审计程序对应关系表

审计目标	可供选择的审计程序		索引号
	1	获取或编制未分配利润明细表，复核加计是否正确，与报表数、总账数及明细账合计数核对是否相符。	
	2	对本期发生的未分配利润的增减变动，查阅与未分配利润有关的董事会会议纪要、政府部门批文及有关合同、协议、公司章程等支持性文件，结合相关账项的审计，检查其会计处理是否正确。	
	3	了解本年利润弥补以前年度亏损的情况，确定本期末弥补亏损金额。如果已超过弥补期限，且已因为抵扣亏损而确认递延所得税资产的，应当进行调整。	
	4	检查本期未分配利润变动除净利润转入以外的全部相关凭证，结合所获取的文件资料，判断其分类为未分配利润是否恰当，确定其会计处理是否正确。	
	5	根据评估的舞弊风险等因素增加的审计程序。	
	6	检查未分配利润是否已按照企业会计准则或其他适用的财务报告编制基础在财务报表中作出恰当列报。	

未分配利润审定表

被审计单位：××房地产开发有限责任公司	编制人：××	编制日期：202×年××月××日	索引号：CZ19-1
项目：未分配利润	复核人：××	复核日期：202×年××月××日	财务报表截止日/期间：202×年××月××日

项目名称	期末未审数	调整		期末审定数	上期末审定数
		借方	贷方		
合计					

1. 审计过程中识别出的错报事项

错报原因说明	调整分录		调整金额	
	报表项目	明细科目	借方金额	贷方金额

2. 审计结论

未分配利润明细表

被审计单位：×× 房地产开发有限责任公司	编制人：××	编制日期：202× 年 ×× 月 ×× 日	索引号：CZ19-2
项目：未分配利润	复核人：××	复核日期：202× 年 ×× 月 ×× 日	财务报表截止日 / 期间：202× 年 ×× 月 ×× 日

项目名称	本期数	上期数	备注
一、上年年末余额			
加：会计政策变更			
前期差错更正			
二、本年年初余额			
三、本期净利润			
四、利润分配			
1. 提取盈余公积			
2. 对所有者的分配			
3. 其他			
五、所有者权益内部结转			
1. 盈余公积弥补亏损			
2. 其他			
六、本年年末余额			

审计说明

（四）损益类

1. 营业收入

营业收入实质性程序

被审计单位：×× 房地产开发有限责任公司	编制人：××	编制日期： 202× 年 ×× 月 ×× 日	索引号：FSX11
项目：营业收入	复核人：××	复核日期： 202× 年 ×× 月 ×× 日	财务报表截止日 / 期间： 202× 年度

一、审计目标与认定

1. 利润表中记录的营业收入已发生，且与被审计单位有关。	发生
2. 所有应当记录的营业收入均已记录，所有应当包括在财务报表中的相关披露均已包括。	完整性
3. 与营业收入有关的金额及其他数据已恰当记录，相关披露已得到恰当计量和描述。	准确性
4. 营业收入记录于正确的会计期间。	截止
5. 营业收入已记录于恰当的账户。	分类
6. 营业收入已被恰当地汇总或分解且表述清楚，相关披露在适用的财务报告编制基础下是相关的、可理解的。	列报

二、审计目标与审计程序对应关系表

审计目标	可供选择的审计程序		索引号
		（一）主营业务收入	
	1	获取或编制主营业务收入明细表： （1）复核加计是否正确，并与总账数和明细账合计数核对是否相符，结合其他业务收入科目与报表数核对是否相符。 （2）检查以非记账本位币结算的主营业务收入的折算汇率及折算金额是否正确。	
	2	获取房地产企业收入确认的会计政策，与前期采用的会计政策、同行业收入确认政策进行比较，结合房地产企业实际情况及相关合同条款约定，判断收入确认会计政策是否符合企业会计准则的规定。检查其预售许可、竣工验收、房屋交付等相关文件，判断收入确认是否符合企业会计准则相关规定。	
	3	执行实质性分析程序： （1）将本期的主营业务收入与上期的主营业务收入进行比较，分析销售的结构和价格变动是否异常，并分析异常变动的原因； （2）将毛利率与上期比较，检查是否异常，各期之间是否存在重大波动，查明原因； （3）将毛利率与同行业企业进行对比分析，检查是否存在异常。	
	4	获取被审计单位房地产开发项目的建设用地规划许可证、建设工程规划许可证、建筑工程施工许可证、国有土地使用证、商品房预售许可证或商品房销售许可证、竣工备案表、测绘报告等，以判断商品房是否达到可交工状态。	

续表

审计目标	可供选择的审计程序		索引号
	5	对于已签的商品房买卖合同，查询预售项目是否已办理入网手续，买卖合同是否已到房地产相关部门进行备案并公布在网上。	
	6	获取独立于财务核算的数据，如销售台账、销售报表等资料，重新计算主营业务收入，与实际入账收入金额核对。	
	7	结合商品房钥匙监盘程序，实地查看业主入住情况，同时结合对售楼处销售进度表的检查，判断已开发商品房的实际销售情况。	
	8	获取业主签字确认的入住流转单、物业公司的物业费收费登记表等，检查商品房是否已经移交给业主。	
	9	抽查记账凭证，并追查至销售业务的销售合同、原始凭证（发票或收据、房屋交接书等）。	
	10	抽查销售业务的销售合同、原始凭证（发票或收据、房屋交接书等），并追查至记账凭证及明细账。	
	11	结合合同负债（应收账款、合同资产）的账龄，判断企业是否存在少计收入或虚计收入的情况，尤其是长期未办妥按揭贷款的客户。如果存在预收款挂账时间超过交房时间的，应根据重要性水平及形成差异的原因，结合存货项目审计关注其真实性，判断是否存在多计收入的情况。	
	12	销售的截止测试： （1）通过测试资产负债表日前后的入住通知、房屋交接书、物业费收费登记表，将其与收入明细账进行核对；同时，从应收账款和收入明细账选取在资产负债表日前后的凭证，与房屋交接书、物业费收费登记表核对，以确定销售是否存在跨期现象。 （2）取得资产负债表日后所有的退房记录，检查是否存在提前确认收入的情况。 （3）结合对资产负债表日应收账款的函证程序，检查有无未取得对方认可的大额销售。 （4）结合预收款长期挂账原因及合理性检查，判断是否存在应计未计收入的情况。 （5）结合存货监盘程序，判断收入确认期间是否正确。	
	13	存在销售退回的，检查手续是否符合规定，结合原始销售凭证检查其会计处理是否正确。结合存货项目审计关注其真实性。	
	14	检查有无特殊的销售行为，如买房送车位、委托代销、分期收款销售、商品需要安装和检验的销售、附有退回条件的销售、售后租回、售后回购、以旧换新、寄售等，选择恰当的审计程序进行审核。	
	15	如发生关联方交易： （1）了解交易的商业理由。 （2）检查证实交易的支持性文件（例如，发票、合同、协议等相关文件）。 （3）如果可获取与关联方交易相关的审计证据有限，考虑实施下列审计程序： ①向关联方函证交易的条件和金额，包括担保和其他重要信息； ②检查关联方拥有的信息； ③向与交易相关的人员和机构（例如银行、律师）函证或与其讨论有关信息； （4）完成“关联方”审计工作底稿。	
	16	根据评估的舞弊风险等因素增加的审计程序。	
	17	了解主营业务收入的业务内容，判断其分类为主营业务收入是否恰当。	
		（二）其他业务收入	
	18	获取或编制其他业务收入明细表，复核加计是否正确，并与总账数和明细账合计数核对是否相符，结合主营业务收入科目与营业收入报表数核对是否相符。	
	19	检查原始凭证等相关资料，分析交易的实质，确定其是否符合收入确认的条件，并检查其会计处理是否正确。对异常项目，应追查入账依据及有关法律文件是否充分。	

续表

审计目标	可供选择的审计程序		索引号
	20	根据评估的舞弊风险等因素增加的审计程序。	
	21	了解其他业务收入的业务内容，判断其分类为其他业务收入是否恰当。	
		（三）列报	
	22	检查营业收入是否已按照企业会计准则或其他适用的财务报告编制基础在财务报表中作出恰当列报。	

营业收入审定表

被审计单位：××房地产开发有限责任公司	编制人：××	编制日期： 202×年××月××日	索引号：FSX11-1
项目：营业收入	复核人：××	复核日期： 202×年××月××日	财务报表截止日/期间： 202×年度

项目名称	本期未审数	调整		本期审定数	上期审定数
		借方	贷方		
一、主营业务收入					
小计					
二、其他业务收入					
小计					
合计					

1. 审计过程中识别出的错报事项

错报原因说明	调整分录		调整金额	
	报表项目	明细科目	借方金额	贷方金额

2. 审计结论

主营业务收入——×××项目收入成本明细表

被审计单位：××房地产开发有限责任公司　　编制人：××　　编制日期：202×年××月××日　　索引号：FSX11-2

项目：主营业务收入　　复核人：××　　复核日期：202×年××月××日　　财务报表截止日/期间：202×年度

室号	权利人	账面情况								收入审计调整	收入审定数	成本审计调整	成本审定数	合同情况			审定后毛利率
		本期收入金额	实际已收款	挂账应收账款	应收账款收回金额	应收账款余额	应收账款占收入比例	本期销售成本	单位成本					面积	合同价	合同单价	

审计说明

主营业务收入结构分析表

被审计单位：××房地产开发有限责任公司　　编制人：××　　编制日期：202×年××月××日　　索引号：FSX11-3

项目：主营业务收入　　复核人：××　　复核日期：202×年××月××日　　财务报表截止日/期间：202×年度

产品名称	本期主营业务收入				上期主营业务收入				销售收入		销售面积		平均销售单价	
	金额	比例	销售面积	平均单价	金额	比例	销售面积	平均单价	变动额	变动率	变动额	变动率	变动额	变动率

审计说明

编制说明

通过本期主营业务收入与上期的主营业务收入对比情况，在审计说明中分析产品销售的结构和价格变动是否异常，并分析异常变动的原因。

主营业务收入发生测试

被审计单位：× × 房地产开发有限责任公司　　编制人：× ×　　编制日期：202 × 年 × × 月 × × 日　　索引号：FSX11-4

项目：主营业务收入　　复核人：× ×　　复核日期：202 × 年 × × 月 × × 日　　财务报表截止日 / 期间：202 × 年度

日期	凭证编号	客户名称	明细账				房屋交接书		销售合同（用“√”、“×”表示）					发票（用“√”、“×”表示）		
			室号	面积	单价	金额	交房日期	室号	合同编号	①	②	③	④	编号	⑤	⑥

核对内容说明：①核对明细账与销售合同室号是否一致；②核对明细账与销售合同销售面积是否一致；③核对明细账与销售合同销售单价是否一致；④核对明细账与销售合同购买方信息是否一致；⑤核对明细账与发票的室号、销售数量是否一致；⑥核对明细账与发票的单价、金额是否一致。

审计说明

主营业务收入完整性检查表

被审计单位：××房地产开发有限责任公司　　编制人：××　　编制日期：202×年××月××日　　索引号：FSX11-5

项目：主营业务收入　　复核人：××　　复核日期：202×年××月××日　　财务报表截止日/期间：202×年度

序号	客户名称	房屋交接书			发票（用“√”、“×”表示）			销售合同（用“√”、“×”表示）			明细账（用“√”、“×”表示）					记账日期	凭证编号
		交房日期	室号	数量	①	②	③	④	⑤	⑥	室号	面积	单价	金额	⑦		

核对内容说明：①核对发票与明细账室号是否一致；②核对发票与明细账销售面积是否一致；③核对发票与明细账金额是否一致；④核对销售合同与明细账合同室号是否一致；⑤核对销售合同与明细账销售面积是否一致；⑥核对销售合同与明细账销售单价是否一致；⑦正确过入明细账。

审计说明

主营业务收入截止测试（房屋交接书到明细账）

被审计单位：× × 房地产开发有限责任公司　　编制人：× ×　　编制日期：202× 年 × × 月 × × 日　　索引号：FSX11-6-1

项目：主营业务收入　　复核人：× ×　　复核日期：202× 年 × × 月 × × 日　　财务报表截止日 / 期间：202× 年度

编号	房屋交接书			记账凭证				发票					是否存在截止问题
	交房日期	室号	销售面积	日期	编号	销售面积	金额	日期	室号	客户名称	销售面积	金额	
截止日前													
截止日期：202× 年 12 月 31 日													
截止日后													

审计说明

主营业务收入截止测试（明细账到房屋交接书）

被审计单位：××房地产开发有限责任公司　　编制人：××　　编制日期：202×年××月××日　　索引号：FSX11-6-2

项目：主营业务收入　　复核人：××　　复核日期：202×年××月××日　　财务报表截止日/期间：202×年度

<table>
<tr><th rowspan="2">编号</th><th colspan="4">记账凭证</th><th colspan="3">房屋交接书</th><th colspan="5">发票</th><th rowspan="2">是否存在截止问题</th></tr>
<tr><th>日期</th><th>编号</th><th>销售面积</th><th>金额</th><th>交房日期</th><th>室号</th><th>销售面积</th><th>日期</th><th>室号</th><th>客户名称</th><th>销售面积</th><th>金额</th></tr>
<tr><td></td><td></td><td></td><td></td><td></td><td></td><td></td><td></td><td></td><td></td><td></td><td></td><td></td><td></td></tr>
<tr><td></td><td></td><td></td><td></td><td></td><td></td><td></td><td></td><td></td><td></td><td></td><td></td><td></td><td></td></tr>
<tr><td></td><td></td><td></td><td></td><td></td><td></td><td></td><td></td><td></td><td></td><td></td><td></td><td></td><td></td></tr>
<tr><td></td><td></td><td></td><td></td><td></td><td></td><td></td><td></td><td></td><td></td><td></td><td></td><td></td><td></td></tr>
<tr><td></td><td></td><td></td><td></td><td></td><td></td><td></td><td></td><td></td><td></td><td></td><td></td><td></td><td></td></tr>
<tr><td></td><td></td><td></td><td></td><td></td><td></td><td></td><td></td><td></td><td></td><td></td><td></td><td></td><td></td></tr>
<tr><td colspan="14">截止日前</td></tr>
<tr><td colspan="14">截止日期：202×年12月31日</td></tr>
<tr><td colspan="14">截止日后</td></tr>
<tr><td></td><td></td><td></td><td></td><td></td><td></td><td></td><td></td><td></td><td></td><td></td><td></td><td></td><td></td></tr>
<tr><td></td><td></td><td></td><td></td><td></td><td></td><td></td><td></td><td></td><td></td><td></td><td></td><td></td><td></td></tr>
<tr><td></td><td></td><td></td><td></td><td></td><td></td><td></td><td></td><td></td><td></td><td></td><td></td><td></td><td></td></tr>
<tr><td></td><td></td><td></td><td></td><td></td><td></td><td></td><td></td><td></td><td></td><td></td><td></td><td></td><td></td></tr>
<tr><td></td><td></td><td></td><td></td><td></td><td></td><td></td><td></td><td></td><td></td><td></td><td></td><td></td><td></td></tr>
<tr><td></td><td></td><td></td><td></td><td></td><td></td><td></td><td></td><td></td><td></td><td></td><td></td><td></td><td></td></tr>
</table>

审计说明

其他业务收入明细表

被审计单位：××房地产开发有限责任公司	编制人：××	编制日期：202×年××月××日	索引号：FSX11-7
项目：其他业务收入	复核人：××	复核日期：202×年××月××日	财务报表截止日/期间：202×年度

项目名称	本期数	上期数	变动额	变动率	备注
合计					

审计说明

2. 营业成本

营业成本实质性程序

被审计单位：×× 房地产开发有限责任公司	编制人：××	编制日期：202× 年 ×× 月 ×× 日	索引号：FC2
项目：营业成本	复核人：××	复核日期：202× 年 ×× 月 ×× 日	财务报表截止日 / 期间：202× 年度

一、审计目标与认定

1. 利润表中记录的营业成本已发生，且与被审计单位有关。	发生
2. 所有应当记录的营业成本均已记录，所有应当包括在财务报表中的相关披露均已包括。	完整性
3. 与营业成本有关的金额及其他数据已恰当记录，相关披露已得到恰当计量和描述。	准确性
4. 营业成本记录于正确的会计期间。	截止
5. 营业成本已记录于恰当的账户。	分类
6. 营业成本已被恰当地汇总或分解且表述清楚，相关披露在适用的财务报告编制基础下是相关的、可理解的。	列报

二、审计目标与审计程序对应关系表

审计目标		可供选择的审计程序	索引号
		（一）主营业务成本	
	1	获取或编制主营业务成本明细表，复核加计是否正确，并与总账数和明细账合计数核对是否相符，结合其他业务成本科目与营业成本报表数核对是否相符。	
	2	检查主营业务成本内容和计算方法是否符合会计准则规定，是否前后期一致。	
	3	验证销售成本结转数额的正确性，并检查其是否与销售收入配比。	
	4	检查本期发生的主营业务成本发生额，选取样本检查其支持性文件，确定原始凭证是否齐全、记账凭证与原始凭证是否相符以及账务处理是否正确。	
	5	针对主营业务成本中重大调整事项，检查相关原始凭证，评价真实性和合理性，检查其会计处理是否正确。	
	6	根据评估的舞弊风险等因素增加的审计程序	
		（二）其他业务成本	
	7	获取或编制其他业务成本明细表，复核其加计是否正确，并与总账数和明细账合计数核对是否相符，结合主营业务成本科目与营业成本报表数核对是否相符。	
	8	与上期其他业务收入 / 成本比较，检查是否有重大波动，如有，应查明原因。	
	9	检查本期发生的其他业务成本，选取样本并检查其支持性文件，确定原始凭证是否齐全、记账凭证与原始凭证是否相符以及账务处理是否正确。	

续表

审计目标	可供选择的审计程序		索引号
	10	根据评估的舞弊风险等因素增加的审计程序。	
		（三）列报	
	11	营业成本是否记录于恰当的账户。	
	12	检查营业成本是否已按照企业会计准则或其他适用的财务报告编制基础在财务报表中作出恰当列报。	

营业成本审定表

被审计单位：×× 房地产开发有限责任公司	编制人：××	编制日期：202× 年 ×× 月 ×× 日	索引号：FC2-1
项目：营业成本	复核人：××	复核日期：202× 年 ×× 月 ×× 日	财务报表截止日 / 期间：202× 年度

项目名称	本期未审数	调整		本期审定数	上期审定数
		借方	贷方		
一、主营业务成本					
小计					
二、其他业务成本					
小计					
合计					

1. 审计过程中识别出的错报事项

错报原因说明	调整分录		调整金额	
	报表项目	明细科目	借方金额	贷方金额

2. 审计结论

主营业务成本明细表

被审计单位：××房地产开发有限责任公司　　编制人：××　　编制日期：202×年××月××日　　索引号：FC2-2

项目：主营业务成本　　复核人：××　　复核日期：202×年××月××日　　财务报表截止日/期间：202×年度

类别 / 月份	全部开发产品			其中：主要开发产品楼号											
				×××楼				×××楼				×××楼			
	销售收入	销售成本	毛利率（%）	销售面积	销售收入	销售成本	毛利率（%）	销售面积	销售收入	销售成本	毛利率（%）	销售面积	销售收入	销售成本	毛利率（%）
1月															
2月															
3月															
4月															
5月															
6月															
7月															
8月															
9月															
10月															
11月															
12月															
本期合计															
上期合计															
变动额															
变动率															

审计说明

主营业务成本与收入匹配核对表

被审计单位：× × 房地产开发有限责任公司　编制人：× ×　编制日期：202× 年 × × 月 × × 日　索引号：FC2-3

项目：主营业务成本与收入匹配　复核人：× ×　复核日期：202× 年 × × 月 × × 日　财务报表截止日 / 期间：202× 年度

楼号	户数	可售面积	预售户数	预售面积	预售金额	本期确认收入户数	本期确认收入面积	本期确认收入金额	本期结转成本户数	收入与成本户数差异	本期结转成本面积	收入与成本面积差异	单位成本	本期结转成本金额

审计说明

其他业务成本明细表

被审计单位：×× 房地产开发有限责任公司　编制人：××　编制日期：202× 年 ×× 月 ×× 日　索引号：FC2-4

项目：其他业务成本　复核人：××　复核日期：202× 年 ×× 月 ×× 日　财务报表截止日 / 期间：202× 年度

明细项目	本期数	上期数	变动额	变动率	备注

审计说明

营业成本检查表

被审计单位：××房地产开发有限责任公司	编制人：××	编制日期：202×年××月××日	索引号：FC2-5
项目：营业成本	复核人：××	复核日期：202×年××月××日	财务报表截止日/期间：202×年度

记账日期	凭证编号	业务内容	对方科目	金额	核对内容（用"√"、"×"表示）					备注
					1	2	3	4	…	
检查内容说明：1. 原始凭证是否齐全；2. 记账凭证与原始凭证是否相符；3. 账务处理是否正确；4. 是否记录于恰当的会计期间；5.……										

审计说明

3. 税金及附加

税金及附加实质性程序

被审计单位：×× 房地产开发有限责任公司	编制人：××	编制日期：202× 年 ×× 月 ×× 日	索引号：FSX12
项目：税金及附加	复核人：××	复核日期：202× 年 ×× 月 ×× 日	财务报表截止日 / 期间：202× 年度

一、审计目标与认定

1. 利润表中记录的税金及附加已发生，且与被审计单位有关。	发生
2. 所有应当记录的税金及附加均已记录，所有应当包括在财务报表中的相关披露均已包括。	完整性
3. 与税金及附加有关的金额及其他数据已恰当记录，相关披露已得到恰当计量和描述。	准确性
4. 税金及附加记录于正确的会计期间。	截止
5. 税金及附加已记录于恰当的账户。	分类
6. 税金及附加已被恰当地汇总或分解且表述清楚，相关披露在适用的财务报告编制基础下是相关的、可理解的。	列报

二、审计目标与审计程序对应关系表

审计目标	可供选择的审计程序		索引号
	1	获取或编制税金及附加明细表，复核加计是否正确，并与报表数、总账数和明细账合计数核对是否相符。	
	2	结合应交税费科目的审计，复核其与相关税费的测算数是否勾稽。	
	3	复核本期发生的土地增值税、城市维护建设税等税费是否正确。	
	4	根据评估的舞弊风险等因素增加的审计程序。	
	5	了解税金及附加的业务内容，判断其分类为税金及附加是否恰当。	
	6	检查税金及附加是否已按照企业会计准则或其他适用的财务报告编制基础在财务报表中作出恰当列报。	

税金及附加审定表

被审计单位：××房地产开发有限责任公司	编制人：××	编制日期：202×年××月××日	索引号：FSX12-1
项目：税金及附加	复核人：××	复核日期：202×年××月××日	财务报表截止日/期间：202×年度

项目名称	本期未审数	调整		本期审定数	上期审定数
		借方	贷方		
合计					

1. 审计过程中识别出的错报事项

错报原因说明	调整分录		调整金额	
	报表项目	明细科目	借方金额	贷方金额

2. 审计结论

税金及附加与对应科目核对表

被审计单位：×× 房地产开发有限责任公司	编制人：××	编制日期：202× 年 ×× 月 ×× 日	索引号：FSX12-2
项目：税金及附加	复核人：××	复核日期：202× 年 ×× 月 ×× 日	财务报表截止日 / 期间：202× 年度

税金及附加账户		应交税费账户		核对是否一致
科目名称	金额	科目名称	金额	

审计说明

4. 销售费用

销售费用实质性程序

被审计单位：×× 房地产开发有限责任公司	编制人：××	编制日期：202× 年 ×× 月 ×× 日	索引号：FSX13
项目：销售费用	复核人：××	复核日期：202× 年 ×× 月 ×× 日	财务报表截止日 / 期间：202× 年度

一、审计目标与认定

1. 利润表中记录的销售费用已发生，且与被审计单位有关。	发生
2. 所有应当记录的销售费用均已记录，所有应当包括在财务报表中的相关披露均已包括。	完整性
3. 与销售费用有关的金额及其他数据已恰当记录，相关披露已得到恰当计量和描述。	准确性
4. 销售费用记录于正确的会计期间。	截止
5. 销售费用已记录于恰当的账户。	分类
6. 销售费用已被恰当地汇总或分解且表述清楚，相关披露在适用的财务报告编制基础下是相关的、可理解的。	列报

二、审计目标与审计程序对应关系表

审计目标		可供选择的审计程序	索引号
	1	获取或编制销售费用明细表： （1）复核加计数是否正确，并与报表数、总账数和明细账合计数核对是否相符。 （2）将销售费用中的工资、折旧等与相关的资产、负债科目核对，检查其勾稽关系的合理性。	
	2	对销售费用进行分析： （1）计算分析各个月份销售费用总额及主要项目金额占主营业务收入的比率，并与上一年度进行比较，判断变动的合理性。 （2）计算分析各个月份销售费用中主要项目发生额及占销售费用总额的比率，并与上一年度进行比较，判断其变动的合理性。	
	3	对本期发生的销售费用选取样本，检查销售费用各项目开支标准是否符合有关规定，开支内容是否与被审计单位的产品销售或专设销售机构的经费有关，计算是否正确，确定原始凭证是否合法、齐全，记账凭证与原始凭证是否相符以及账务处理是否正确。	
	4	获取和查看合同、协议，根据具体约定条款测算费用，并根据测算结果确定是否调整。	
	5	从资产负债表日后的银行对账单或付款凭证中选取项目进行测试，检查支持性文件（如合同或发票），关注发票日期和支付日期，追踪已选取项目至相关费用明细表，检查费用所计入的会计期间，评价费用是否被记录于正确的会计期间。	
	6	抽取资产负债表日前后会计凭证，实施截止测试，存在异常迹象，应考虑是否有必要追加审计程序，对于重大跨期项目应作必要调整。	
	7	根据评估的舞弊风险等因素增加的审计程序。	
	8	了解销售费用的业务内容，判断其分类为销售费用是否恰当。	
	9	检查销售费用是否已按照企业会计准则或其他适用的财务报告编制基础在财务报表中作出恰当列报。	

销售费用审定表

被审计单位：××房地产开发有限责任公司	编制人：××	编制日期：202×年××月××日	索引号：FSX13-1
项目：销售费用	复核人：××	复核日期：202×年××月××日	财务报表截止日/期间：202×年度

项目名称	本期未审数	调整		本期审定数	上期审定数
		借方	贷方		
合计					

1. 审计过程中识别出的错报事项

错报原因说明	调整分录		调整金额	
	报表项目	明细科目	借方金额	贷方金额

2. 审计结论

销售费用明细表

被审计单位：× × 房地产开发有限责任公司　　编制人：× ×　　编制日期：202× 年 × × 月 × × 日　　索引号：FSX13-2

项目：销售费用　　复核人：× ×　　复核日期：202× 年 × × 月 × × 日　　财务报表截止日 / 期间：202× 年度

项目	1 月	2 月	3 月	4 月	5 月	6 月	7 月	8 月	9 月	10 月	11 月	12 月	合计	上期数	变动额	变动率

审计说明

销售费用检查表

被审计单位：×× 房地产开发有限责任公司	编制人：××	编制日期：202× 年 ×× 月 ×× 日	索引号：FSX13-3
项目：销售费用	复核人：××	复核日期：202× 年 ×× 月 ×× 日	财务报表截止日 / 期间：202× 年度

日期	凭证编号	业务内容	对方科目	金额	核对内容（用“√”、“×”表示）					备注
					1	2	3	4	…	
核对内容说明：1. 原始凭证是否齐全；2. 记账凭证与原始凭证是否相符；3. 账务处理是否正确；4. 是否记录于恰当的会计期间；5.……										

审计说明

查找未入账销售费用表

被审计单位：××房地产开发有限责任公司	编制人：××	编制日期：202×年××月××日	索引号：FSX13-4
项目：查找未入账销售费用	复核人：××	复核日期：202×年××月××日	财务报表截止日/期间：202×年度

序号	金额	银行对账单日期	付款凭证		费用明细账		说明	是否跨期 是（√） 否（×）
			编号	日期	编号	日期		

审计说明

编制说明

从资产负债表日后的银行对账单、付款凭证中选取项目进行测试，检查支持性文件（如合同和发票等），关注发票日期和支付日期，追踪已选取项目至相关费用明细表，检查费用所计入的会计期间是否正确。

销售费用截止测试

被审计单位：×× 房地产开发有限责任公司	编制人：××	编制日期：202× 年 ×× 月 ×× 日	索引号：FSX13-5
项目：销售费用截止测试	复核人：××	复核日期：202× 年 ×× 月 ×× 日	财务报表截止日 / 期间：202× 年度

日期	凭证号	内容	对方科目	金额	是否跨期 是（√）否（×）
截止日前					
截止日期：202× 年 12 月 31 日					
截止日后					

审计说明

5. 管理费用

管理费用实质性程序

被审计单位：×× 房地产开发有限责任公司	编制人：××	编制日期：202× 年 ×× 月 ×× 日	索引号：ZJ4
项目：管理费用	复核人：××	复核日期：202× 年 ×× 月 ×× 日	财务报表截止日 / 期间：202× 年度

一、审计目标与认定

1. 利润表中记录的管理费用已发生，且与被审计单位有关。	发生
2. 所有应当记录的管理费用均已记录，所有应当包括在财务报表中的相关披露均已包括。	完整性
3. 与管理费用有关的金额及其他数据已恰当记录，相关披露已得到恰当计量和描述。	准确性
4. 管理费用记录于正确的会计期间。	截止
5. 管理费用已记录于恰当的账户。	分类
6. 管理费用已被恰当地汇总或分解且表述清楚，相关披露在适用的财务报告编制基础下是相关的、可理解的。	列报

二、审计目标与审计程序对应关系表

审计目标		可供选择的审计程序	索引号
	1	获取或编制管理费用明细表： （1）复核加计数是否正确，并与报表数、总账数及明细账合计数核对是否相符。 （2）将管理费用中的职工薪酬、无形资产摊销等项目与各有关账户进行核对，分析其勾稽关系的合理性，并在明细表中作出相应记录。	
	2	计算分析管理费用中各项目发生额及占费用总额的比率，将本期、上期管理费用各主要明细项目作比较分析，判断其变动的合理性。	
	3	比较本期各月份管理费用，对有重大波动和异常情况的项目应查明原因，必要时作适当处理。	
	4	对本期发生的管理费用选取样本，检查费用的开支标准是否符合有关规定，计算是否正确。确定原始凭证是否齐全、合法，确定记账凭证与原始凭证是否相符以及账务处理是否正确。	
	5	检查诉讼费用并结合或有事项，检查涉及的相关重大诉讼事项是否已在附注中进行披露。还需进一步关注诉讼状态，判断有无或有负债，或是否存在损失已发生而未入账的事项。	
	6	从资产负债表日后的银行对账单或付款凭证中选取项目进行测试，检查支持性文件（如合同或发票），关注发票日期和支付日期，追踪已选取项目至相关费用明细表，检查费用所计入的会计期间，评价费用是否被记录于正确的会计期间。	
	7	抽取资产负债表日前后的凭证，实施截止测试，若存在异常迹象，考虑是否有必要追加审计程序，对于重大跨期项目，应作必要调整。	

续表

审计目标	可供选择的审计程序		索引号
	8	根据评估的舞弊风险等因素增加的其他审计程序。	
	9	了解记录于管理费用的业务内容，判断其分类为管理费用是否恰当。	
	10	确定管理费用是否已按照企业会计准则或其他适用的财务报告编制基础在财务报表中作出恰当列报。	

管理费用审定表

被审计单位：×× 房地产开发有限责任公司	编制人：××	编制日期：202× 年 ×× 月 ×× 日	索引号：ZJ4–1
项目：管理费用	复核人：××	复核日期：202× 年 ×× 月 ×× 日	财务报表截止日 / 期间：202× 年度

项目名称	本期未审数	调整		本期审定数	上期审定数
		借方	贷方		
职工工资					
福利费					
办公费					
咨询费					
……					
合计					

1. 审计过程中识别出的错报事项

错报原因说明	调整分录		调整金额	
	报表项目	明细科目	借方金额	贷方金额

2. 审计结论

管理费用明细表

被审计单位：×× 房地产开发有限责任公司　编制人：××　编制日期：202× 年 ×× 月 ×× 日　索引号：ZJ4-2

项目：管理费用　复核人：××　复核日期：202× 年 ×× 月 ×× 日　财务报表截止日 / 期间：202× 年度

月份	本期发生额	上期发生额	变动额	变动率	变动原因
1					
2					
3					
4					
5					
6					
7					
8					
9					
10					
11					
12					
合计					

审计说明

管理费用检查表

被审计单位：×× 房地产开发有限责任公司　编制人：××　编制日期：202× 年 ×× 月 ×× 日　索引号：ZJ4-3

项目：管理费用　复核人：××　复核日期：202× 年 ×× 月 ×× 日　财务报表截止日 / 期间：202× 年度

日期	凭证编号	业务内容	对方科目	金额	核对内容（用“√”、“×”表示）					备注
					1	2	3	4	…	
核对内容说明：1. 原始凭证是否齐全；2. 记账凭证与原始凭证是否相符；3. 账务处理是否正确；4. 是否记录于恰当的会计期间；5.……										

审计说明

查找未入账管理费用表

被审计单位：×× 房地产开发有限责任公司　编制人：××　编制日期：202× 年 ×× 月 ×× 日　索引号：ZJ4-4

项目：查找未入账管理费用　复核人：××　复核日期：202× 年 ×× 月 ×× 日　财务报表截止日 / 期间：202× 年度

序号	金额	银行对账单日期	付款凭证		费用明细账		说明	是否跨期 是（√） 否（×）
			编号	日期	编号	日期		

审计说明

编制说明

从资产负债表日后的银行对账单、付款凭证中选取项目进行测试，检查支持性文件（如合同和发票等），关注发票日期和支付日期，追踪已选取项目至相关费用明细表，检查费用所计入的会计期间，评价费用是否被记录于正确的会计期间。

管理费用截止测试

被审计单位：××房地产开发有限责任公司	编制人：××	编制日期：202×年××月××日	索引号：ZJ4-5
项目：管理费用截止测试	复核人：××	复核日期：202×年××月××日	财务报表截止日/期间：202×年度

日期	凭证号	内容	对方科目	金额	是否跨期 是（√）否（×）
截止日前					
截止日期：202×年12月31日					
截止日后					

审计说明

6. 财务费用

财务费用实质性程序

被审计单位：× × 房地产开发有限责任公司	编制人：× ×	编制日期： 202× 年 × × 月 × × 日	索引号：CZ20
项目：财务费用	复核人：× ×	复核日期： 202× 年 × × 月 × × 日	财务报表截止日 / 期间： 202× 年度

一、审计目标与认定

1. 利润表中记录的财务费用已发生，且与被审计单位有关。	发生
2. 所有应当记录的财务费用均已记录，所有应当包括在财务报表中的相关披露均已包括。	完整性
3. 与财务费用有关的金额及其他数据已恰当记录，相关披露已得到恰当计量和描述。	准确性
4. 财务费用记录于正确的会计期间。	截止
5. 财务费用已记录于恰当的账户。	分类
6. 财务费用已被恰当地汇总或分解且表述清楚，相关披露在适用的财务报告编制基础下是相关的、可理解的。	列报

二、审计目标与审计程序对应关系表

审计目标	可供选择的审计程序		索引号
	1	获取或编制财务费用明细表，复核加计数是否正确，与报表数、总账数和明细账合计数核对是否相符。	
	2	检查财务费用明细项目的设置是否符合规定的核算内容与范围，是否划清财务费用与其他费用的界限，判断其分类为财务费用是否恰当。	
	3	检查本期发生的财务费用，结合相关科目审计，检查支持性文件，确定入账金额及会计处理是否正确。	
	4	检查汇兑损益明细账，检查汇兑损益计算方法是否正确，核对所用汇率是否正确，前后期是否一致。	
	5	检查“财务费用—其他”明细账，注意检查大额金融机构手续费的真实性与正确性。	
	6	抽取财务报表日前后的凭证，实施截止测试，若存在异常迹象，应考虑是否有必要追加审计程序，对于重大跨期项目应作必要调整。	
	7	根据评估的舞弊风险等因素增加的其他审计程序。	
	8	检查财务费用是否已按照企业会计准则或其他适用的财务报告编制基础在财务报表中作出恰当列报。	

财务费用审定表

被审计单位：××房地产开发有限责任公司	编制人：××	编制日期：202×年××月××日	索引号：CZ20-1
项目：财务费用	复核人：××	复核日期：202×年××月××日	财务报表截止日/期间：202×年度

项目名称	本期未审数	调整		本期审定数	上期审定数
		借方	贷方		
合计					

1. 审计过程中识别出的错报事项

错报原因说明	调整分录		调整金额	
	报表项目	明细科目	借方金额	贷方金额

2. 审计结论

编制说明

1. 表格中“项目名称”一列可填入利息收入、利息支出、汇兑损益等。

2. 财务费用还可执行重新计算的审计程序，重新计算被审计单位银行存款、银行借款等的利息收入和利息支出，与客户账面金额比较，得出差异金额、说明差异原因、视情况出具审计调整。

财务费用明细表

被审计单位：×× 房地产开发有限责任公司　编制人：××　编制日期：202× 年 ×× 月 ×× 日　索引号：CZ20-2

项目：财务费用　复核人：××　复核日期：202× 年 ×× 月 ×× 日　财务报表截止日 / 期间：202× 年度

项目名称	1 月	2 月	3 月	4 月	5 月	6 月	7 月	8 月	9 月	10 月	11 月	12 月	合计	上期数	变动额	变动率

审计说明

财务费用检查表

被审计单位：×× 房地产开发有限责任公司	编制人：××	编制日期：202× 年 ×× 月 ×× 日	索引号：CZ20-3
项目：财务费用	复核人：××	复核日期：202× 年 ×× 月 ×× 日	财务报表截止日 / 期间：202× 年度

记账日期	凭证编号	业务内容	对方科目	金额	核对内容（用“√”、“×”表示）					备注
					1	2	3	4	…	
核对内容说明：1. 原始凭证是否齐全；2. 记账凭证与原始凭证是否相符；3. 账务处理是否正确；4. 是否记录于恰当的会计期间；5.……										

审计说明

财务费用截止测试

被审计单位：×× 房地产开发有限责任公司　编制人：××　编制日期：202× 年 ×× 月 ×× 日　索引号：CZ20-4

项目：财务费用截止测试　复核人：××　复核日期：202× 年 ×× 月 ×× 日　财务报表截止日 / 期间：202× 年度

日期	凭证号	内容	对方科目	金额	是否跨期 是（√）否（×）
截止日前					
截止日期：202× 年 12 月 31 日					
截止日后					

审计说明

7. 所得税费用

所得税费用实质性程序

被审计单位：×× 房地产开发有限责任公司	编制人：××	编制日期：202× 年 ×× 月 ×× 日	索引号：FSX15
项目：所得税费用	复核人：××	复核日期：202× 年 ×× 月 ×× 日	财务报表截止日 / 期间：202× 年度

一、审计目标与认定

1. 利润表中记录的所得税费用已发生，且与被审计单位有关。	发生
2. 所有应当记录的所得税费用均已记录，所有应当包括在财务报表中的相关披露均已包括。	完整性
3. 与所得税费用有关的金额及其他数据已恰当记录，相关披露已得到恰当计量和描述。	准确性
4. 所得税费用记录于正确的会计期间。	截止
5. 所得税费用已记录于恰当的账户。	分类
6. 所得税费用已被恰当地汇总或分解且表述清楚，相关披露在适用的财务报告编制基础下是相关的、可理解的。	列报

二、审计目标与审计程序对应关系表

审计目标	可供选择的审计程序		索引号
	1	获取或编制所得税费用明细表，复核加计数是否正确，并与报表数、总账数和明细账合计数核对是否相符。	
	2	根据审计结果和税法规定： （1）核实当期的纳税调整事项，确定应纳税所得额，结合应交税费—应交所得税的审计，计算当期所得税费用，检查会计处理是否正确； （2）应纳税所得额为负数的，应检查形成负数的年份与金额； （3）必要时，取得经税务机关审核的前 5 年应纳税所得额，以确定可以当期利润弥补的亏损额。	
	3	根据评估的舞弊风险等因素增加的审计程序。	
	4	了解所得税费用的业务内容，判断其分类为所得税费用是否恰当。	
	5	检查所得税费用是否已按照企业会计准则或其他适用的财务报告编制基础在财务报表中作出恰当列报。	

所得税费用审定表

被审计单位：××房地产开发有限责任公司	编制人：××	编制日期： 202×年××月××日	索引号：FSX15-1
项目：所得税费用	复核人：××	复核日期： 202×年××月××日	财务报表截止日/期间： 202×年度

项目名称	本期未审数	调整		本期审定数	上期审定数
		借方	贷方		
合计					

1. 审计过程中识别出的错报事项

错报原因说明	调整分录		调整金额	
	报表项目	明细科目	借方金额	贷方金额

2. 审计结论

当期所得税测算表

被审计单位：××房地产开发有限责任公司	编制人：××	编制日期：202×年××月××日	索引号：FSX15-2
项目：当期所得税	复核人：××	复核日期：202×年××月××日	财务报表截止日/期间：202×年度

项目	未审数	调整数	审定数	索引号
一、期初欠缴数				
二、本期应交数				
1. 利润总额				
加：纳税调整增加额				
其中：工资薪金支出				
职工福利费支出				
职工教育经费支出				
工会经费支出				
业务招待费支出				
广告费和业务宣传费支出				
捐赠支出				
折旧、摊销				
罚金、罚款、税收滞纳金和被没收财物的损失				
减值准备				
其他纳税调整增加额				
减：纳税调整减少额				
其中：免税所得				
其中：国债利息收入				
免税的补贴收入				
免于补税的投资收益				
计提时已调增应纳税所得、因价值恢复或转让处置有关资产而冲销的准备				
其他纳税调整减少项目				
2. 调整后所得				
减：弥补以前年度亏损				
3. 应纳税所得额				
税率				
4. 应纳所得税额				
三、本期已交数				
四、期末应交未交数				

纳税调整明细表

被审计单位：××房地产开发有限责任公司	编制人：××	编制日期： 202×年××月××日	索引号：FSX15-3
项目：纳税调整	复核人：××	复核日期： 202×年××月××日	财务报表截止日/期间： 202×年度

项目	计税标准	账面金额	扣除限额	超标准金额	注意事项
职工福利费	工资总额×14%				
工会经费	工资总额×2%				是否有工会开具的收款凭据
职工教育经费	工资总额×8%				超过部分结转以后纳税年度扣除
为投资者支付的商业保险	不得扣除				
为职工支付的商业保险	不得扣除				
业务招待费	营业收入×0.5%或发生额60%孰低				
广告费和业务宣传费	营业收入×15%				超过部分结转以后纳税年度扣除
……					

审计说明

递延所得税费用核对表

被审计单位：×× 房地产开发有限责任公司　编制人：××　编制日期：202× 年 ×× 月 ×× 日　索引号：FSX15-4

项目：递延所得税费用　复核人：××　复核日期：202× 年 ×× 月 ×× 日　财务报表截止日 / 期间：202× 年度

项目	期末审计确认的递延所得税资产（计入所得税费用部分）	期初审计确认的递延所得税资产（计入所得税费用部分）	期末审计确认的递延所得税负债（计入所得税费用部分）	期初审计确认的递延所得税负债（计入所得税费用部分）	期末审计确认的其他综合收益（计入所得税费用部分）	期初审计确认的其他综合收益（计入所得税费用部分）	本期应计递延所得税费用	本期已计递延所得税费用	差异
应收账款（坏账准备）									
其他应收款（坏账准备）									
存货（跌价准备）									
固定资产（减值准备）									
在建工程（减值准备）									
……									
合计									

审计说明

所得税费用检查表

被审计单位：××房地产开发有限责任公司	编制人：××	编制日期：202×年××月××日	索引号：FSX15-5
项目：所得税费用	复核人：××	复核日期：202×年××月××日	财务报表截止日/期间：202×年度

日期	凭证编号	业务内容	对方科目	金额	核对内容（用“√”、“×”表示）					备注
					1	2	3	4	…	
核对内容说明：1. 原始凭证是否齐全；2. 记账凭证与原始凭证是否相符；3. 账务处理是否正确；4. 是否记录于恰当的会计期间；5.……										

审计说明

第五部分
其他项目工作底稿

一、舞弊风险评估与应对

舞弊风险评估与应对程序

被审计单位：×× 房地产开发有限责任公司	编制人：××	编制日期：202× 年 × 月 × 日	索引号：E1
项目：舞弊风险评估与应对	复核人：××	复核日期：202× 年 × 月 × 日	财务报表截止日 / 期间：202× 年度

一、审计目标

1. 识别和评估由于舞弊导致的重大错报风险。

2. 针对评估的由于舞弊导致的重大错报风险，通过设计和实施恰当应对措施，获取充分、适当的审计证据。

3. 恰当应对审计过程中识别出的舞弊或舞弊嫌疑。

二、舞弊风险评估与应对审计工作底稿

序号	内容	索引号
1	舞弊风险评估程序和相关活动	E1–1
2	识别和评估由于舞弊导致的重大错报风险	E1–2
3	项目组讨论纪要	E1–3
4	应对评估的由于舞弊导致的重大错报风险	E1–4
5	就舞弊事项的沟通	E1–5

舞弊风险评估程序和相关活动

被审计单位：××房地产开发有限责任公司	编制人：××	编制日期：202×年×月×日	索引号：E1-1
项目：舞弊风险评估程序和相关活动	复核人：××	复核日期：202×年×月×日	财务报表截止日/期间：202×年度

一、询问

1. 询问管理层

管理层姓名	职务	询问人	日期
××	财务总监	××	202×年××月××日

询问内容	询问结果
管理层对财务报表可能存在由于舞弊导致的重大错报风险的评估，包括评估的性质、范围和频率等	1. 建立相关制度，要求公司按照会计政策和企业会计准则要求编制财务报告；2. 财务报表按月编制提供给管理层；3. 公司会定期召开会议分析公司财务有关指标情况，检查是否异常；4. 对资金严格管理，建立了资金管理制度，包括贷款、工程款项支出，重大资金支出需逐级审核后报董事长批准；5. 公司业务简单，主要从事房地产开发、销售，销售情况由公司营销部和财务部共同监管。
管理层对舞弊风险的识别和应对过程，包括管理层识别出的或注意到的特定舞弊风险，或可能存在舞弊风险的各类交易、账户余额或披露	管理层没有发现公司存在舞弊风险。
管理层就其对舞弊风险的识别和应对过程向治理层的通报	无
管理层就其经营理念和道德观念向员工的通报	管理层通过制定制度和召开会议的方式，向员工通报管理层的经营理念和道德观念。
管理层是否知悉任何影响被审计单位的舞弊事实、舞弊嫌疑或舞弊指控	未发现
……	

2. 询问治理层

治理层姓名	职务	询问人	日期
××	董事	××	202×年××月××日

询问内容	询问结果
治理层如何监督管理层对舞弊风险的识别和应对过程，以及为降低舞弊风险而建立的内部控制	为降低管理层舞弊风险，公司制定了相关制度，并要求管理层按规定执行，从业务流程上加以规范。
是否知悉任何影响被审计单位的舞弊事实、舞弊嫌疑或舞弊指控	未发现

3. 询问内部审计人员

内部审计人员姓名	职务	询问人	日期
××	内部审计	××	202×年××月××日

询问内容	询问结果
是否知悉任何影响被审计单位的舞弊事实、舞弊嫌疑或舞弊指控	未发现
对舞弊风险的看法	本公司本年度不存在舞弊风险
内部审计人员在本期实施的旨在发现舞弊的程序（如有）	无
管理层是否对实施内部审计程序的结果采取了令人满意的应对措施	是
……	

4. 询问被审计单位内部的其他人员

其他人员姓名	职务	询问人	日期
××	销售人员	××	202×年××月××日

询问内容	询问结果
是否知悉任何影响被审计单位的舞弊事实、舞弊嫌疑或舞弊指控	未发现
……	

二、评价异常或偏离预期的关系

评价在实施分析程序时识别出的异常或偏离预期的关系（包括与收入账户有关的关系），是否表明存在由于舞弊导致的重大错报风险

三、考虑其他信息

考虑获取的其他信息是否表明可能存在由于舞弊导致的重大错报风险

四、评价通过其他风险评估程序和相关活动获取的信息

评价通过其他风险评估程序和相关活动获取的信息，是否表明存在舞弊风险因素

识别和评估由于舞弊导致的重大错报风险

被审计单位：× × 房地产开发有限责任公司	编制人：× ×	编制日期：202× 年 × 月 × 日	索引号：E1–2
项目：识别和评估由于舞弊导致的重大错报风险	复核人：× ×	复核日期：202× 年 × 月 × 日	财务报表截止日 / 期间：202× 年度

一、财务报表层次

二、认定层次

三、对收入确认存在舞弊风险的假定的考虑

项目组讨论纪要——舞弊事项

被审计单位：×× 房地产开发有限责任公司	编制人：××	编制日期：202× 年 × 月 × 日	索引号：E1-3
项目：项目组讨论纪要	复核人：××	复核日期：202× 年 × 月 × 日	财务报表截止日 / 期间：202× 年度
讨论日期：202× 年 × 月 × 日　地点：××	参加人员：××		

讨论内容

编制说明

1. 项目合伙人和项目组其他关键成员应当参与项目组成员的讨论。项目合伙人应当确定向未参与讨论的项目组成员通报哪些事项。

2. 在填写“讨论内容”一栏时，可以考虑围绕如下方面展开：

（1）财务报表易于发生由于舞弊导致的重大错报的方式和领域、管理层可能编制和隐瞒虚假财务报告的方式和侵占资产的方式；

（2）可能表明管理层操纵利润的迹象，以及管理层可能采取的导致虚假财务报告的利润操纵手段；

（3）已知悉的对被审计单位产生影响的外部和内部因素，这些因素可能产生动机或压力使管理层或其他人员实施舞弊、可能提供实施舞弊的机会、可能表明存在为舞弊行为寻找借口的文化或环境；

（4）对接触现金或其他易被侵占资产的员工，管理层对其实施监督的情况；

（5）注意到的管理层或员工在行为或生活方式上出现的异常或无法解释的变化；

（6）强调在整个审计过程中对由于舞弊导致重大错报的可能性保持适当关注的重要性；

（7）遇到的哪些情形可能表明存在舞弊；

（8）如何在拟实施审计程序的性质、时间安排和范围中增加不可预见性；

（9）为应对由于舞弊导致财务报表发生重大错报的可能性而选择实施的审计程序，以及特定类型的审计程序是否比其他审计程序更为有效；

（10）审计人员注意到的舞弊指控；

（11）管理层凌驾于控制之上的风险。

应对评估的由于舞弊导致的重大错报风险

被审计单位：×× 房地产开发有限责任公司	编制人：××	编制日期：202× 年 × 月 × 日	索引号：E1–4
项目：应对评估的由于舞弊导致的重大错报风险	复核人：××	复核日期：202× 年 × 月 × 日	财务报表截止日 / 期间：202× 年度

一、财务报表层次舞弊风险的总体应对措施

二、各类交易、账户余额、披露的认定层次舞弊风险应对措施

交易、账户余额和披露	舞弊风险相关认定	应对措施索引号

三、应对管理层凌驾于控制之上的风险

1. 测试日常会计核算过程中作出的会计分录以及编制财务报表过程中作出的其他调整是否适当

测试程序和结果的记录

2. 复核会计估计是否存在偏向，并评价产生这种偏向的环境是否表明存在由于舞弊导致的重大错报风险

测试程序和结果的记录

3. 评价超出被审计单位正常经营过程的重大交易，或基于对被审计单位及其环境的了解以及在审计过程中获取的其他信息而显得异常的重大交易

测试程序和结果的记录

4. 当按照上述 1–3 实施的程序无法涵盖特定的管理层凌驾于控制之上的其他风险时，确定是否有必要实施其他审计程序，以应对识别出的管理层凌驾于控制之上的风险

测试程序和结果的记录

四、评价在临近审计结束时实施的分析程序

编制说明

1. 在填写“各类交易、账户余额、披露的认定层次舞弊风险应对措施”时，项目组应根据实际情况确定交易、账户余额和披露及舞弊风险的相关认定。如可根据项目实际情况，在“交易、账户余额和披露”一栏填写收入，在“舞弊风险相关认定”一栏填写发生、完整性、准确性。
2. 与收入确认相关的由于编制虚假财务报告导致的重大错报通常源于高估收入，如提前确认收入或记录虚假收入。该风险也可能源于低估收入，如不恰当地将本期收入转移到以后期间。

就舞弊事项的沟通

被审计单位：×× 房地产开发有限责任公司	编制人：××	编制日期：202× 年 × 月 × 日	索引号：E1-5
项目：就舞弊事项的沟通	复核人：××	复核日期：202× 年 × 月 × 日	财务报表截止日 / 期间：202× 年度

沟通时间：202× 年 × 月 × 日　　地点：××

一、与管理层的沟通

二、与治理层的沟通

三、向监管机构和执法机构报告

编制说明

1. 在与管理层沟通时，审计人员需考虑向适当层级的管理层通报识别出的舞弊或获取的信息表明可能存在舞弊的事项。
2. 如果确定或怀疑舞弊涉及管理层、在内部控制中承担重要职责的员工、其他人员（在舞弊行为导致财务报表重大错报的情况下）时，及时将此类事项向治理层通报，除非治理层全部成员参与管理被审计单位。
3. 如果怀疑舞弊涉及管理层，将此怀疑向治理层通报，并与其讨论为完成审计工作所必需的审计程序的性质、时间安排和范围。
4. 在考虑向监管机构和执法机构报告的事项时，审计人员应考虑法律法规要求注册会计师履行的报告责任。

二、对法律法规的考虑

对法律法规的考虑

被审计单位：×× 房地产开发有限责任公司	编制人：××	编制日期： 202× 年 × 月 × 日	索引号：E2
项目：对法律法规的考虑	复核人：××	复核日期： 202× 年 × 月 × 日	财务报表截止日 / 期间： 202× 年度

一、审计目标

1. 针对通常对决定财务报表中的重大金额和披露有直接影响的法律法规的规定，获取被审计单位遵守这些规定的充分、适当的审计证据。
2. 对其他法律法规，实施特定的审计程序，以有助于识别可能对财务报表产生重大影响的违反这些法律法规的行为。
3. 恰当应对在审计过程中识别出的或怀疑存在的违反法律法规的行为。

二、对法律法规的考虑审计工作底稿

序号	内容	索引号
1	考虑违反法律法规行为的询问记录	E2–1
2	考虑违反法律法规行为的调查记录	E2–2

考虑违反法律法规行为的询问记录

被审计单位：×× 房地产开发有限责任公司	编制人：××	编制日期：202× 年 × 月 × 日	索引号：E2-1
项目：对法律法规的考虑	复核人：××	复核日期：202× 年 × 月 × 日	财务报表截止日 / 期间：202× 年度

序号	询问事项	询问对象	询问记录
1	请简要介绍与贵公司经营活动有关的法律法规或监管要求		
2	贵公司针对上述要求是否制定了相关政策和程序，能否提供给我们查阅		
3	贵公司采取怎样的措施让各岗位级别的员工熟悉有关政策和程序		
4	贵公司是否建立了各项行为规范的员工培训，培训是否有制度安排		
5	贵公司监控行为实施情况，是否对违反行为规范的员工给予了适当处理		
6	贵公司管理层如何了解法律法规要求，是否请法律专业人士进行不定期传导或培训		
7	违反法律法规事项被投诉的记录及制度情况		
8	贵公司内部审计在遵循法律法规及发现违反法规行为的职责		
9	贵公司在识别、评价和处理诉讼、索赔与税务纠纷采用的程序有哪些		
10	主管税务机关本期是否对贵公司进行检查，有没有相关的检查报告供查阅		
11	贵公司本期是否存在诉讼事项		
12	贵公司本期是否受到监管机构的批评或处罚		
13	贵公司本期是否有与许可证颁发机构及监管机构的往来函件，能否让我们查阅		
	……		

询问结论

考虑违反法律法规行为的调查记录

被审计单位：××房地产开发有限责任公司	编制人：××	编制日期：202×年×月×日	索引号：E2-2
项目：对法律法规的考虑	复核人：××	复核日期：202×年×月×日	财务报表截止日/期间：202×年度

序号	调查内容	调查对象/调查部门	调查记录	是否违反法规
1	受到监管机构、政府有关部门的调查，或者支付罚金或受到处罚			
2	向未指明的服务付款、或向顾问、关联方、员工或政府雇员提供贷款			
3	与被审计单位或所处行业正常支付水平或实际收到的服务相比支付过多的销售佣金或代理费用			
4	采购价格显著高于或低于市场价格			
5	异常的现金收支，以银行本票向持票人付款的方式采购			
6	与在“避税天堂”注册的公司存在异常交易			
7	向货物或服务原产地以外的国家或地区付款			
8	在没有适当的交易控制记录的情况下付款			
9	收付款缺少适当的交易控制记录			
10	交易未经授权或记录不当			
11	负面的媒体评论			
	……			

调查结论

编制说明

1. 如果经询问和调查后发现被审计单位存在违反法律法规的行为，审计人员应对识别的违反法律法规行为实施进一步审计程序，评估其对财务报表或相关认定影响程度，以及判断是否向监管机构报告相关违法行为。如果发现存在严重违反法律法规行为，考虑向监管机构报告，必要时征询律师意见。

2. 如果经询问和调查后发现被审计单位存在违反法律法规的行为，审计人员还应与被审计单位的管理层和治理层沟通，沟通的主要事项包括但不限于：已发现的违反法律法规行为的情形、通过执行审计工作所获取的审计证据表明可能存在的事实依据和判断等。同时审计人员还需记录被审计单位管理层、治理层对违反法律法规行为的看法。

三、关联方及关联方交易

关联方及关联方交易

被审计单位：××房地产开发有限责任公司	编制人：××	编制日期：202×年×月×日	索引号：E3
项目：关联方及关联方交易	复核人：××	复核日期：202×年×月×日	财务报表截止日/期间：202×年度

一、审计目标

1. 充分了解关联方关系及其交易，以便确认由此产生的、与识别和评估由于舞弊导致的重大错报风险相关的舞弊风险因素（如有）；根据获取的审计证据，就财务报表受到关联方关系及其交易的影响而言，确定财务报表是否实现公允反映。

2. 获取充分、适当的审计证据，确定关联方关系及其交易是否按照企业会计准则的规定得到恰当识别、会计处理和披露。

二、关联方审计工作底稿

序号	内容	索引号
1	风险评估程序和相关工作	E3–1
2	项目组讨论纪要	E3–2
3	了解与关联方及其交易相关的控制	E3–3
4	针对与关联方及其交易相关的重大错报风险的应对措施	E3–4
5	测试和评价关联方及其交易的会计处理和披露	E3–5

风险评估程序和相关工作

被审计单位：×× 房地产开发有限责任公司	编制人：××	编制日期：202× 年 × 月 × 日	索引号：E3-1
项目：风险评估程序和相关工作	复核人：××	复核日期：202× 年 × 月 × 日	财务报表截止日 / 期间：202× 年度

一、审计程序

序号	可供选择的审计程序	执行情况说明	是否识别出重大错报风险	索引号
1	获取管理层编制的关联方关系及其交易的清单，将以前审计中形成的有关关联方的工作底稿与管理层提供的信息进行比较。			
2	询问被审计单位管理层下列事项： （1）关联方的名称和特征，包括关联方自上期以来发生的变化； （2）被审计单位和关联方之间关系的性质； （3）被审计单位在本期是否与关联方发生交易，如发生，交易的类型、定价政策和目的。			
3	如果管理层建立了与关联方关系及其交易相关的控制，询问管理层和被审计单位内部的其他人员，实施其他适当的风险评估程序，以获取对相关控制的了解。			
4	检查下列记录或文件，以确定是否存在管理层以前未识别或未向注册会计师披露的关联方关系或关联方交易： （1）实施审计程序时获取的银行询证函回函； （2）实施审计程序时获取的律师询证函回函； （3）治理层会议纪要； （4）注册会计师认为必要的其他记录或文件。			
5	如果识别出可能表明存在管理层以前未识别出或未向注册会计师披露的关联方关系或关联方交易的安排或信息，确定相关情况是否能够证实关联方关系或关联方交易的存在。			
6	如果识别出被审计单位超出正常经营过程的重大交易，向管理层询问：（1）交易的性质，包括交易的商业理由、交易的条款和条件；（2）交易是否涉及关联方。			
7	向管理层询问是否拟在财务报表中声明关联方交易是按照等同于公平交易中的通行条款执行。			
8	就关联方及其交易导致的舞弊或错误使得财务报表存在重大错报的可能性进行项目组内部讨论。			
	……			

二、审计结论

编制说明

结合具体审计项目判断相关审计程序是否适用，如适用，在“执行情况说明”一栏填写已执行。结合实施的审计程序结果逐项判断是否识别出重大错报风险，如识别出重大错报风险则在“是否识别出重大错报风险”一栏填写“是”，如未识别出重大错报风险则填写“否”。同时将记录执行的审计程序工作底稿的索引号填写在对应的索引号一栏中。

项目组讨论纪要——关联方及关联方交易

被审计单位：×× 房地产开发有限责任公司	编制人：××	编制日期：202× 年 × 月 × 日	索引号：E3-2
项目：项目组讨论纪要	复核人：××	复核日期：202× 年 × 月 × 日	财务报表截止日 / 期间：202× 年度

讨论时间：202× 年 × 月 × 日　　地点：×× 会议室　　参与人员：××

一、讨论目的
二、讨论内容
三、讨论结果及应对

编制说明

1.“讨论目的”一栏可填写讨论关联方及其交易导致的舞弊或错误使得财务报表存在重大错报的可能性。

2.“讨论内容”一栏填写的内容可以包括但不限于：

（1）关联方关系及其交易的性质和范围；

（2）可能显示管理层以前未识别或未向注册会计师披露的关联方关系或关联方交易的情形或事项；

（3）可能显示存在关联方关系或交易的记录或文件；

（4）管理层和治理层对关联方关系及其交易进行识别、会计处理和披露的重视程度，以及管理层凌驾于内部控制之上的风险；

（5）如何利用管理层控制的特殊目的实体进行利润操纵；

（6）如何安排被审计单位与已知关键管理人员的商业伙伴之间进行交易，以达到侵占资产的目的。

3.“讨论结果及应对”一栏可填写为充分应对关联方及其交易导致的舞弊或错误使得财务报表存在重大错报风险，项目组决定采用 xx 的审计程序，具体程序见 xx 底稿，索引号 xx。

了解与关联方及其交易相关的控制

被审计单位：×× 房地产开发有限责任公司	编制人：××	编制日期：202× 年 × 月 × 日	索引号：E3-3
项目：了解与关联方及其交易相关的控制	复核人：××	复核日期：202× 年 × 月 × 日	财务报表截止日 / 期间：202× 年度

控制编号	控制描述	实施的风险评估程序	执行人	执行时间	结论	存在的缺陷
1	用于规范在何种情形下被审计单位可以从事特定类型关联方交易的内部职业道德手册，该手册已适当地向员工传达并得以贯彻执行					
2	公开、及时披露管理层和治理层在关联方交易中的利益的政策和程序					
3	被审计单位内部对识别、记录、汇总和披露关联方交易的职责分工					
4	管理层和治理层就超出正常经营过程的重大关联方交易及时进行的讨论和披露，包括治理层是否通过向外部专业人员咨询等方式恰当质疑交易商业理由的合理性					
5	对涉及现实或潜在利益冲突的关联方交易的批准，提供清晰的指引					
6	内部审计人员的定期检查（如适用）					
7	管理层为解决关联方披露问题而采取的积极行动，如向注册会计师或外部法律顾问咨询					
8	举报政策和程序（如适用）					
9	按照企业会计准则的规定对关联方关系及其交易进行识别、会计处理和披露					
10	授权和批准重大关联方交易和安排					
11	授权和批准超出正常经营过程的重大交易和安排					
	……					

编制说明

"实施的风险评估程序"一栏根据项目具体情况可填写询问、观察、检查等程序。

针对与关联方及其交易相关的重大错报风险的应对措施

被审计单位：××房地产开发有限责任公司	编制人：××	编制日期： 202×年×月×日	索引号：E3–4
项目：针对与关联方及其交易相关的重大错报风险的应对措施	复核人：××	复核日期： 202×年×月×日	财务报表截止日/期间： 202×年度

可供选择的审计程序	是否适用	执行情况说明	索引号	执行人
1. 针对管理层以前未识别出或未向注册会计师披露的关联方关系或重大关联方交易： （1）立即将相关信息向项目组其他成员通报； （2）要求管理层识别与新识别出的关联方之间发生的所有交易，以便注册会计师作出进一步评价，并询问与关联方关系及其交易相关的控制为何未能识别或披露该关联方关系或交易； （3）实施恰当的实质性程序； （4）重新考虑可能存在管理层以前未识别出或未向注册会计师披露的其他关联方或重大关联方交易的风险，如有必要，实施追加的审计程序； （5）如果显示管理层不披露关联方关系或交易看似是有意的，因而显示可能存在由于舞弊导致的重大错报风险，评价这一情况对审计的影响。				
2. 针对超出正常经营过程的重大关联方交易： （1）检查相关合同或协议（如有），评价： ①交易的商业理由（或缺乏商业理由）； ②交易条款是否与管理层的解释一致； ③关联方交易是否已按照适用的财务报告编制基础得到恰当会计处理和披露。 （2）获取交易已经恰当授权和批准的审计证据。 （3）实施恰当的实质性程序。				
3. 针对公平交易认定： （1）获取管理层用于支持其认定的资料； （2）考虑管理层用于支持其认定的程序是否恰当； （3）验证支持管理层认定的内部或外部数据来源，对这些数据进行测试，以判断其准确性、完整性和相关性； （4）评价管理层认定所依据的重大假设的合理性； （5）如果利用管理层的专家的工作，完成“利用管理层的专家的工作”底稿； （6）如果利用注册会计师的专家的工作，完成“利用注册会计师的专家的工作”底稿。				
4. 获取书面声明。				
5. 与治理层进行沟通。				
……				

编制说明

结合具体审计项目判断相关审计程序是否适用。针对适用的审计程序，除需在“是否适用”一栏处填写“是”以外，还需要在“执行情况说明”一栏填写已执行，并填写记录具体执行过程的审计工作底稿的索引号和获取的外部文档编号及执行人姓名。

测试和评价关联方及其交易的会计处理和披露

被审计单位：××房地产开发有限责任公司	编制人：××	编制日期：202×年×月×日	索引号：E3–5
项目：测试和评价关联方及其交易的会计处理和披露	复核人：××	复核日期：202×年×月×日	财务报表截止日/期间：202×年度

可供选择的审计程序	执行情况	索引号	执行人
1. 在审计过程中，对下列交易保持警惕，考虑是否存在在计划审计工作时未识别出的关联方： （1）价格利率、担保和付款等条件异常的交易； （2）商业理由明显不合乎逻辑的交易； （3）实质与形式不符的交易； （4）处理方式异常的交易； （5）与某些顾客或供货商进行的大量或重大交易； （6）未予记录的交易。			
2. 在执行下列审计程序时，关注是否存在关联方交易： （1）执行交易和余额的细节测试； （2）查阅董事会的会议纪要； （3）复核大额、偶发或异常的交易、账户余额的会计记录，特别关注接近报告期末或在报告期末确认的交易； （4）复核对债权债务关系的询证函回函以及银行询证函回函，以发现担保关系和其他关联方交易； （5）复核投资交易。			
3. 针对已识别的关联方交易，实施下列审计程序： （1）了解交易的商业理由； （2）检查证实交易的支持性文件（例如，发票、合同、协议等相关文件）。			
4. 如果可获取与关联方交易相关的审计证据有限，考虑实施下列审计程序： （1）向关联方函证交易的条件和金额，包括担保和其他重要信息； （2）检查关联方拥有的信息； （3）向与交易相关的人员和机构（例如银行、律师）函证或与其讨论有关信息。			
5. 评价关联方的披露： （1）是否已对关联方关系及其交易进行了恰当汇总和列报； （2）是否已清楚披露关联方交易的商业理由以及交易对财务报表的影响； （3）是否已适当披露为理解关联方交易所必需的关键条款、条件或其他要素。			

编制说明

结合具体审计项目判断相关审计程序是否适用。针对适用的审计程序，除需在“执行情况”一栏处填写已执行，还需填写记录具体执行过程的审计工作底稿的索引号及执行人姓名。

四、持续经营

持续经营

被审计单位：××房地产开发有限责任公司	编制人：××	编制日期：202×年×月×日	索引号：E4
项目：持续经营	复核人：××	复核日期：202×年×月×日	财务报表截止日/期间：202×年度

一、审计目标

1. 就管理层编制财务报表时运用持续经营假设的适当性，获取充分、适当的审计证据。

2. 根据获取的审计证据，就可能导致对被审计单位持续经营能力产生重大疑虑的事项或情况是否存在重大不确定性得出结论。

3. 确定对审计报告的影响。

二、审计程序

程序	索引号
1. 在实施风险评估程序时，考虑是否存在可能导致对被审计单位持续经营能力产生重大疑虑的事项或情况，确定管理层是否已对被审计单位持续经营能力作出初步评估。完成持续经营能力评估调查表。	
2. 如果管理层已对持续经营能力作出初步评估： （1）与管理层进行讨论，确定管理层是否已识别出单独或汇总起来可能导致对被审计单位持续经营能力产生重大疑虑的事项或情况。 （2）如果管理层已识别出这些事项或情况，应与其讨论应对计划。	
3. 如果管理层未对持续经营能力作出初步评估： （1）与管理层讨论其拟运用持续经营假设的基础。 （2）询问管理层是否存在单独或汇总起来可能导致对被审计单位持续经营能力产生重大疑虑的事项或情况。	
4. 评价管理层作出评估时遵循的程序。	
5. 评价评估依据的假设。	
6. 评价管理层的未来应对计划以及管理层的计划在当前情况下是否可行。	
7. 如果管理层评估持续经营能力涵盖的期间短于自财务报表日起的十二个月，提请管理层将其至少延长至自财务报表日起的十二个月。	
8. 询问管理层，是否知悉超出评估期间的、可能导致对持续经营能力产生重大疑虑的事项或情况。	

续表

程序	索引号
9. 如果识别出可能导致对持续经营能力产生重大疑虑的事项或情况，实施追加的审计程序（包括考虑缓解因素），包括： （1）如果管理层尚未对被审计单位持续经营能力作出评估，提请其进行评估。 （2）评价管理层与持续经营能力评估相关的未来应对计划，这些计划的结果是否可能改善目前的状况，以及管理层的计划对于具体情况是否可行： ①阅读有关财务困境及管理层应对计划的会议纪要； ②向被审计单位的律师询问是否存在诉讼或索赔，管理层对诉讼或索赔结果的评估以及对其财务影响的估计是否合理； ③评价被审计单位处理尚未完成的客户订单的计划； ④针对期后事项实施审计程序，以识别那些能够改善或影响被审计单位持续经营能力的事项； ⑤分析和讨论可获得的被审计单位最近的中期财务报表； ⑥获取并复核有关监管行动的报告。 （3）如果被审计单位已编制现金流量预测，且对预测的分析是评价管理层未来应对计划时所考虑的事项或情况的未来结果的重要因素，则执行下列工作： ①与管理层分析和讨论现金流量、盈利及其他相关预测； ②评价用于编制预测的基础数据的可靠性，并确定预测所基于的假设是否具有充分的支持； ③将最近若干期间的预测性财务信息与实际结果相比较； ④将本期预测性财务信息与截至目前的实际结果相比较； ⑤如果管理层的假设包括第三方通过放弃贷款优先求偿权、承诺保持或提供补充资金或担保等方式向被审计单位提供持续的支持，且这种支持对于被审计单位的持续经营能力很重要，可能需要考虑要求该第三方提供书面确认（包括条款和条件），并获得有关该第三方有能力提供这种支持的证据。 （4）考虑自管理层作出评估后是否存在其他可获得的事实或信息。 （5）获取管理层和治理层（如适用）提供有关未来应对计划及其可行性的书面声明。	
10. 与治理层就识别出的可能导致对被审计单位持续经营能力产生重大疑虑的事项或情况进行沟通，包括： （1）这些事项或情况是否构成重大不确定性； （2）在财务报表编制和列报中运用持续经营假设是否适当； （3）财务报表中的相关披露是否充分。	
11. 考虑被审计单位持续经营能力对审计报告的影响： （1）如果财务报表基于持续经营假设编制，而注册会计师运用职业判断认为管理层在编制财务报表时运用持续经营假设是不适当的，则无论财务报表对管理层运用持续经营假设的不适当性是否作出披露，注册会计师应发表否定意见； （2）如果运用持续经营假设是适当的，但存在重大不确定性，且财务报表对重大不确定性已作出充分披露，注册会计师应当发表无保留意见，并在审计报告中增加以“与持续经营相关的重大不确定性”为标题的单独部分； （3）如果运用持续经营假设是适当的，但存在重大不确定性，且财务报表对重大不确定性未作出充分披露，注册会计师应当按照《中国注册会计师审计准则第 1502 号——在审计报告中发表非无保留意见》的规定，恰当发表保留意见或否定意见。注册会计师应当在审计报告“形成保留（否定）意见的基础”部分说明，存在可能导致对被审计单位持续经营能力产生重大疑虑的重大不确定性，但财务报表未充分披露该事项； （4）如果注册会计师认为可能导致持续经营能力产生重大疑虑的事项或情况不存在重大不确定性，注册会计师需要根据适用的财务报告编制基础的规定，评价财务报表是否对这些事项或情况作出充分披露，执行审计工作得出结论时，确定与该结论相关的一项或多项事项是否构成关键审计事项。如果构成关键审计事项，需要在审计报告中“关键审计事项”部分进行恰当披露。	
12. 询问管理层或治理层在财务报表日后严重拖延对财务报表的批准。如果认为拖延可能涉及与持续经营评估相关的事项或情况，实施追加的审计程序，并考虑对审计结论的影响。	

持续经营调查表

被审计单位：×× 房地产开发有限责任公司	编制人：××	编制日期： 202× 年 × 月 × 日	索引号：E4-1
项目：持续经营调查表	复核人：××	复核日期： 202× 年 × 月 × 日	财务报表截止日 / 期间： 202× 年度

序号	可能导致对持续经营假设产生重大疑虑的事项或情况	调查对象	调查记录	是否为重大疑虑
一	财务方面			
1	净资产为负或营运资金出现负数			
2	定期借款即将到期，但预期不能展期或偿还，或过度依赖短期借款为长期资产筹资			
3	存在债权人撤销财务支持的迹象			
4	历史财务报表或预测性财务报表表明经营活动产生的现金流量净额为负数			
5	关键财务比率不佳			
6	发生重大经营亏损或用以产生现金流量的资产的价值出现大幅下跌			
7	在到期日无法偿还债务			
8	无法履行借款合同的条款			
9	与供应商由赊购变为货到付款			
10	无法获得开发必需的新产品或进行其他必要的投资所需的资金			
二	经营方面			
1	管理层计划清算被审计单位或终止经营			
2	关键管理人员离职且无人替代			
3	失去主要市场、关键客户、特许权、执照或主要供应商			
4	出现用工困难问题			
5	重要供应短缺			
6	出现非常成功的竞争者			
三	其他方面			
1	违反有关资本或其他法定要求			
2	未决诉讼或监管程序，可能导致其无法支付索赔金额			
3	法律法规或政策的变化预期会产生不利影响			
4	对发生的灾害未购买保险或保额不足			

调查结论

编制说明

如果识别出对持续经营产生影响的事项或情况时，审计人员需实施进一步审计程序，包括但不限于了解被审计单位的应对计划，向管理层获取有关应对计划的书面声明，判断管理层提出的应对计划是否可行，以及应对计划的结果是否能够改善持续经营能力，判断并考虑对出具审计报告的影响。如果对持续经营产生影响的事项或情况未能在财务报表中恰当反映，出具保留意见或否定意见审计报告。

五、会计估计

会计估计（包括公允价值会计估计）和相关披露

被审计单位：×× 房地产开发有限责任公司	编制人：××	编制日期：202× 年 × 月 × 日	索引号：E5
项目：会计估计和相关披露	复核人：××	复核日期：202× 年 × 月 × 日	财务报表截止日 / 期间：202× 年度

一、审计目标

获取充分、适当的审计证据以确定：

1. 根据适用的财务报告编制基础，财务报表中确认或披露的会计估计（包括公允价值会计估计）是否合理；

2. 根据适用的财务报告编制基础，财务报表中的相关披露是否充分。

二、会计估计审计工作底稿

序号	内容	索引号
1	风险评估程序和相关活动	E5-1
2	了解与会计估计相关的控制	E5-2
3	应对评估的重大错报风险	E5-3

风险评估程序和相关活动

被审计单位：×× 房地产开发有限责任公司	编制人：××	编制日期：202× 年 × 月 × 日	索引号：E5-1
项目：风险评估程序和相关活动	复核人：××	复核日期：202× 年 × 月 × 日	财务报表截止日 / 期间：202× 年度

一、审计程序

可供选择的审计程序	索引号
1. 了解与会计估计（包括相关披露）相关的适用的财务报告编制基础的规定。	
2. 了解管理层如何识别可能需要作出会计估计并在财务报表中确认或披露的交易、事项和情况。	
3. 询问管理层可能导致新的或需要修改现有的会计估计的环境变化，包括： （1）被审计单位是否已从事可能需要作出会计估计的新型交易； （2）需要作出会计估计的交易的条款是否已改变； （3）由于适用的财务报告编制基础的要求或其他规定的变化，与会计估计相关的会计政策是否已经相应变化； （4）可能要求管理层修改或作出新会计估计的外部监管变化或其他不受管理层控制的变化是否已经发生； （5）是否已经发生可能需要作出新估计或修改现有估计的新情况或事项。	
4. 了解管理层如何作出会计估计，以及会计估计所依据的数据，包括： （1）用以作出会计估计的方法，包括模型（如适用）； （2）相关控制； （3）管理层是否利用专家的工作； （4）会计估计所依据的假设； （5）用以作出会计估计的方法是否已经发生或应当发生不同于上期的变化，以及变化的原因； （6）管理层是否评估以及如何评估估计不确定性的影响。	
5. 复核上期财务报表中会计估计的结果，或者复核管理层在本期财务报表中对上期会计估计作出的后续重新估计（如适用）： （1）对上期审计中识别出的具有高度估计不确定性的会计估计，或者自上期以来发生重大变化的会计估计进行更加详细的复核； （2）对因记录常规和重复发生交易而产生的会计估计，实施分析程序。	

二、审计结论

了解与会计估计相关的控制

被审计单位：×× 房地产开发有限责任公司	编制人：××	编制日期：202× 年 × 月 × 日	索引号：E5-2
项目：了解与会计估计相关的控制	复核人：××	复核日期：202× 年 × 月 × 日	财务报表截止日 / 期间：202× 年度

控制编号	控制描述	实施的风险评估程序	执行人	执行时间	结论	存在的缺陷
1	确保作出会计估计的人员具备适当的经验与胜任能力					
2	确保作出会计估计所使用的数据具有的完整性、相关性和准确性					
3	由适当层级的管理层和治理层（如适用）对会计估计（包括使用的假设或输入数据）进行复核和批准					
4	将批准交易的人员和负责作出会计估计的人员进行职责分离，包括职责分配是否恰当地考虑了被审计单位的性质以及产品或服务的性质					
5	如果被审计单位使用特定模型作出会计估计，针对该模型建立的政策和程序，包括： （1）为特定目的而设计和开发或选择特定模型 （2）该模型的使用 （3）该模型可靠性的维护和定期验证					
	……					

应对评估的重大错报风险

被审计单位：××房地产开发有限责任公司	编制人：××	编制日期：202×年×月×日	索引号：E5-3
项目：应对评估的重大错报风险	复核人：××	复核日期：202×年×月×日	财务报表截止日/期间：202×年度

一、评估的重大错报风险

通过实施风险评估程序和相关工作（见审计工作底稿 E5-1），我们评估出下列重大错报风险：

二、审计程序

针对“一、评估的重大错报风险”，注册会计师考虑会计估计的性质，实施了审计程序：

可供选择的审计程序	索引号
1. 确定截至审计报告日发生的事项是否提供有关会计估计的审计证据。	
2. 测试管理层如何作出会计估计以及会计估计所依据的数据，评价采用的计量方法在具体情况下是否恰当，以及根据适用的财务报告编制基础确定的计量目标，管理层使用的假设是否合理： （1）测试会计估计所依据的数据的准确性、完整性和相关性，以及管理层是否使用这些数据和假设恰当地作出会计估计； （2）考虑外部数据或信息的来源、相关性和可靠性，包括从管理层聘请的、用以协助其作出会计估计的外部专家那里获取的数据或信息； （3）重新计算会计估计，并复核有关会计估计信息的内在一致性； （4）考虑管理层的复核和批准流程。	
3. 如果管理层所使用的假设的合理性取决于管理层执行某项措施的意图和能力： （1）复核管理层过去声称的意图的实现情况； （2）复核书面计划和其他文档，包括得到正式批准的预算、授权或会议纪要（如适用）； （3）向管理层询问执行某项措施的理由； （4）复核财务报表日至审计报告日之间发生的事项； （5）根据被审计单位面临的经济环境，评价其执行某项措施的能力，包括对现有承诺的影响。	
4. 测试与管理层如何作出会计估计相关的控制的运行有效性，并实施恰当的实质性程序。	
5. 确定与会计估计相关的财务报表披露是否符合适用的财务报告编制基础的规定。对导致特别风险的会计估计，评价在适用的财务报告编制基础下，财务报表中对估计不确定性的披露的充分性。	
6. 评价财务报表中的会计估计在适用的财务报告编制基础下是合理的还是存在误导。	
7. 复核管理层在作出会计估计时的判断和决策，识别是否可能存在管理层偏向的迹象。	
8. 向管理层和治理层（如适用）获取书面声明，确定其是否认为在作出会计估计时使用的重要假设是合理的。	
9. 当识别出管理层变更了会计估计时，评价相关变更的合理性： （1）获得支持性证据，并与注册会计师的预期和理解进行比较。如有可能，注册会计师也可以考虑与同行业类似或相关的会计估计进行比较，从不同的角度评价管理层进行会计估计变更是否符合现有的实际情况。 （2）考虑管理层作出会计估计变更的原因。	

三、审计结论

六、期后事项

期后事项审计程序

被审计单位：×× 房地产开发有限责任公司	编制人：××	编制日期：202× 年 × 月 × 日	索引号：E6
项目：期后事项	复核人：××	复核日期：202× 年 × 月 × 日	财务报表截止日 / 期间：202× 年度

一、审计目标

1. 获取充分、适当的审计证据，以确定财务报表日至审计报告日之间发生的、需要在财务报表中调整或披露的事项是否已经按照适用的财务报告编制基础在财务报表中得以恰当反映。

2. 恰当应对在审计报告日后注册会计师知悉的、且如果在审计报告日知悉可能导致注册会计师修改审计报告的事实。

二、审计程序

可供选择的审计程序	索引号
（一）财务报表日至审计报告日之间发生的事项	
1. 了解管理层为确保识别期后事项而建立的程序。	
2. 询问管理层和治理层（如适用），确定是否已发生可能影响财务报表的期后事项，包括但不限于： （1）根据初步或尚无定论的数据作出会计处理的项目的现状； （2）是否已发生新的担保、借款或承诺； （3）是否已出售或购置资产，或者计划出售或购置资产； （4）是否已增加资本，或者是否已签订或计划签订合并或清算协议； （5）资产是否已被政府征用或因不可抗力（如火灾或洪水）而遭受损失； （6）或有事项是否已发生新的进展； （7）是否已作出或考虑作出异常的会计调整； （8）是否已发生或可能发生影响财务报表编制时所采用会计政策适当性的事项（如影响持续经营假设适当性的事项）； （9）是否已发生与财务报表中会计估计或准备计提相关的事项； （10）是否已发生与资产可收回性相关的事项。	
3. 查阅被审计单位的所有者、管理层和治理层在财务报表日后举行的会议的纪要并在不能获取的情况下，询问此类会议讨论的事项。	
4. 查阅被审计单位最近的中期财务报表（如有）。	
5. 在尽可能接近审计报告日时，查阅被审计单位与客户、供应商、监管部门等的往来信函。	
6. 查阅被审计单位财务报表日后最近期间内的预算、现金流量预测和其他相关的管理报告。	
7. 就诉讼和索赔事项，询问被审计单位的法律顾问，或扩大之前的口头或书面查询的范围。	
8. 获取涵盖特定期后事项的书面声明。	
（二）审计报告日后至财务报表报出日前知悉的事实	
9. 审计报告日后至财务报表报出日前，如果知悉了某事实，且若在审计报告日知悉可能导致修改审计报告： （1）与管理层和治理层（如适用）讨论该事项； （2）确定考虑是否需要修改财务报表； （3）如果需要修改，与管理层讨论如何在财务报表中处理该事项。	
10. 如果管理层修改财务报表： （1）根据具体情况对有关修改实施必要的审计程序； （2）将程序 2 至程序 8 延伸至新的审计报告日。	

期后事项审核记录

被审计单位：×× 房地产开发有限责任公司　编制人：××　编制日期：202× 年 × 月 × 日　索引号：E6–1

项目：期后事项　复核人：××　复核日期：202× 年 × 月 × 日　财务报表截止日 / 期间：202× 年度

序号	内容	审核记录	索引号
1	管理层用于识别期后事项的政策和程序		
2	是否已发生新的承诺、借款或担保		
3	是否已出售或购进资产，或者计划出售或购进资产		
4	资产负债表日后诉讼案件结案，法院判决证实了企业在资产负债表日已经存在现时义务，需要调整原先确认的与该诉讼案件相关的预计负债，或确认一项新负债；在其他风险领域和或有事项方面是否有新进展		
5	是否已发生与财务报表中会计估计或准备计提相关的事项		
6	资产是否已被政府征用或因不可抗力（如火灾或洪水）而遭受损失		
7	是否已发生或可能发生影响财务报表编制时所采用会计政策适当性的事项（如影响持续经营假设适当性的事项）		
8	是否已作出或考虑作出异常的会计调整		
9	是否已发生与资产可收回性相关的事项		
10	董事会决议		
11	最近的中期财务报表		
12	被审计单位与客户、供应商、监管部门等的往来信函		
13	财务报告日后最近期间内的预算、现金流量预测和其他相关的管理报告		
	……		

审计结论

七、对应数据

对应数据

被审计单位：×× 房地产开发有限责任公司	编制人：××	编制日期：202× 年 × 月 × 日	索引号：E7
项目：对应数据	复核人：××	复核日期：202× 年 × 月 × 日	财务报表截止日 / 期间：202× 年度

一、审计目标

1. 获取充分、适当的审计证据，确定在财务报表中包含的对应数据是否在所有重大方面按照适用的财务报告编制基础有关对应数据的要求进行列报。

2. 按照注册会计师的报告责任出具审计报告。

二、审计程序

可供选择的审计程序	索引号
1. 评价对应数据是否与上期财务报表列报的金额和相关披露一致，如果必要，对应数据是否已经重述。	
2. 评价在对应数据中反映的会计政策是否与本期采用的会计政策一致，如果会计政策已发生变更，这些变更是否得到恰当处理并得到充分列报和披露。	
3. 在实施本期审计时，如果注意到对应数据可能存在重大错报，根据实际情况追加必要的审计程序，获取充分、适当的审计证据，以确定是否存在重大错报。 如果上期财务报表已经审计，执行《中国注册会计师审计准则第 1332 号 – 期后事项》的相关规定。如果上期财务报表已经得到更正，审查对应数据与更正后的财务报表是否一致。	
4. 获取与审计意见中提及的所有期间相关的书面声明。对于管理层作出的、更正上期财务报表中影响对应数据的重大错报的任何重述，获取特定书面声明。	

编制说明

注册会计师应根据相关准则考虑对应数据对审计意见的影响：

1. 如果以前针对上期财务报表发表了保留意见、无法表示意见或否定意见，且导致非无保留意见的事项仍未解决，对本期财务报表发表非无保留意见。

2. 如果已经获取上期财务报表存在重大错报的审计证据，而以前对该财务报表发表了无保留意见，且对应数据未经适当重述或恰当披露，就包括在财务报表中的对应数据，在审计报告中对本期财务报表发表保留意见或否定意见。

3. 如果上期财务报表未经审计，在审计报告的其他事项段中说明对应数据未经审计。

八、诉讼和索赔

诉讼和索赔

被审计单位：×× 房地产开发有限责任公司	编制人：××	编制日期：202× 年 × 月 × 日	索引号：E8
项目：诉讼和索赔	复核人：××	复核日期：202× 年 × 月 × 日	财务报表截止日 / 期间：202× 年度

一、审计目标

针对涉及被审计单位的诉讼和索赔事项的完整性获取充分、适当的审计证据。

二、审计程序

可供选择的审计程序	索引号
1. 识别涉及被审计单位的可能导致重大错报风险的诉讼和索赔事项： （1）询问管理层和被审计单位内部其他人员，包括询问被审计单位的内部法律顾问； （2）查阅治理层的会议纪要和被审计单位与外部法律顾问之间的往来信函； （3）复核法律费用账户记录； （4）考虑实施风险评估程序获取的信息。	
2. 如果识别出可能导致重大错报风险的重大诉讼和索赔事项，与被审计单位的外部律师进行直接沟通： （1）寄发由管理层编制的询证函； （2）与外部法律顾问面谈诉讼和索赔事项的可能结果。	
3. 获取管理层和治理层（如适用）就诉讼和索赔事项的书面声明。	

诉讼和索赔事项询证函

函证编号：E8-1

____________律师事务所

____________律师：

本公司聘请的 ×× 会计师事务所（特殊普通合伙）正在对本公司 202× 年度财务报表进行审计，按照中国注册会计师审计准则的要求，应当询证涉及本公司的诉讼和索赔事项。请您将下列事项书面告知 ×× 会计师事务所（特殊普通合伙），并请直接寄至 ×× 会计师事务所（特殊普通合伙）。

回函地址：	____________			邮　编：	____________
联系人：	____________	电　话：	____________	传　真：	____________

1. 截至 202× 年 12 月 31 日止，本公司委托贵律师代理进行的未决诉讼和索赔事项，请逐项列明，并说明案件的简要事实与发展进程、您对可能发生的损失或收益的金额的估计，以及截至本函回复日止的最新进展。
2. 截至本函回复日，您知悉的其他任何可能涉及本公司法律责任的诉讼和索赔事项。

（公司盖章）

年　　月　　日

编制说明

1. 如果被审计单位为会计师事务所首次承接的客户，还需编制接受委托后与前任注册会计师的沟通、首次接受委托时对期初余额的审计等审计工作底稿。
2. 如果被审计单位是集团公司，还需编制对集团财务报表审计的特殊考虑的审计工作底稿。
3. 如果被审计单位需以经营分部为基础确定报告分部并披露分部信息，还需编制分部信息审计工作底稿。
4. 如果注册会计师在执行审计程序时，需利用注册会计师的专家、管理层的专家、内部审计人员的工作，则审计人员还需编制利用注册会计师的专家的工作、利用管理层的专家的工作、利用内部审计人员的工作等审计工作底稿。注册会计师可根据被审计单位的具体情况进行编制。

九、现金流量表审核

被审计单位：××房地产开发有限责任公司	编制人：××	编制日期：202×年×月×日	索引号：E9
项目：现金流量表审核	复核人：××	复核日期：202×年×月×日	财务报表截止日/期间：202×年度

一、审计目标

获取充分、适当的审计证据，确定现金流量表的编制和披露是否正确。

二、审核程序

序号	计划实施的审核程序	索引号
1	检查对现金及现金等价物的界定是否符合规定，界定范围在前后会计期间是否保持一致。	
2	若企业已编制现金流量表，取得编制现金流量表的基础资料，将有关数据和财务报表及附注、辅助账簿、工作底稿等核对相符，并进行详细分析，检查数额是否正确、完整，现金流量分类是否合理。	
3	检查现金流量表的编制方法，关注有关特殊事项的处理是否正确。	
4	对现金流量表进行分析性复核，并对异常项目做进一步检查。	
5	检查现金流量表补充资料中不涉及现金收支的投资和筹资活动各项目金额是否正确、合理、完整。	
6	根据审计调整分录，对基础资料的有关数据作相应调整，并要求企业提供修订后的现金流量表。	
7	根据相关基础资料、财务报表及附注、审计工作底稿确定现金流量表各项目的金额，编制现金流量表。将重新编制的现金流量表与被审计单位提供的现金流量表进行比较分析。	
8	检查现金流量表项目是否已恰当列报。	

现金流量表分析性复核

被审计单位：×× 房地产开发有限责任公司	编制人：××	编制日期：202× 年 × 月 × 日	索引号：E9-1
项目：现金流量表分析性复核	复核人：××	复核日期：202× 年 × 月 × 日	财务报表截止日 / 期间：202× 年度

分析性复核的内容	分析性复核结论	备注
（1）主表与补充资料之“现金及现金等价物净增加额”是否一致		
（2）主表与补充资料之“经营活动产生的现金流量净额”是否一致		
（3）补充资料之现金及现金等价物期末期初余额与资产负债表货币资金的勾稽是否合理		
（4）现金流量表有关数据与审计后的财务报表及附注的勾稽是否合理		
①关注经营活动中支付给职工以及为职工支付的现金除资本化金额外是否与报表附注中应付职工薪酬本期支付金额勾稽		
②关注筹资活动相关资产负债表项目本期变动额是否与现金流量表中取得借款、发行债券等筹资活动项目的金额勾稽		
③关注报表附注“现金流量表补充资料”中各类长期资产折旧、摊销金额考虑资本化金额外是否与相应报表附注项目披露金额勾稽		
④关注报表附注“现金流量表补充资料”中经营性应收项目和存货的变动额是否已考虑了相关资产减值准备的影响		
⑤关注报表附注“现金流量表补充资料”中递延所得税资产、负债变动额除与所有者权益部分相关外金额是否与相应报表附注项目披露金额勾稽		
（5）检查是否存在金额异常的项目，如存在异常项目则进行追查		
（6）检查投资活动、筹资活动业务是否产生应收应付款项，在编制经营性产生的现金流量净额时主表及附表是否对上述事项进行考虑		
（7）关注本期在建工程的增加情况，关注其工资及税金事项，并检查是否在编制现金流量表时对上述事项进行考虑		
（8）关注以承担债务形式购置资产、租入资产的情况，并检查是否在编制现金流量表时对上述事项进行考虑		
（9）关注收到的其他与经营活动有关的现金、支付的其他与经营活动有关的现金对应的明细项目是否与总数一致		
……		

说明

结论

现金流量表主表复核

被审计单位：×× 房地产开发有限责任公司	编制人：××	编制日期：202× 年 × 月 × 日	索引号：E9-2
项目：现金流量表主表复核	复核人：××	复核日期：202× 年 × 月 × 日	财务报表截止日 / 期间：202× 年度

序号	项　目	本期数	上期数	备注
1	销售商品、提供劳务收到的现金			
加	主营业务收入			
加	其他业务收入			
加	应交税金——应交增值税（销项税额）			
加	合同负债（期末余额 - 期初余额）			
加	预收账款（期末余额 - 期初余额）			
加	应收账款（期初余额 - 期末余额）			
加	合同资产（期初余额 - 期末余额）			
	特殊调整事项			
加	当期收回前期核销的坏账			
加	以非现金资产换入			
减	应交税费——销项税额——视同销售的事项及其他事项			
减	当期核销的坏账、债务重组减少的坏账准备			
减	客户以非现金资产抵偿债务而减少的应收账款和应收票据			
减	应收账款中销售往来与购货往来账户对冲			
	……			
2	收到的税费返还			
加	先征后返增值税			
加	所得税退税			
	……			
3	收到其他与经营活动有关的现金			
加	其他收益			
加	流动资产损失中由个人赔偿的现金收入			
加	其他应付款（收到的与经营活动有关的现金）			
加	其他应收款（收到的与经营活动有关的现金）			
加	财务费用（银行存款利息收入）			

续表

序号	项　　目	本期数	上期数	备注
加	其他应收款——投标保证金收回			
加	属于经营活动的企业往来款			
	……			
4	购买商品、接受劳务支付的现金			
加	主营业务成本			
加	其他业务支出			
加	增值税进项税额			
加	存货的增加			
加	预付账款的增加			
加	当期计提的存货跌价准备			
加	在建工程领用的存货			
加	盘亏的存货			
加	非正常损失的存货			
加	应付账款增加额中的工程款增加额			
减	应付账款的增加			
减	盘盈的存货			
减	预付账款增加额中的工程款增加额			
减	计入存货和成本的职工薪酬			
减	计入成本的折旧费用			
减	计入成本的税金			
减	计入成本的摊销费用			
	……			
5	支付给职工以及为职工支付的现金			
加	计入成本的职工薪酬			
加	计入管理费用的职工薪酬			
加	计入销售费用的职工薪酬			
减	计入在建工程的职工薪酬			
减	应付职工薪酬余额增加额			
加	代扣代缴个人所得税			
	……			
6	支付的各项税费			
加	税金及附加			

续表

序号	项　目	本期数	上期数	备注
加	所得税费用			
加	计入成本（含存货）的税金			
加	计入管理费用的税金			
加	计入销售费用的税金			
加	缴纳的增值税			
减	所得税费用——递延所得税费用			
减	应交税金增加额（除增值税外的其他税费项目增加额）			
减	固定资产清理缴纳的税费			
	……			
7	支付其他与经营活动有关的现金			
加	销售费用			
加	管理费用			
减	管理费用中的折旧			
减	管理费用中的摊销（无形资产和长期待摊费用等的摊销）			
减	管理费用中的职工薪酬			
减	管理费用中的税金			
加	财务费用（银行手续费）			
加	其他货币资金（履约保函、承兑保证金净增加）			
加	属于经营活动的企业往来款			
加	其他应收款（收到的与经营活动有关的现金）			
加	其他应付款（收到的与经营活动有关的现金）			
	……			
8	收回投资收到的现金			
加	出售、转让或到期收回（其他）债权投资时的本金			
	……			
9	处置固定资产、无形资产和其他长期资产收回的现金净额			
加	固定资产清理（处置固定资产取得的现金＋收到的赔偿金－处置费用）			
加	资产处置收益（处置无形资产、其他长期资产收到的现金－处置费用）			
	……			

续表

序号	项 目	本期数	上期数	备注
10	取得投资收益收到的现金			
加	应收利息（期初余额 – 期末余额）			
	……			
11	收到其他与投资活动有关的现金			
加	应收利息（收回购买债券时支付的已到期而尚未领取的利息）			
	……			
12	购建固定资产、无形资产和其他长期资产支付的现金			
加	固定资产（借方发生额付现部分）			
加	在建工程（借方发生额付现部分）			
加	工程物资（借方发生额付现部分）			
加	无形资产（借方发生额付现部分）			
加	包含支付的在建工程人员的工资现金支出			
加	往来款中（预付账款、应付账款、其他应收应付）属于购建固定资产、无形资产和其他长期资产支付的现金			
	……			
13	投资支付的现金			
加	（其他）债权投资支付的现金及手续费			
	……			
14	支付的其他与投资活动有关的现金			
加	处置固定资产、无形资产、其他长期资产收回的现金为负数时			
	……			
15	吸收投资收到的现金			
加	实收资本（吸收投资收到的现金）			
加	资本公积（资本溢价收到的现金）			
	……			
16	取得借款收到的现金			
加	短期借款（收到的借款）			
加	长期借款（收到的借款）			

续表

序号	项　目	本期数	上期数	备注
	……			
17	偿还债务支付的现金			
加	短期借款（偿还借款本金支付的现金本金）			
加	长期借款（偿还借款本金支付的现金本金）			
	……			
18	分配利润或偿付利息支付的现金			
加	应付利息的减少额			
	……			
19	支付其他与筹资活动有关的现金			
加	分期付款方式构建固定资产以后各期支付的现金			
	……			

编制说明

1. 如果被审计单位在海外有分公司、子公司，还应考虑汇率变动对现金的影响。

2. 如果被审计单位有票据，还应考虑收到的其他与筹资活动有关的现金中本期贴现的票据金额。

3. 如果被审计单位有分公司、子公司，还应考虑取得子公司及其他营业单位支付的现金、处置子公司及其他营业单位收到的现金。

4. 如果被审计单位有交易性金融资产、长期股权投资、其他权益工具时，应考虑出售、转让长期股权投资、交易性金融资产、其他权益工具投资收到的现金，还应考虑到期收回交易性金融资产、（其他）债权投资时的现金。

现金流量表补充资料复核

被审计单位：××房地产开发有限责任公司	编制人：××	编制日期：202×年×月×日	索引号：E9-3
项目：现金流量表补充资料复核	复核人：××	复核日期：202×年×月×日	财务报表截止日/期间：202×年度

序号	项目	本期数	上期数	勾稽关系及填报说明
	净利润			
1	加：资产减值损失			=利润表的资产减值损失项目
2	信用减值损失			=利润表的信用减值损失项目
3	固定资产折旧			=利润表补充资料中的折旧费用
4	使用权资产折旧			=利润表补充资料中的使用权资产折旧费用
5	无形资产摊销			=利润表补充资料中的无形资产摊销费用
6	处置固定资产、无形资产和其他长期资产的损失（收益以“—”号填列）			根据营业外收支明细项目分析填列
7	固定资产报废损失（收益以“—”号填列）			根据营业外收支明细项目分析填列
8	财务费用（收益以“—”号填列）			根据财务费用明细科目分析填列，在口径上与主表保持一致
9	递延所得税资产减少（增加以“—”号填列）			=递延所得税资产（期初数－期末数）－计入其他综合收益的部分
10	递延所得税负债增加（减少以“—”号填列）			=递延所得税负债（期末数－期初数）－计入其他综合收益的部分
11	存货的减少（增加以“—”号填列）			=存货变动（期初数－期末数）－当期计提的存货跌价损失
12	经营性应收项目的减少（增加以“—”号填列）			根据经营性应收项目的减少明细分析填列
13	经营性应付项目的增加（减少以“—”号填列）			根据经营性应付项目的增加明细分析填列
	……			
	经营活动产生的现金流量净额			
	不涉及现金收支的重大投资和筹资活动			
14	债务转为资本			根据实际债务转资本的金额填列
15	一年内到期的可转换公司债券			根据一年内到期的长期负债明细项目分析填列

续表

序号	项目	本期数	上期数	勾稽关系及填报说明
16	租入固定资产			根据使用权资产填列
	……			
	现金及现金等价物净变动情况			
17	现金的期末余额			
18	减：现金的期初余额			
19	加：现金等价物的期末余额			
20	减：现金等价物的期初余额			
21	现金及现金等价物净增加额			

第六部分
业务完成阶段工作底稿

一、错报累积和评价表

错报累积和评价表

被审计单位：×× 房地产开发有限责任公司	编制人：××	编制日期：202× 年 × 月 × 日	索引号：G2
项目：错报累积和评价	复核人：××	复核日期：202× 年 × 月 × 日	财务报表截止日 / 期间：202× 年度

一、审计目标

评价识别出的错报对审计的影响。

二、审计工作底稿

序号	内容及说明	索引号
1	已更正错报汇总表（不包括列报和披露错报）	G2–1
2	已更正的列报和披露错报汇总表	G2–2
3	评价识别出的错报	G2–3
4	评价错报的性质	G2–4
5	与管理层和治理层的沟通	G2–5

已更正错报汇总表（不包括列报和披露错报）

被审计单位：×× 房地产开发有限责任公司	编制人：××	编制日期：202× 年 × 月 × 日	索引号：G2-1
项目：已更正错报	复核人：××	复核日期：202× 年 × 月 × 日	财务报表截止日 / 期间：202× 年度

序号	更正事项说明	更正项目及金额				影响利润表 +（-）	影响资产负债表 +（-）	错报性质	索引号
		借 / 贷	报表项目	借方金额	贷方金额				

已更正错报影响合计：

序号	项目	借方金额	贷方金额	合计	备注
1	资产				
2	负债				
3	权益				
4	损益				

对已更正错报实施的检查程序：

1	
2	
……	

编制说明

×× 房地产开发有限责任公司不存在未更正错报。如果被审计单位存在未更正错报，还需编制未更正错报汇总表（不包括列报和披露错报）、未更正的列报和披露错报汇总表，记录错报说明，未更正项目及金额，错报性质，管理层不予更正的原因，未更正错报对资产、负债、所有者权益、损益的影响等。

已更正的列报和披露错报汇总表

被审计单位：×× 房地产开发有限责任公司	编制人：××	编制日期：202× 年 × 月 × 日	索引号：G2-2
项目：已更正的列报和披露	复核人：××	复核日期：202× 年 × 月 × 日	财务报表截止日 / 期间：202× 年度

序号	错报说明	相关披露和列报要求	金额（如适用）	错报性质	索引号
对已更正错报实施的检查程序：					
1					
2					
……					

评价识别出的错报

被审计单位：××房地产开发有限责任公司	编制人：××	编制日期：202×年×月×日	索引号：G2-3
项目：评价识别出的错报	复核人：××	复核日期：202×年×月×日	财务报表截止日/期间：202×年度

一、识别出的错报对审计的影响

1. 错报合计

项目	金额								索引号
	资产		负债		权益		损益		
	+	−	+	−	+	−	+	−	
已更正错报合计									
未更正错报合计									

2. 本期财务报表整体重要性：________________

3. 评价

（1）审计过程中累积的错报合计数是否接近重要性（是/否）：________________

（2）识别出的错报性质以及错报发生的环境是否表明可能存在其他错报，并且可能存在的其他错报与审计过程中累积的错报合计起来可能是重大的（是/否）：________________

4. 结论

二、前期未更正错报对前期财务报表的影响

1. 前期未更正错报

项目	金额								索引号
	资产		负债		权益		损益		
	+	−	+	−	+	−	+	−	
前期未更正错报合计									

2. 前期财务报表整体重要性：________________

3. 结论

三、未更正错报对本期财务报表的影响

1. 未更正错报

项目	金额								索引号
	资产		负债		权益		损益		
	+	−	+	−	+	−	+	−	
未更正错报合计									

2. 本期财务报表整体重要性：________________

3. 结论

编制说明

1. 填写“识别出的错报对审计的影响的结论”一栏时，可描述为“无需修改总体审计策略和具体审计计划”或者“需要修改总体审计策略和具体审计计划”。

2. 填写“前期未更正错报对前期财务报表的影响的结论”一栏时，可描述为“与以前期间相关的未更正错报对前期财务报表的影响不重大，不需要重述财务报表”或者“与以前期间相关的未更正错报对前期财务报表的影响重大，需要重述财务报表”。

3. 填写“未更正错报对本期财务报表的影响的结论”一栏时，可描述为“未更正错报单独或汇总起来不构成重大错报”或者“未更正错报单独或汇总起来构成重大错报”。

评价错报的性质

被审计单位：×× 房地产开发有限责任公司	编制人：××	编制日期：202× 年 × 月 × 日	索引号：G2-4
项目：评价错报的性质	复核人：××	复核日期：202× 年 × 月 × 日	财务报表截止日 / 期间：202× 年度

一、错报性质——错误

序号	导致错报的具体原因	是否为内部控制缺陷（是 / 否）	是否为值得关注的内部控制缺陷（是 / 否）	对缺陷的描述	潜在影响	索引号

二、错报性质——舞弊

序号	导致错报的具体原因	是否为内部控制缺陷（是 / 否）	是否为值得关注的内部控制缺陷（是 / 否）	对缺陷的描述	潜在影响	索引号

三、评价舞弊对审计的影响

1. 重新评价对由于舞弊导致的重大错报风险的评估结果

2. 对审计程序的性质、时间安排和范围的影响

3. 对此前获取的审计证据的可靠性的影响

4. 对管理层声明的可靠性的影响

与管理层和治理层的沟通

被审计单位：×× 房地产开发有限责任公司	编制人：××	编制日期：202× 年 × 月 × 日	索引号：G2–5
项目：与管理层和治理层的沟通	复核人：××	复核日期：202× 年 × 月 × 日	财务报表截止日 / 期间：202× 年度

一、与管理层的沟通

沟通时间	
管理层成员	
项目组成员	
沟通事项	
管理层的意见	
书面声明索引	

二、与治理层的沟通

沟通时间	
治理层成员	
项目组成员	
沟通事项	
治理层的意见	
书面声明索引（如适用）	

二、试算平衡表

资产负债表试算平衡表

被审计单位：×× 房地产开发有限责任公司	编制人：××	编制日期：202× 年 × 月 × 日	索引号：G3–1
项目：资产负债表	复核人：××	复核日期：202× 年 × 月 × 日	财务报表截止日 / 期间：202× 年度

报表项目	期末未审数	调整金额		期末审定数
		借方	贷方	
货币资金				
存货				
固定资产				
无形资产				
……				
合计				
短期借款				
应付账款				
应付职工薪酬				
应交税费				
其他应付款				
实收资本				
资本公积				
……				
合计				

利润表试算平衡表

被审计单位：×× 房地产开发有限责任公司　　编制人：××　　编制日期：202× 年 × 月 × 日　　索引号：G3-2

项目：利润表　　复核人：××　　复核日期：202× 年 × 月 × 日　　财务报表截止日 / 期间：202× 年度

报表项目	期末未审数	调整金额		期末审定数
		借方	贷方	
一、营业收入				
减：营业成本				
税金及附加				
销售费用				
管理费用				
财务费用				
其中：利息费用				
利息收入				
加：其他收益				
投资收益				
公允价值变动损益				
信用减值损失				
资产减值损失				
二、营业利润				
加：营业外收入				
减：营业外支出				
三、利润总额				
减：所得税费用				
四、净利润				
五、其他综合收益的税后净额				
六、综合收益总额				

三、已审财务报表总体复核

已审财务报表总体复核

被审计单位：××房地产开发有限责任公司	编制人：××	编制日期：202×年×月×日	索引号：G4
项目：已审财务报表总体复核	复核人：××	复核日期：202×年×月×日	财务报表截止日/期间：202×年度

报表项目	期末数/本期数	年初数/上期数	变动额	变动率	变动原因	是否为重点报表项目
货币资金						
存货						
固定资产						
应付职工薪酬						
实收资本						
营业收入						
营业成本						
税金及附加						
销售费用						
管理费用						
财务费用						
……						

复核结论

编制说明

结合重要性水平等因素，财务报表各项目变动额在××元以上，其变动率在××%以上的报表项目为重点报表项目。

四、总结会会议纪要

总结会会议纪要

被审计单位：× × 房地产开发有限责任公司	编制人：× ×	编制日期：202× 年 × 月 × 日	索引号：G5
项目：总结会会议纪要	复核人：× ×	复核日期：202× 年 × 月 × 日	财务报表截止日 / 期间：202× 年度

会议地点：
会议时间：
会议组织者：
参加会议者：
记录员：
会议议题：

编制说明

会议议题包括但不限于：

（1）审计计划是否已执行完毕；

（2）已调整事项是否证据充足，结论是否正确，是否经过确认；

（3）已审财务报表及附注是否复核到位，是否存在不一致的事项；

（4）就公司内部控制存在的缺陷是否已与管理层沟通；

（5）审计证据，包括函证是否到位，重要合同、权证、管理层声明书是否收集；

（6）未调整事项是否在审计重要性范围之内；

（7）审计报告类型是否适当。

五、与治理层的沟通函

索引号：G6

与治理层的沟通函

××房地产开发有限责任公司董事会：

根据《中国注册会计师审计准则第1151号——与治理层的沟通》的规定，在审计中，注册会计师应当就自身的独立性与治理层进行书面沟通。此外，注册会计师还应当及时向治理层通报审计中发现的与治理层监督财务报告过程的责任相关的重大事项。保持有效的双向沟通关系，有利于注册会计师与治理层履行各自的职责。

特别强调的是，除法律法规和审计准则另有规定的情形之外，本书面沟通文件仅供贵公司董事会使用，本所对第三方不承担任何责任，未经本所事先书面同意，本沟通文件不得被引用、提及或向其他人披露。

一、独立性

本所现就独立性声明如下：

（一）截至202×年×月×日，参与贵公司审计工作的审计项目组成员、本所其他相关人员以及本所和网络事务所按照相关职业道德要求保持了独立性。

（二）根据职业判断，本所认为本所、网络事务所与贵公司之间不存在可能影响独立性的任何关系和其他事项。

我们已经根据相关职业道德要求的规定采取了相关的防范措施，以消除可能对独立性产生的不利影响或将其降至可接受的水平。

（三）本所和网络事务所在财务报表涵盖期间为贵公司提供的审计服务收费总额为人民币××元。

二、审计中发现的重大问题

以下内容是我们在审计过程中发现的与贵公司董事会监督财务报告过程的责任相关的重大事项：

（一）对贵公司会计实务（包括会计政策、会计估计和财务报表披露）重大方面的质量的看法

（二）已与贵公司管理层讨论或需要书面沟通的审计中出现的重大事项

……

××会计师事务所（特殊普通合伙）（盖章）

中国注册会计师：（签名并盖章）

年　　月　　日

贵公司的意见：

结论：

贵公司授权代表签字：　　　　　　　　　　　　　　　　日期：

编制说明

1. 在沟通函“结论”处，需写明“是否同意会计师事务所就独立性所做的声明以及就重大事项所作的说明”。

2. 除底稿中列示的重大问题，与治理层沟通的重大问题还包括但不限于：审计工作中遇到的重大困难、未更正的重大错报、舞弊、重大违反法律法规的事项、值得关注的内部控制缺陷、关联方和关联方交易、持续经营、审计范围受到限制、以前期间的未更正错报、含有已审计财务报表的文件中的其他信息等。注册会计师需根据被审计单位具体情况进行编写。

六、项目经理复核声明书

项目经理复核声明书

被审计单位：××房地产开发有限责任公司	编制人：××	编制日期：202×年×月×日	索引号：G7
项目：项目经理复核声明书	复核人：××	复核日期：202×年×月×日	财务报表截止日/期间：202×年度

序号	复核事项	复核记录	结论
1	总体审计策略和具体审计计划，包括在审计过程中对总体审计策略和具体审计计划作出的更新和修改	已对审计计划进行复核。	审计计划是恰当的。已按照中国注册会计师审计准则的规定完成了审计计划，未有导致审计计划作出重大修改的事项。
2	重要的财务报表项目审计工作底稿		
（1）	存货	已复核存货审计工作底稿。期末余额较期初变化的原因系房地产开发项目结转销售。	审计工作底稿提供了充分、适当的记录；期末余额可以确认。
（2）	营业收入、营业成本	已复核营业收入、营业成本审计工作底稿。已检查收入确认是否符合相关规定。	营业成本变动与收入基本一致。审计工作底稿提供了充分、适当的记录；发生额可以确认。
（3）	……		
3	特殊交易或事项		
（1）	关联方交易	1. 已复核关联方交易审计工作底稿。已对关联方关系的基本情况进行了调查了解，并形成关联方关系的调查记录。 2. 已编制关联交易明细表及关联方往来统计表，并检查相关记录和文件，以确定不存在管理层以前未识别或未向注册会计师披露的关联方和交易。	对关联交易的披露及抵销是正确的；对关联交易的处理是恰当的。
（2）	期后事项	已复核期后事项审计工作底稿。	审计工作底稿提供了充分、适当的记录，期后事项得到了恰当的披露和处理。
（3）	……		
4	重要会计政策、会计估计变更及前期会计差错更正工作底稿	已复核重要会计政策、会计估计变更以及前期会计差错更正工作底稿。	重要会计政策、会计估计变更以及前期会计差错更正工作底稿制作恰当。
5	错报累积和评价工作底稿	已复核错报累积和评价工作底稿、试算平衡表。	对公司错报累积已合理、恰当地进行评价；建议调整事项已进行恰当调整，无未更正错报。试算平衡表制作恰当。

续表

序号	复核事项	复核记录	结论
6	书面声明，董事会相关会议纪要，与客户的沟通记录及重要会谈记录，律师询证函复函	已获取和查阅相关书面声明及相关会议纪要。	不存在重大异常事项。
7	审计总结	已复核审计总结。	审计总结已完成，审计总结已对公司的基本情况、审计风险、存在报表层次的错报风险等进行了总结，已归纳了总体审计情况。
8	已审计财务报表和拟出具的审计报告	已复核已审计财务报表和拟出具的审计报告。	拟出具的审计报告措辞是恰当的，已按照中国注册会计师审计准则的规定发表了恰当的审计意见。
9	……		

复核意见

本人已按照本所的复核政策对审计工作底稿进行了复核，本人所有的复核意见已经得到解决，已经阅读董事会报告和其他含有已审计财务报表的文件中包含的其他信息；公司财务报表已获得批准和签署。 本人认为审计工作底稿支持我们得出的结论和拟出具的审计报告。 签名： 日期：

七、项目合伙人复核声明书

项目合伙人复核声明书

被审计单位：×× 房地产开发有限责任公司	编制人：××	编制日期：202× 年 × 月 × 日	索引号：G8
项目：项目合伙人复核声明书	复核人：××	复核日期：202× 年 × 月 × 日	财务报表截止日 / 期间：202× 年度

序号	复核事项	复核记录	结论
1	总体审计策略和具体审计计划，包括在审计过程中对总体审计策略和具体审计计划作出的更新和修改	已复核审计计划，未有导致对审计计划作出重大修改的事项。	审计计划是恰当的。
2	存在特别风险的财务报表项目工作底稿	已复核存在特别风险的审计领域，以及项目组采取的应对措施。	针对特别风险采取的应对措施是恰当的。
3	需要作出重大判断的财务报表项目工作底稿	已复核项目组作出的重大判断。	作出的重大判断是恰当的。
4	重要会计政策、会计估计变更以及前期会计差错更正工作底稿	已复核重要会计政策、会计估计变更以及前期会计差错更正工作底稿。	重要会计政策、会计估计变更以及前期会计差错更正工作底稿制作恰当。
5	错报累积和评价工作底稿、试算平衡表	已复核错报累积和评价工作底稿、试算平衡表。	对公司错报累积已合理、恰当地进行评价；建议调整事项已进行恰当调整。试算平衡表制作恰当。
6	书面声明，董事会相关会议纪要，与客户的沟通记录及重要会谈记录，律师询证函复函	已复核管理层声明书等相关文件。	不存在重大异常事项。
7	审计总结	已复核审计总结。	审计总结是恰当的。
8	已审计财务报表和拟出具的审计报告	已复核已审计财务报表和拟出具的审计报告。	拟出具的审计报告措辞恰当，已按照中国注册会计师审计准则的规定发表了恰当的审计意见。
9	……		

复核意见

本人已按照本所的复核政策和程序与项目组进行了讨论，对审计工作底稿进行了复核，所有复核意见均已得到解决。本人认为审计工作底稿支持我们得出的结论和拟出具的审计报告。

本人已询问项目组所有成员，没有注意到任何影响本所独立性的事项。

签名：

日期：

八、质量控制复核人复核声明书

质量控制复核人复核声明书

被审计单位：×× 房地产开发有限责任公司	编制人：××	编制日期：202× 年 × 月 × 日	索引号：G9
项目：质量控制复核人复核声明书	复核人：××	复核日期：202× 年 × 月 × 日	财务报表截止日 / 期间：202× 年度

序号	复核事项	复核记录	结论
1	项目质量控制复核人员之前提出的复核意见的解决情况	已复核项目质量控制复核人员之前提出的复核意见的解决情况。	已恰当地进行解决。
2	项目组针对本项目对独立性作出的评价	已复核项目组针对本项目对独立性作出的评价。	项目组针对本项目对独立性作出的评价是恰当的。
3	项目组在审计过程中识别出的特别风险以及采取的应对措施，包括项目组对舞弊风险的评估及采取的应对措施	已复核项目组在审计过程中识别出的特别风险以及采取的应对措施。	项目组在审计过程中识别出的特别风险以及采取的应对措施，包括项目组对舞弊风险的评估及采取的应对措施是恰当的。
4	项目组作出的重大判断，包括关于重要性和特别风险的判断	已复核项目组作出的重大判断。	项目组作出的关于重要性和特别风险的判断是恰当的。
5	项目组就存在的意见分歧、其他疑难问题或争议事项进行咨询后获取的咨询意见	不适用	不适用
6	项目组与管理层和治理层沟通的记录以及拟与其沟通的事项	已复核项目组与管理层和治理层沟通的记录以及拟与其沟通的事项。	需沟通的事项是恰当的，且已得到恰当记录。
7	已审计财务报表和拟出具的审计报告	已复核已审计财务报表和拟出具的审计报告。	拟出具的审计报告措辞是恰当的，已按照中国注册会计师审计准则的规定发表了恰当的审计意见。
	……		

复核意见

本人已按照本所的复核政策和程序与项目组进行了讨论，对审计工作底稿进行了复核，所有复核意见均已得到解决。本人认为审计工作底稿支持我们得出的结论和拟出具的审计报告。

签名：

日期：

九、管理层声明书

索引号：G10

管理层声明书

××会计师事务所（特殊普通合伙）并××注册会计师：

本声明书是针对你们审计××房地产开发有限责任公司截至202×年12月31日的年度财务报表而提供的。审计的目的是对财务报表发表审计意见，以确定财务报表是否在所有重大方面已按照企业会计准则的规定编制，并实现公允反映。

尽我们所知，并在作出了必要的查询和了解后，我们确认：

一、财务报表

1. 我们已履行202×年×月×日签署的审计业务约定书中提及的责任，即按照企业会计准则的规定编制财务报表，并使其实现公允反映；设计、执行和维护必要的内部控制，以使财务报表不存在由于舞弊或错误导致的重大错报。

2. 已对本公司的持续经营能力作出评估，并确认运用持续经营假设编制本报告期财务报表是适当的。

3. 在作出会计估计时使用的重大假设（包括与公允价值计量相关的假设）是合理的。

4. 已按照企业会计准则的规定对关联方关系及其交易作出了恰当的会计处理和披露。

5. 根据企业会计准则的规定，所有需要调整或披露的资产负债表日后事项都已得到调整或披露。

6. 已按照适用的财务报告编制基础，对所有知悉的、已经或可能发生的、在编制财务报表时应当考虑其影响的诉讼和索赔事项进行了会计处理和披露。

7.（可插入注册会计师可能认为适当的其他任何事项）。

二、提供的信息

8. 我们已向你们提供下列工作条件：

（1）允许接触我们注意到的、与财务报表编制相关的所有信息（如记录、文件和其他事项）；

（2）提供你们基于审计目的要求我们提供的其他信息；

（3）允许在获取审计证据时不受限制地接触你们认为必要的本公司内部人员和其他相关人员。

9. 所有交易均已记录并反映在财务报表中。

10. 我们已向你们披露了由于舞弊可能导致的财务报表重大错报风险的评估结果。

11. 我们已向你们披露了我们注意到的、可能影响本公司的与舞弊或舞弊嫌疑相关的所有信息，这些信息涉及本公司的：

（1）管理层；

（2）在内部控制中承担重要职责的员工；

（3）其他人员（在舞弊行为导致财务报表重大错报的情况下）。

12. 我们已向你们披露了从现任和前任员工、分析师、监管机构等方面获知的、影响财务报表的舞弊指控或舞弊嫌疑的所有信息。

13. 我们已向你们披露了所有已知的、在编制财务报表时应当考虑其影响的违法或涉嫌违反法律法规的行为。

14. 我们已向你们披露了全部已知的关联方的名称和特征、所有关联方关系及其交易。

15.（可插入注册会计师可能认为必要的其他任何事项）。

附件 1：列报和披露错报汇总表

××房地产开发有限责任公司
（盖章）
中国××市

企业负责人：__________
（签名并盖章）

企业财务负责人：__________
（签名并盖章）
年　　月　　日

编制说明

如果被审计单位存在未更正错报，需要管理层确认未更正错报，无论单独还是汇总起来，对财务报表整体影响均不重大。同时，未更正错报汇总表需作为附件放在管理层声明书后。

十、审计总结

审 计 总 结

被审计单位：××房地产开发有限责任公司	编制人：××	编制日期：202×年×月×日	索引号：G11
项目：审计总结	复核人：××	复核日期：202×年×月×日	财务报表截止日/期间：202×年度

一、评估的财务报表层次的重大错报风险，总体应对措施以及结论
二、评估的特别风险，应对措施以及结论
三、对审计计划作出的修改及其原因
四、对被审计单位持续经营能力产生影响的事项及其处理
五、对关联方及关联方交易的结论
六、对期后事项形成的结论
七、重大问题处理及与管理层和治理层的沟通情况

续表

八、对错报评估的结论
九、审计结论
十、再次确认独立性
十一、对下年度工作的建议

十一、审计工作完成情况核对表

审计工作完成情况核对表

被审计单位：××房地产开发有限责任公司	编制人：××	编制日期：202×年×月×日	索引号：G12
项目：审计工作完成情况核对表	复核人：××	复核日期：202×年×月×日	财务报表截止日/期间：202×年度

序号	审计工作	完成情况	备注	索引号
1	是否执行业务承接或保持的相关程序？			
2	是否签订审计业务约定书？			
3	是否制定总体审计策略和具体审计计划？			
4	是否通过了解被审计单位及其环境，识别和评估财务报表重大错报风险，包括舞弊风险？			
5	是否进行项目组内部讨论，讨论内容是否包括对舞弊和关联方等事项？			
6	总体审计策略及具体审计计划是否经适当人员批准？			
7	是否与被审计单位治理层就计划的审计范围和时间安排的总体情况进行了沟通？			
8	计划的审计程序是否得到执行，审计过程中根据具体情况对总体审计策略及具体审计计划的修改及修改理由是否得到记录？			
9	是否已获取所有必要的来自银行、律师、债权人、债务人等外部机构的询证函回函或确认函？			
10	所有重要实物资产是否均已实施监盘？			
11	是否将累积的所有错报与管理层进行及时沟通？			
12	董事会或管理层是否接受已审计财务报表？			
13	项目经理是否已复核工作底稿？			
14	项目合伙人是否已复核工作底稿？			
15	是否已完成项目质量控制复核（必要时）？			
16	是否已取得经签署的管理层声明书原件，并确定其签署日期不晚于审计报告日期？			
17	是否完成审计总结？			
	……			

十二、审计报告范例

索引号：G13

审计报告

××审字（202×）第××号

××房地产开发有限责任公司：

一、审计意见

我们审计了××房地产开发有限责任公司（以下简称“贵公司”）的财务报表，包括202×年××月××日的资产负债表，202×年度的利润表、现金流量表、所有者权益变动表以及财务报表附注。

我们认为，后附的财务报表在所有重大方面按照企业会计准则的规定编制，公允反映了贵公司202×年××月××日的财务状况以及202×年度的经营成果和现金流量。

二、形成审计意见的基础

我们按照中国注册会计师审计准则的规定执行了审计工作。审计报告的“注册会计师对财务报表审计的责任”部分进一步阐述了我们在这些准则下的责任。按照中国注册会计师职业道德守则，我们独立于贵公司，并履行了职业道德方面的其他责任。我们相信，我们获取的审计证据是充分、适当的，为发表审计意见提供了基础。

三、管理层和治理层对财务报表的责任

××房地产开发有限责任公司管理层负责按照企业会计准则的规定编制财务报表，使其实现公允反映，并设计、执行和维护必要的内部控制，以使财务报表不存在由于舞弊或错误导致的重大错报。

在编制财务报表时，管理层负责评估贵公司的持续经营能力，披露与持续经营相关的事项（如适用），并运用持续经营假设，除非贵公司计划进行清算、终止运营或别无其他现实的选择。

治理层负责监督贵公司的财务报告过程。

四、注册会计师对财务报表审计的责任

我们的目标是对财务报表整体是否不存在由于舞弊或错误导致的重大错报获取合理保证，并出具包含审计意见的审计报告。合理保证是高水平的保证，但并不能保证按照审计准则执行的审计在某一重大错报存在时总能发现。错报可能由于舞弊或错误导致，如果合理预期错报单独或汇总起来可能影响财务报表使用者依据财务报表作出的经济决策，则通常认为错报是重大的。

在按照审计准则执行审计工作的过程中，我们运用职业判断，并保持职业怀疑。同时，我们也执行以下工作：

（一）识别和评估由于舞弊或错误导致的财务报表重大错报风险，设计和实施审计程序以应对这些风险，并获取充分、适当的审计证据，作为发表审计意见的基础。由于舞弊可能涉及串通、伪造、故意遗漏、虚假陈述或凌驾于内部控制之上，未能发现由于舞弊导致的重大错报的风险高于未能发现由于错误导致的重大错报的风险。

（二）了解与审计相关的内部控制，以设计恰当的审计程序。

（三）评价管理层选用会计政策的恰当性和作出会计估计及相关披露的合理性。

（四）对管理层使用持续经营假设的恰当性得出结论。同时，根据获取的审计证据，就可能导致对贵公司持续经营能力产生重大疑虑的事项或情况是否存在重大不确定性得出结论。如果我们得出结论认为存在重大不确定性，审计准则要求我们在审计报告中提请报表使用者注意财务报表中的相关披露；如果披露不充分，我们应当发表非无保留意见。我们的结论基于截至审计报告日可获得的信息。然而，未来的事项或情况可能导致贵公司不能持续经营。

（五）评价财务报表的总体列报（包括披露）、结构和内容，并评价财务报表是否公允反映相关交易和事项。

（六）就贵公司或业务活动的财务信息获取充分、适当的审计证据，以对财务报表发表审计意见。我们负责指导、监督和执行审计，并对审计意见承担全部责任。

我们与治理层就计划的审计范围、时间安排和重大审计发现等事项进行沟通，包括沟通我们在审计中识别出的值得关注的内部控制缺陷。

我们还就已遵守与独立性相关的职业道德要求向治理层提供声明，并与治理层沟通可能被合理认为影响我们独立性的所有关系和其他事项，以及相关的防范措施(如适用)。

××会计师事务所（特殊普通合伙）	中国注册会计师：
（盖章）	（签名并盖章）
中国·重庆	中国注册会计师：
	（签名并盖章）
	年　月　日

编制说明

1.《中国注册会计师审计准则第 1504 号—在审计报告中沟通关键审计事项》适用于对上市实体整套通用目的财务报表进行审计；注册会计师决定或委托方要求在审计报告中沟通关键审计事项的其他情形；以及如果法律法规要求注册会计师在审计报告中沟通关键审计事项的情形。根据《中国注册会计师审计准则第 1502 号—在审计报告中发表非无保留意见》的规定，注册会计师在对财务报表发表无法表示意见时，不得在审计报告中沟通关键审计事项，除非法律法规要求沟通。

2. 如果被审计单位适用于《中国注册会计师审计准则第 1504 号—在审计报告中沟通关键审计事项》规定的情形，则需在审计报告中增加关键审计事项段。× × 房地产开发有限责任公司为非上市公司，且无准则规定的其他情形，因此未在审计报告中披露关键审计事项。

3. 如果需要在审计报告中增加关键审计事项段，注册会计师应当在审计报告中单设一部分，以“关键审计事项”为标题，并在该部分使用恰当的子标题逐项描述关键审计事项。关键审计事项部分的引言应当同时说明下列事项：（1）关键审计事项是注册会计师根据职业判断，认为对本期财务报表审计最为重要的事项；（2）关键审计事项的应对以对财务报表整体进行审计并形成审计意见为背景，注册会计师不对关键审计事项单独发表意见。

4. 关键审计事项段除引言外还可包含但不限于：注册会计师在审计中识别出的关键审计事项和注册会计师在审计中如何应对关键审计事项。

5. 如果需要在审计报告中沟通关键审计事项，注册会计师还应当在审计报告中“注册会计师对财务报表审计的责任”段增加以下描述：

从与治理层沟通过的事项中，我们确定哪些事项对本期财务报表审计最为重要，因而构成关键审计事项。我们在审计报告中描述这些事项，除非法律法规禁止公开披露这些事项，或在极少数情形下，如果合理预期在审计报告中沟通某事项造成的负面后果超过在公众利益方面产生的益处，我们确定不应在审计报告中沟通该事项。